SAN MICHELE
N
W
O
S
Krankenhaus Ospedale SS Giovanni e Paolo
Markusdom
Molo Riva degli Schiavoni
Dogenpalast
BACINO DI S. MARCO
SAN GIORGIO MAGGIORE
CASTELLO
Arsenale (Schiffswerft)
SAN PIETRO DI CASTELLO
SANT' ELENA

DROEMER

Petra Reski

Als ich einmal in den Canal Grande fiel

Vom Leben in Venedig

Droemer

Besuchen Sie uns im Internet:
www.droemer.de

Originalausgabe März 2021
Droemer Verlag

Covergestaltung: Isabella Materne
Coverabbildung: Shutterstock.com/Jag_cz; Voinov Egor
Karten Vor- und Nachsatz: Peter Palm
Satz: Daniela Schulz
Druck und Bindung: CPI books GmbH, Leck
ISBN 978-3-426-27846-8

4 5

Wenn die Bilder der Erinnerung erst einmal in Worte gefasst sind, erlöschen sie, sagte Polo. Vielleicht fürchte ich, das ganze Venedig auf einmal zu verlieren, wenn ich davon spreche. Oder vielleicht habe ich es, während ich von anderen Städten sprach, bereits nach und nach verloren.

Italo Calvino,
Die unsichtbaren Städte

Für Lino

San Piero

Als ich mit meinem Boot durch den Kanal von San Pietro fahre, rufe ich ihn mal wieder an, weil ich eine kleine Runde mit ihm machen will.

Alberto ist Fischer, er lebt auf San Pietro di Castello, genauer gesagt auf *San Piero,* so heißt es in Venedig, wo man es liebt, die Konsonanten zu verschleifen. San Piero ist diese kleine Insel, die man erreicht, wenn man die Via Garibaldi bis zum Ende läuft und dann die Holzbrücke überquert. Oder, wie ich heute sagen würde: An San Piero kommt man vorbei, wenn man vom Markusbecken kurz vor Sant'Elena in den Rio dei Giardini einbiegt und dann nach dem Rio di Quintavalle geradeaus weiterfährt.

Seitdem ich Boot fahre, *una topetta,* eine kleine Ratte, wie man das typisch venezianische Fischerboot hier nennt, treibt mich die Geltungssucht eines Kindes, das gerade gelernt hat, Fahrrad zu fahren: Ich platze vor Stolz und vor Mitteilungsdrang. Nachdem ich mein Leben in Venedig bis vor Kurzem in dem würdelosen Zustand einer Fußgängerin verbringen musste, bin ich endlich in der venezianischen Evolutionsleiter aufgestiegen. Seit dem ersten Tag am Steuer meiner *topetta* ist mein Leben ein anderes: Ich muss nicht mehr *permesso, permesso!* flehen, um mir den Weg durch die millionste Reisegruppe zu bahnen; ich fahre an ihr vorbei.

Deshalb kann ich es kaum erwarten, Alberto sein *Ciao amore* schmettern zu hören, um mich als eine darzustellen, die sich am Steuerhebel ihres kleinen Fischerboots furchtlos nicht nur den Gezeiten und dem Wellengang entgegenwirft, sondern auch Autofähren, Vaporetti und Kreuzfahrtschiffen von der Größe eines Wohnblocks.

Wer wenn nicht Alberto könnte verstehen, dass ich zu meinem Boot eine Beziehung entwickelt habe wie Männer zu ihren Autos? Ich wienere daran herum, bis ich mich vor mir selbst erschrecke. Und fühle mich schuldig, wenn ich Venedig verlasse, und sei es nur für ein Wochenende: Wenn ich am Anleger stehe, auf das Vaporetto warte und mein Boot vor mir liegen sehe, allein, irgendwie im Stich gelassen, habe ich das Gefühl, als würde es mir einen traurigen Blick zuwerfen, so wie ein Hund, den man beim Dogsitter abliefert.

Alberto wäre auch der Einzige, der nachvollziehen könnte, wie ich mich neulich gefühlt habe, als ich aus der Lagune zurückkehrte und bei spiegelglatt daliegendem Wasser wie von unsichtbarer Hand gezogen kurz vor San Piero fast gegen die Mauer des Arsenale geknallt wäre, weil sich eine unheimliche Unterströmung meiner bemächtigt hatte. Er würde auch verstehen, dass ich unweit der Giardini versucht habe, um die Ecke zu biegen und gleichzeitig meiner Reinigungsfrau zuzuwinken, die auf dem Ufer neben dem Kanal vorbeilief. Woraufhin ich etwas unelegant an den im Kanal angelegten Booten entlanggeschrappt bin.

Normalerweise ist die Rollenverteilung zwischen Alberto und mir umgekehrt: Er ist es, der am Steuerhebel sitzt und mich mitnimmt. Alberto hat sein halbes Leben auf der Lagune verbracht, wo er sich ohne Kompass zurechtfindet, weil er die Richtung aus den Wellen und dem Wind liest. Je nachdem, ob die Wellen kurz und gerollt oder lang und gerade sind, ob er den Wind hinter den Ohren hat oder ob er ihm vor der Stirn steht, weiß Alberto, ob es die Bora aus Nordosten ist oder der Garbin aus Südwesten, der den Nebel bringt.

Ich lerne Alberto an einem Tag kennen, an dem ich mit einem Fotografen durch Venedig laufe, den ich nicht leiden kann. Als wir San Piero betreten, bleibe ich wie erstarrt stehen: Im Schatten vor dem Campanile sitzt ein Mann und flickt seine Netze. Ich traue meinen Augen nicht und denke: Das kann nicht wahr sein. Die Lagune ist doch nur eine Dekoration, hier fischt doch keiner mehr in echt. Die Fische kommen aus dem Atlantik und vom Fischmarkt in Chioggia.

Das Stühlchen, auf dem der Mann sitzt, verschwindet fast komplett unter seinen Hinterbacken, sein Netz hat er wie einen glitzernden Umhang auf einen vor ihm stehenden Stuhl drapiert. Neben ihm ein verrosteter, vom Salzwasser verkrusteter Einkaufswagen und ein Gettoblaster, aus dem Opernarien ertönen.

Ich blicke zu dem Fotografen, er macht sich mit einem Wildledertuch an seinen Linsen zu schaffen und sieht nichts.

Als ich mich nähere, fragt der Mann: Wie heißt du?, so wie Kinder, wenn sie sich kennenlernen.

Mi chiamo Alberto, sagt er, reicht mir die Hand, ruft: *Manon!,* deutet auf den Gettoblaster und sagt: *Manon* von Massenet! Nicht zu verwechseln mit *Manon Lescaut* von Puccini! Und dann singt er mit, auf Französisch, und der Campanile zittert ein bisschen, weil sein Gesang so gewaltig ist wie seine Hinterbacken.

Ich singe nur lyrischen Tenor!, sagt Alberto und gibt noch etwas Donizetti als Zugabe, bevor er sein Stühlchen und das Netz auf dem Einkaufswagen verkeilt und zurück nach Hause schiebt, während ich mich mit dem Fotografen zanke, weil er Alberto übersehen hat.

Alberto ist tatsächlich einer der letzten Fischer Venedigs. Er lebt mit seiner Frau in einem Kloster aus dem 15. Jahrhundert. Es wurde unter Napoleon in eine Kaserne verwandelt, an die militärische Vergangenheit erinnert noch eine verblasste faschistische Inschrift über dem Klostergang:

Credere, obbedire, combattere – Glauben, gehorchen, kämpfen.

Nach den Faschisten kam die englische Kavallerie, danach kamen die Flüchtlinge aus Istrien und schließlich Alberto und seine Frau: Ihre Wohnung besteht im Wesentlichen aus einem langen, schmalen Flur mit winzigen Zimmern, ehemalige Mönchszellen, aus denen die Wände herausgebrochen wurden. Zwanzig Familien wohnen hier, aber es ist so, als würde nur Alberto in diesem Kloster leben. Im Refektorium hat er seine Netze und Reusen und Bojen gelagert, ein Horror Vacui aus aufgerollten Trossen und Schleppleinen, aus bunten Schnüren, Ankern und algengrünen Fischernetzen, aus Korkschwimmern und verrosteten Netzgewichten – im Klosterkapitel liegen Teile seines alten Fischerboots: ein Lagerraum, der jederzeit als Installation der Biennale durchgehen könnte.

Dass sich seine Sozialwohnung in einem entweihten venezianischen Kloster befindet, betrachtet Alberto einerseits als Fügung, andererseits als himmlische Hinterhältigkeit, weil es ihn an einen schweren Schicksalsschlag erinnert: Nach dem Tod seines Vaters entschied sich Albertos Mutter für die radikale Hinwendung zu Gott und trat in ein Klausurkloster ein. Erst zwanzig Jahre nach ihrem Klostereintritt durfte Alberto sie zum ersten Mal besuchen. Er weinte, weil er sie nicht umarmen durfte und auch ihr Gesicht nicht sah, weil sie hinter den Gittern des Besuchszimmers saß. Sie war nicht mehr seine Mutter, sie hieß jetzt *Suor Camilla*. Wenn er darüber spricht, weint er noch heute.

Ja, alles etwas hinfällig hier, sagt Alberto immer, meine Kinder wollen in solchen Wohnungen nicht mehr leben, meine Tochter ist nach Mestre gezogen und mein Sohn auf den Lido. Sie wollen modern sein, mit dem Auto vor der Haustür.

Für Alberto und mich ist unsere Begegnung im Schatten des Campanile der Beginn einer wunderbaren Freundschaft: Mit ihm lerne ich die Lagune kennen, er sitzt am Heck seines Boots, gewaltig und tätowiert, und schreit gegen den Wind und die Wellen an. Und lobt mich mit einem *Brava!*, wenn ich die Inseln schon von Weitem an ihrer Form erkenne. Wenn Sardinenschwärme silbrig glitzernd aus dem Wasser springen, ruft er: Das hier ist der Bauch von Venedig!, und wenn Motorboote in James-Bond-Manier an uns vorbeirasen und ihre gewaltigen Bugwellen sein Boot fast zum Kentern bringen, brüllt Alberto ihnen nach: Geld, Geld, Geld!, weil die Inseln der venezianischen Lagune inzwischen auch zu Spekulationsobjekten verkommen sind.

Dank Alberto weiß ich, dass die Seebarsche zum Überwintern an die kroatische Küste wandern, weil die Lagune dann zu kalt ist. Dank ihm weiß ich, dass auf Sant'Erasmo früher vor allem die Glasbläser von Murano wohnten, die sich auf ihren Artischockenfeldern von der Arbeit in dem Höllenschlund erholten: Männer, die es immer in den Knien hatten, so wie sein Freund Renato, zwischen dessen Gemüsefeldern wir uns von den Mücken zerstechen lassen und Prosecco trinken. Prosecco, der leicht nach Salz schmeckt, wie alles, das auf Sant'Erasmo angebaut wird.

Dank Alberto weiß ich, dass es auf der Insel Vignole früher eine vollbusige Wirtin gab, die ihrem Mann unendlich viele Hörner aufgesetzt hat. Mit Alberto stolpere ich auf Certosa zwischen Ziegen, Verschanzungen und Mordgruben durch die kriegerische Vergangenheit der Insel, mit Alberto fahre ich auf Inseln für Pestkranke, für Seeleute mit Syphilis und für Verrückte und weiß, dass in seiner breiten Brust ein sentimentales Herz schlägt.

Alberto wäre gerne lyrischer Tenor geworden, wenn ihn seine Gesangslehrerin auf der Giudecca nicht nach der ersten Stunde wieder hinausgeworfen hätte. Er ist ein

Mann, der den Barockkomponisten Albinoni verehrt, wegen der Melancholie, des größten aller Gefühle, wie er meint. Denn ungeachtet seiner Statur ist Alberto ein sensibler Mensch, der das Meer und Kafka liebt und Sätze sagt wie: Seitdem ich *Der Prozess* gelesen habe, fehlt mir in der Literatur das Salz. Gegen Kafka sind alle anderen Schriftsteller wie tiefgekühlter Fisch!

Alberto, der es gewohnt ist, gegen das Meer anzubrüllen, singt im Boot auch schon mal die Kriegshymne von San Marco: *Le glorie del nostro leon* – am liebsten, wenn wir durch den Kanal neben dem Arsenale fahren, wo es schön hallt, wenn sein Gesang gegen die Mauer fällt.

Alberto singt auch auf Festen, nie aber bei Gondelserenaden: Serenadensänger sind wie Nutten, sagt er. Je früher du sie aus der Gondel wirfst, desto besser.

Er hat auch auf meinen Geburtstagsfesten gesungen und bei unserer Hochzeit sogar stehend auf den Stufen der Fenice-Oper, die Touristen starrten ihn an wie eine Erscheinung: Ein Mann mit Armen wie Baumstämme, tätowierte Baumstämme, die er schwang, als er *Nessun dorma! Nessun dorma! Tu pure, o Principessa* sang. Er donnerte seine Botschaft so überzeugend in die Welt – *Tramontate, stelle! All'alba vincerò! Vincerò! Vincerò!* –, dass selbst hart gesottene Venedig-in-zwei-Stunden-Kreuzfahrttouristen wie vom Blitz getroffen stehen blieben.

Jedes Mal, wenn wir uns hören, sagt Alberto: *Ciao amore!*, nur einmal hat er sich ungewöhnlich einsilbig gezeigt. Da war ich auch mit dem Boot unterwegs, im Kanal kurz vor San Piero, und wollte ihn zu einer kleinen Runde in der *topetta* einladen.

Als ich ihn anrief, klang Alberto verschlafen, an sich nichts Ungewöhnliches, er steht immer im Morgengrauen auf, um zum Fischen rauszufahren, weshalb er einen ausgiebigen Mittagsschlaf halten muss.

Alberto, ich habe jetzt ein Boot!, rief ich aufgeregt, aber er reagierte nicht.

Ich dachte, dass ich ihn aus dem Schlaf aufgeschreckt hatte, wahrscheinlich hatte er mich gar nicht richtig verstanden, deshalb beschloss ich, nicht weiter darauf zu bestehen, und sagte nur: *Va bene,* Alberto, ich rufe dich wieder an.

Vielleicht hatte er nachts gefischt, zusammen mit seinem Freund. Denn neuerdings ist Alberto nicht mehr allein in der Lagune unterwegs, seine Kinder und seine Frau haben darauf bestanden, dass er das Boot aufgibt, weil der Verkehr in der Lagune lebensgefährlich ist: Kürzlich wurden zwei Fischer von einem Jugendlichen in einem Motorboot überfahren, der in Überschallgeschwindigkeit über sie hinweggerast ist. Einer der Fischer war auf der Stelle tot, der andere starb im Krankenhaus. Zur Erinnerung an dieses Unglück hängt ein blumengeschmücktes Tabernakel mit dem Foto der beiden Fischer an einer Dalbe vor der Insel Certosa. Es sieht aus wie ein Vogelhäuschen mit einem Kreuz auf dem Dach.

Alberto sei zu schwer und habe Schwierigkeiten, das Boot zu besteigen, meinen seine Kinder. Tatsache ist, dass Albertos Frau ausgezeichnet kocht, was sich langfristig negativ auf seine Figur ausgewirkt hat. Weil sich seine Kinder und seine Frau Sorgen machen, hat Alberto am Ende nachgegeben: Er hat mir schon oft erklärt, wie sinnlos es ist, gegen eine Frau zu rebellieren, die zwanzig Jahre lang mit ihm zusammen gefischt hat und in den Armen mehr Kraft hatte als er selbst, wenn sie die Netze hochzog. Meine Frau ist der Mann in der Familie!

Albertos Frau stammt aus Murano, wo sie als *impiraresse* gearbeitet hat, als Perlenauffädlerin – eine kunstfertige Arbeit, die sie auch heute noch macht: Sie hält eine Holzschale mit winzigen Perlen auf dem Schoß und fährt mit einer Art langstieligem Kamm in die Perlen, die auf den dünnen Zinken stecken bleiben und auf Fäden gezogen werden.

Auf vergilbten Fotos sieht man die Perlenauffädlerinnen vor den Haustüren in den venezianischen Gassen sitzen, die *impiraresse* war ein typischer Frauenberuf: schlecht bezahlt und wenig geachtet.

Die Frauen wurden ausgebeutet wie heute die Immigranten auf den Feldern, sagt Alberto immer.

Heute sind die *impiraresse* schon längst von Maschinen ersetzt worden, umso wertvoller ist mir die Kette, die Albertos Frau mir aufgefädelt und zum Geburtstag geschenkt hat. Sie sieht aus wie flüssiges Gold.

Dass seine Frau in seiner Ehe den Ton angeben würde, hat Alberto schon vor der Hochzeit zu spüren bekommen: Als sie sich kennenlernten, trug er auf dem Oberarm eine nackte Frau, die mit dem Busen wackelte, wenn er den Muskel anspannte. Bevor sie vor den Altar traten, musste Alberto sich einen Indianer daraus machen lassen.

Und deshalb leistet er auch keinen großen Widerstand, als seine Frau und seine Kinder von ihm verlangen, sein Boot aufzugeben. Was im Grunde einer Amputation gleichkommt. Die er nur überlebt hat, weil ihm ein Freund oft sein Boot überlässt. Albertos Frau muss ja nicht alles wissen.

Alle meine Abenteuer mit meiner *topetta* will ich Alberto erzählen, ich weiß, dass er mich lachend loben würde, und ich würde mich heldenhaft und noch etwas venezianischer fühlen. So, wie wenn wir am Ende einer Runde durch die Lagune am Dogenpalast vorbeifahren und auf die Menschenströme auf der Piazza blicken, die vom Wasser aus aussieht wie ein überfülltes Floß.

Das Leben in Venedig ist so, als ob man eine Frau liebte, die in Schwierigkeiten ist, sagt Alberto dann immer etwas rebellisch. Aber Liebe bedeutet auch, dass man Schwierigkeiten überwindet. Ich bin in Venedig geboren und werde hier auch sterben!

Als ich auf der Höhe von San Piero bin, rufe ich ihn an. Es klingelt ziemlich lange, bis er antwortet.

Ciao Alberto, rufe ich, willst du kurz runterkommen, ich will dir mein Boot zeigen!

Es dauert eine Weile, bis er antwortet.

Wie?, fragt er, was für ein Boot, wo bist du denn?

Ich bin hier unten, wenn du rauskommst, siehst du mich sofort!

Wo unten?, fragt Alberto ungläubig.

Hier unten vor deinem Haus, sage ich und frage mich, ob ich Alberto nicht schon wieder aus dem Mittagsschlaf aufgeschreckt habe.

In der Straße?, fragt Alberto, und ich frage mich, ob er nicht vielleicht schwer krank und durcheinander ist und ich das nur nicht wusste.

Was für eine Straße?, frage ich vorsichtig.

Aber ich bin … ich bin doch in Mestre.

Du bist in … Mestre?

Das kann nicht sein. Sicher habe ich mich verhört.

Wie: *in Mestre*?, frage ich ungläubig.

Wir sind umgezogen. Ich wohne nicht mehr auf San Piero. Wusstest du das nicht?

Alberto in Mestre, das kann nicht sein, er ist doch ein Lagunenfisch, *un paganeo, un gò,* einer, der ohne Wasser nicht überleben kann. Ich presse mir ein vernuscheltes Nein ab, so fassungslos bin ich.

Kurz herrscht Stille zwischen uns.

Die Frau bestimmt alles, du kennst das doch, sagt Alberto, wobei er klingt, als würde er nicht mit einer Frau, sondern mit einem Schicksalsgenossen reden. Einer, der auch von einer unerbittlichen Ehefrau gezwiebelt wird.

Du weißt doch, wie das ist, sagt er. Sie wollte nach Mestre … unsere Tochter wohnt hier … und dann sind da noch die Enkelkinder … und das Einkaufen ist so auch viel einfacher für meine Frau.

Ah, sage ich, mehr bringe ich nicht heraus, weil ich fast angefangen hätte zu heulen.

Und eure Wohnung? Habt ihr sie aufgegeben?, frage ich noch hoffnungsvoll, weil ich mir nicht vorstellen kann, dass Alberto ohne Netz und doppelten Boden nach Mestre gezogen ist, das mit seinen Mietskasernen und Hotelsilos aussieht wie eine Trabantenstadt aus Sowjetzeiten, die aus Versehen am Rand der Lagune fallen gelassen wurde.

Ja, natürlich, die Wohnung ist weg, sagt Alberto.

Ah, sage ich wieder und schlucke. Und weiß nicht, was ich sagen soll. Ich suche nach einem Zuspruch. Irgendwas, womit ich Alberto trösten kann, wodurch ich diesem Umzug nach Mestre etwas abgewinnen kann. Aber mir fällt nichts ein.

Ach, dann hole ich dich demnächst mal an dem Piazzale Roma ab und wir machen eine Runde in meinem Boot, höre ich mich sagen. Und klinge falsch.

Aber Alberto sagt: Ja.

Bis bald, sage ich.

Ciao, sagt Alberto.

Ohne das *amore* am Ende.

Santa Maria del Giglio

Ich sitze in meinem Boot und bin noch betäubt von der Hiobsbotschaft, dass Alberto jetzt in Mestre in irgendeinem Plattenbau wohnt. Ausgerechnet er, der immer sagte: Venedig ohne die Lagune, das ist wie eine Frau ohne Unterleib.

Es ist Hochsommer in Venedig, voll besetzte Taxiboote mit lachenden Menschen fahren vorbei, Frauen mit riesigen Sonnenbrillen halten ihre Smartphones in die Luft, und ich fühle mich einsam.

Jeden Tag verlassen Venezianer ihre Stadt, der Exodus wird von der Leuchtanzeige im Schaufenster der Apotheke Morelli angezeigt. In Hongkong zählte man die letzten Tage als britische Kronkolonie, in Venedig zählt man die letzten Venezianer. Jeden Tag werden wir weniger, nie werden wir mehr. Mehr werden immer nur die Airbnbs, die Take-aways, die Kreuzfahrtschiffe, die Hotels, die Billigflüge und der Zynismus.

Es ist heiß, ich schwitze in der Sonne und ziehe die Plane über das Boot, ein Tropfen fällt von innen auf mein Brillenglas, aber es ist kein Schweiß. Ein Taxi voller Chinesen fährt vorbei, die Chinesen fotografieren mich.

Im Grunde interessiert Venedigs Schicksal niemanden auf der Welt. Nur die Fassade interessiert und die lustigen, netten Venedig-Tipps, wo essen, wo schlafen, wie die Schlange am Markusplatz vermeiden.

Die Venezianer sind so gut wie ausgestorben?

Sicher, hat man doch alles schon gehört, ist eben der Lauf der Welt. Berggorillas sterben aus und Spitzmaulnashörner und eben auch Venezianer. Früher war auch nicht alles besser! Andere Leute haben viel größere Sorgen, die werden vom Bürgerkrieg, von der Dürre oder irgendwelchen Diktatoren aus ihrer Heimat vertrieben, da fallen ein paar Venezianer echt nicht ins Gewicht.

Als ich auf die Gondelfähre warte, mit der ich auf die andere Seite des Canal Grande fahren will, drängelt sich eine Reisegruppe neben mich auf den Anleger. Die Männer tragen kurze Hosen, riesige Rucksäcke und Safarijacken, die aussehen, als seien sie speziell für Einsätze in subtropischen Gebieten gedacht. Die Frauen tragen Flipflops und kreischen, als die Gondel beim Einsteigen schwankt.

Und schon wieder muss ich an Alberto denken, wenn er sagte: Venedig ist eine Nutte. Eine ganz billige Nutte. Das sagte er, wenn mal wieder Leute vor seiner Haustür in San Pietro di Castello standen, die nicht begreifen wollten, dass dies zwar ein ehemaliges Kloster war, in dem er wohnte, aber dennoch eine Privatwohnung.

Dieses Problem wird sich in Mestre natürlich nicht mehr stellen.

Eine Frau steigt so ungeschickt in die Gondel am Anleger von Santa Maria del Giglio, dass sie fast ins Wasser fällt. Jemand schreit etwas vom »Tod in Venedig« und lacht. Der Tod klebt wie ein Kaugummi an der Stadt.

Und während ich wegen Alberto in Endzeitstimmung versinke, höre ich, wie jemand hinter mir *Ciao Reski* sagt. Es ist der Venezianer an meiner Seite, was mich tröstet. Er ist der Einzige hier ohne Rucksack und ohne Mineralwasserflasche in der Hand. Der Einzige, der ein Jackett und ein Hemd trägt. Als er die Gondolieri mit ihren Spitznamen anspricht und mit ihnen auf Venezianisch über das Hochwasser und den Schirokko redet, bestaunen ihn die Touristen wie ein seltenes Tier.

Genau so habe ich ihn damals bestaunt, als ich an einem kühlen Septembertag zum ersten Mal nach Venedig kam und von Venedig nicht viel mehr wusste, als dass es im Wasser lag.

Ich erzähle ihm, dass mein Freund Alberto jetzt in Mestre lebt.

Der Venezianer flucht. Er flucht wie jemand, der sieht, wie alle tatenlos dabei zusehen, als ein Wehrloser angegriffen wird. Er blickt mich traurig an, sagt: Das tut mir leid, und es klingt, als hätte er mir Beileid gewünscht.

Ich putze meine Nase, damit in der Gondel keiner mitkriegt, dass ich mitten auf dem Canal Grande zu heulen anfange. Ich trauere um Alberto, als wäre er gestorben, obwohl er nur nach Mestre gezogen ist.

Am Ufer angekommen, trennen sich unsere Wege wieder. Ich sehe den Venezianer in der Menge untertauchen.

Auf dem Weg zum Markusplatz gleitet er durch die Menschenmengen wie durch Fischschwärme, anders als ich regt er sich nie über die vielen fehlgeleiteten Fische auf, die uns anrempeln, er sieht sie gar nicht, er sieht immer nur außergewöhnliche Ornamente, Mauerbögen und Pilaster. Und den gläsernen Schirokkohimmel, der sich über allem wölbt, den sieht er auch.

San Fantin

Auf jeden Fall ist es schlecht, in einem Text über Venedig Touristen auftauchen zu lassen. Der Tourist will allein sein auf der Welt, das ist sein größtes Problem.

Ich kann das gut verstehen. Mir ging das genauso, als ich zum ersten Mal nach Venedig kam, vor einem halben Leben. Da legte auch ich großen Wert darauf, Venedig nicht als Touristin zu besuchen, sondern als Dienstreisende, weil ich während des Filmfestivals ein Interview mit Lina Wertmüller führen sollte. Das nie zustande kam. Den Markusplatz habe ich aus reinem Pflichtgefühl besucht. Nur, damit ich mir nicht hätte vorwerfen müssen, ihn übersehen zu haben.

Ich habe damals auch zwei Karnevalsmasken gekauft. Eine für mich und eine für eine Freundin, die darüber etwas erstaunt war, weil sie mir eine solche Schwäche nicht zugetraut hätte.

Wie zum Hohn fährt in diesem Augenblick im Kanal neben mir eine Gondelserenadepartie mit Japanern vorbei, die den letzten Rest fernöstlichen Formgefühls fahren lassen und wie entfesselt zu *Ciao Venezia ciao ciao ciao* johlen und schunkeln.

Ich lebe in einer Stadt, die unter der Liebe von mehr als dreißig Millionen Menschen pro Jahr leidet. Kein Grund zur Klage, werden Sie sagen, zu Recht, denn es gibt schlimmere Schicksale, Leukämie zum Beispiel oder Abhängigkeit von Lösungsmitteln oder ein Leben in der polaren Klimazone, wo nur bestimmte Flechtenarten eine Überlebenschance haben.

Heute besteht das Leben in Venedig vor allem darin, einer Stadt beim Sterben zuzuschauen. Venedig ist im Locked-in-

Syndrom gefangen: Der Tod tritt möglicherweise noch lange nicht ein, aber eine Aussicht auf Heilung besteht auch nicht mehr.

Wir sind Venedigs Sterbebegleiter, so wie die Bruderschaft der Gehenkten, die einst im Ateneo Veneto am Campo San Fantin ihren Sitz hatte, dessen Aula Magna mitsamt ihren Pilastern, Marmorkapitellen und Deckengemälden von Jacopo Palma dem Jüngeren auch heute noch so aussieht, als würden sich gleich die vermummten Brüder hier treffen – und nicht vielmehr venezianische Damen im Nerz, die sich einen Vortrag über den Einfluss von Venedig auf das Werk von Antonello da Messina anhören.

Manchmal, wenn aus dem Kanal unter unserem Fenster *O sole mio* dröhnt, in den Gondeln gegrölt und geklatscht, und auf der Brücke über dem Kanal den Gondelserenaden applaudiert wird, versuche ich, mir vorzustellen, wie sich vermummte Männer über diese Brücke einen Weg bahnen durch die fotografierenden und klatschenden Paare, Männer in schwarzen Umhängen und Kapuzen: Männer, deren Gesichter schwarz verhüllt sind, nur die Augen sind zu sehen; Männer, die auf der Brust ein ovales Medaillon mit einem Kruzifix tragen, in der einen Hand eine Geißel, in der anderen Hand das Bildnis des heiligen Hieronymus – die Kennzeichen des »Kollegiums der Gehenkten«, der Bruderschaft vom Campo San Fantin.

Die *Scuola dei Picai*, wie sie auf Venezianisch genannt wird, war in Venedig dafür berühmt, zum Tode Verurteilte auf ihrem letzten Weg zu begleiten, ihnen Trost zuzusprechen, bevor sie zwischen den Blutsäulen auf dem Markusplatz geköpft und ihre Körper danach gevierteilt wurden.

Die Bruderschaft machte sich in Zweierreihen auf den Weg ins Gefängnis, bis zu zweihundert Brüder mitsamt Fackeln, Kerzen, Standarten, Weihwasser, einem großen Kruzifix aus Ebenholz und einem kleinen, bronzenen Kruzifix, das der Hinrichtungskandidat küssen musste, bevor er den letzten Atemzug tat.

Die Prozession machte am Markusplatz halt, erst in der von Napoleon zerstörten Kirche von San Geminiano, dann in der Markuskirche. Und endete schließlich in einer kleinen Kirche hinter den Bleikammern, wo die Todeskandidaten die Tage von der Urteilsverkündung bis zur Hinrichtung verbrachten. Im günstigsten Fall begleitete die Bruderschaft den Verurteilten zum Schafott zwischen den beiden Säulen am Markusplatz. In weniger günstigen Fällen sah das Urteil noch vor der Hinrichtung einen langen Kreuzweg vor: Eine Via Crucis, die am Ufer der Piazzetta begann, wo der Verurteilte einen Kahn bestieg, an einen Pfahl gefesselt und über den Canal Grande zur Chiesa di Santa Croce gefahren wurde, wo man ihn mit glühenden Zangen folterte, dann wurden ihm die Hände amputiert und an Ketten um den Hals gehängt. Damit der Unglückliche nicht schon vor der Urteilsvollstreckung verblutete, wurde ihm eine Schweinsblase über die Armstümpfe gestreift – für solche Feinheiten war der Chirurg der Scuola San Fantin zuständig, der auch die Stelle an den Armen kennzeichnete, an der das Messer angesetzt wurde.

Zurück zum Galgen am Markusplatz ging es zu Fuß, wenn der Verurteilte nicht gar am Schweif eines Pferdes zum Markusplatz geschleift wurde, das Ganze begleitet von einem Ausrufer, der verkündete, für welches Verbrechen hier gebüßt wurde, während die Brüder von San Fantin um »ein Vaterunser, ein Ave Maria für unseren armen Bruder« baten.

Der letzte Akt wurde auf dem Markusplatz vollzogen, auf dem Schafott zwischen den beiden Säulen, den Hoheitszeichen der Stadt, dem geflügelten Markuslöwen und dem heiligen Theodor, dem Drachentöter, der aussieht, als führe er ein Krokodil an der Leine. Politischen Verbrechern oder manchen Adeligen widerfuhr das zweifelhafte Privileg, in der Galerie des Dogenpalastes zwischen den »Blutsäulen« hingerichtet zu werden, den beiden roten Säulen, zwischen denen der Doge gewöhnlich Aufführungen auf der Piazzetta beiwohnte. Gemeine Diebe wurden unweit der Stelle hingerichtet, an der sie den Diebstahl begangen hatten. Die Reste der gevierteilten Leiche wurden aufgespießt und zur Schau gestellt – wenn es das Urteil vorsah, sogar bis zur endgültigen Verwesung. Ansonsten sorgte die Bruderschaft dafür, dass die sterblichen Überreste beerdigt wurden, auf dem kleinen Hinrichtungsfriedhof am Campo Santi Giovanni e Paolo oder auf dem auf der Isola Santa Maria delle Grazie. In der Basilika Santi Giovanni e Paolo erinnert noch heute eine marmorne Inschrift neben dem schwarzen Altar der Kruzifixkapelle an die armen Seelen, die von den Brüdern von San Fantin getröstet wurden. Da, wo sich einst der kleine Friedhof der Hingerichteten befand, ist heute ein gepflasterter Innenhof. Man kann ihn von der Rosenkranzkapelle aus sehen. Manchmal spielen die Kinder der Pfarrgemeinde hier Basketball.

Heute machen wir eigentlich nichts anderes als die Brüder von San Fantin – wir begleiten Venedig auf dem Weg zum Schafott. Und sprechen uns selbst dabei Trost zu.

Die Frage ist nur: Für welches Verbrechen muss Venedig büßen?

Martini-Bar

Als ich zum ersten Mal nach Venedig kam, wusste ich alles über Paris, aber nichts über Venedig. Ich kannte jedes Stadtviertel der Romane von Balzac, ich wusste, welche Entwicklung Paris nach Haussmann genommen hatte, wo sich die Passagen befanden, die Walter Benjamins Passagenwerk inspiriert hatten, und welche Funktion die topografischen Angaben in Emile Zolas *Nana* besaßen, über die ich meine Examensarbeit verfasst hatte.

Von Venedig wusste ich nicht mehr, als dass es im Wasser lag.

Ich trat aus dem Bahnhof, suchte nach einem Taxi und war erstaunt, dass man hier die Sache mit dem Wasser tatsächlich ernst meinte. Dass man konsequent auf Straßen verzichtet hatte, überraschte mich.

Als kleines Mädchen glaubte ich, dass Venedig von Doggen gegründet wurde. Kein Witz. Ich hatte ein Quartettspiel, bei dem eine Frage lautete: Wie heißt das Herrschergeschlecht in Venedig? Und die Antwort war: die Dogen.

Und ich dachte nur: Okay, warum auch nicht. In Rom war ja auch ein Hund im Spiel gewesen, diese Wölfin mit den Hängebrüsten.

Es war nicht vorauszusehen, dass mir im Restaurant ein Mann gegenübersitzen würde, der auch allein aß und in einem dicken Kunstband blätterte. Einen Mann, der mit einem Kunstband essen geht, fand ich sehr interessant. Konnte ja nicht ahnen, wohin das führt.

Nach dem Essen ließ mir der Mann mit dem Kunstbuch einen nach Marzipan schmeckenden Likör servieren, so kamen wir ins Gespräch. Er behauptete, mich bereits am

Nachmittag in einem Café an der Riva degli Schiavoni gesehen zu haben, wo ich Postkarten geschrieben hätte.

Ich glaubte ihm nicht. Denn wie sollte man inmitten dieses Wimmelbilds aus Reisegruppen, Touristengeschwadern und durchgeknallten Schulklassenknäueln auf Abschlussfahrt einen einzelnen Menschen wahrnehmen und sich auch noch an ihn erinnern?

Er lügt, dachte ich. Aber er lügt schön.

Auf die Frage, wohin ich ginge und ob er mich begleiten dürfte, antwortete ich routiniert mit: Harry's Bar.

Denn auch wenn sich meine Venedig-Kenntnisse auf jene eine Karte meines Quartettspiels beschränkten, wollte ich mit dem intendierten Besuch dieser Wallfahrtsstätte des Ruhms doch eine gewisse Weltläufigkeit beweisen. Auch wenn ich gar nicht wusste, wo sich dieser mythische Ort befand. Gott sei Dank wusste es der Mann mit dem Kunstbuch.

Als er die Tür von Harry's Bar öffnete, wehte Zugluft über die Gäste – die nicht, wie ich angenommen hatte, an der Bar standen und Cocktails tranken, sondern auf Kinderstühlchen an Kindertischchen aßen. Und aus Kindergläsern tranken.

Die Einzigen, die an der Bar standen, waren wir. Und zu meinem großen Erstaunen musste ich feststellen, dass Harry's Bar gar keine Bar war, sondern ein Restaurant. Mit kleinen Sesselchen, niedrigen Tischchen, zierlichem Besteck und winzigen Gläsern. Ein bisschen wie ein Kindergarten für Erwachsene. An den Wänden hingen Fotos mit gezacktem Rand, die aussahen wie alte Familienfotos und die anstelle von Verwandten Hemingway mit Cowboyhut auf Torcello zeigten oder eine lachende Peggy Guggenheim. Vielleicht lachte sie, weil es keinen anderen Ort auf der Welt gibt, der Menschen, die alles haben, dazu bringt, auf Kinderstühlchen an Kindertischchen zu essen.

Ich stellte fest, dass der Mann mit dem Kunstbuch für einen Italiener erstaunlich blass war und etwas Melancholisches in seinem Blick lag. Dass er bemerkenswert breite Handgelenke hatte und ihm eine dunkelbraune Haarsträhne in die Stirn fiel.

Vorsichtshalber unterzog ich ihn einem Verhör. Nicht, dass er dachte, eine ahnungslose deutsche Dienstreisende hereinlegen zu können.

Ich legte Wert darauf festzustellen, dass ich es mir nicht ausgesucht hatte, Venedig zu besuchen: Ich erklärte, dass mich meine Redaktion zum Filmfest nach Venedig beordert hatte, so wie sie mich zuvor auch zur Hochwasserkatastrophe des Nils nach Khartum, zu den Demonstrationen wegen der Schließung der Lenin-Werft nach Danzig und zum Bombenanschlag ins schottische Lockerbie verfügt hatte.

Ich fragte ihn, ob er Venezianer sei, was ich heute als etwas unhöflich empfinde. Da lernt man einen Mann kennen und fragt ihn nach seiner Abstammung? Wahrscheinlich lag es daran, dass ich schon damals immerhin mitgekriegt hatte, dass die Venezianer etwas Besonderes waren, weshalb ich vermutete, dass hinter seinem Namen wahrscheinlich jede Menge Vorfahren steckten, die unzählige Erdteile entdeckt, sagenhafte Seeschlachten geschlagen und ganze Flotten versenkt hatten.

Als ich wissen wollte, wo er wohnte, sagte er allen Ernstes: San Marco. Da war ich überzeugt, an einen besonders dreisten Lügner geraten zu sein. Schließlich wusste doch die Welt, dass am Markusplatz niemand wohnte. Andererseits geriet ich kurz ins Zweifeln, denn ich befand mich in einer Stadt, in der nicht mal die Himmelsrichtungen so funktionierten wie im Rest der Welt. Wasser statt Straßen, und alle sagten immer: Geradeaus!, wenn man nach dem Weg fragte, obwohl hier überhaupt nichts geradeaus ging.

Ich fragte ihn streng, ob er immer in Venedig gelebt habe. Denn was heißt schon Venezianer? Nicht, dass ich es am Ende mit einem verkappten Südtiroler zu tun hatte, der vorgestern nach Venedig gezogen war und sich jetzt als Venezianer tarnte. Als er mir lachend bestätigte, dass er praktisch von Geburt an Venezianer sei, wie seine Familie im Übrigen auch, seit Hunderten von Jahren, lachte ich auch, wenn auch immer noch etwas ungläubig. Und in Venedig kenne jeder jeden, sagte er, weil hier nur noch eine Handvoll Venezianer lebten: *Siamo solo quattro gatti,* wir sind nur noch vier Katzen.

Unbeirrt von meinem Verhör lud er mich auf einen Drink in eine richtige Bar ein. Blindlings folgte ich ihm durch die Gassen. Es gefiel mir, mich für furchtlos zu halten.

Ich wäre ihm auf der Stelle bis ans Ende der Welt gefolgt, fragen Sie mich nicht, warum, vielleicht wegen der Haarsträhne, die ihm ins Gesicht fiel, und wegen des melancholischen Lächelns und seiner Handgelenke, die aussahen wie die eines Boxers.

Auf dem Weg zur Bar liege der Ort, an dem sich sein *laboratorio* befinde, sagte er. Er machte etwas mit Stoffen und Lampen, genau verstand ich es nicht, und was *laboratorio* hieß, wusste ich auch nicht, für mich klang es wie Chemielabor. Er sagte was von Fortuny, den ich nicht kannte, und erzählte was von Proust, den ich kannte, aber was genau zwischen Proust und diesem Fortuny lag, verstand ich nicht, gab jedoch vor, alles verstanden zu haben, immerhin war ich Romanistin, auch wenn ich von der *Recherche* nur *Un amour de Swann* gelesen hatte.

Er fragte mich, ob ich das *laboratorio* sehen wollte. Natürlich wollte ich es sehen, er führte mich in einen Palazzo, der eigentlich ein Künstleratelier war, ein verwunschener Ort, die Wände waren mit Samt und goldbedruckter Baumwolle geschmückt, in der Luft schwebten Seidenlampen, die aussahen wie Papierdrachen, die jemand dort vergessen hatte. Überall bizarre Kostbarkeiten: Sarazenenschilder, orientalische Silbersandalen und Samurairüstungen.

Es war ein Ort, der aussah wie von jemandem geschaffen, der aus der Welt flüchten und ihr gleichzeitig voranschreiten wollte. Mit Samt bespannte Wände, erblindete Spiegel, Porträts irgendwelcher Sultane – eine Welt, die so anders war als alles, was ich bislang gesehen hatte.

Ich versuchte, mich unbeeindruckt zu geben, und lief zum Fenster, weil aus einer Gondel, die unten im Kanal vorbeifuhr, wie aus einer unermesslichen Ferne *Gondola, gondola, gondolí* schallte.

Ich seufzte.

Der Venezianer stand neben mir und seufzte ebenfalls. Er stand so nah neben mir, dass ich sein Rasierwasser riechen konnte. Er roch nach Sandelholz.

Hier singt man also tatsächlich in den Kanälen!, sagte ich, vom Sandelholzduft berauscht, und der Venezianer sagte resigniert: *Eh sì.*

Diese Musik hat etwas Fellineskes, bemerkte ich, aber der Mann entgegnete nichts, sondern verriegelte das Fenster und führte mich in die Martini-Bar. Es war ein Nachtlokal, das aussah wie die Hotelbars in Warschau kurz vor dem Fall der Mauer. Unter einer Discokugel kreiselte ein einsames Paar nach den Klängen eines elektrischen Klaviers. Wir tranken Champagner, erzählten uns unsere Leben, und der Venezianer strich mir das Haar aus dem Gesicht.

Ich hatte noch nie einen Mann getroffen, der mir das Haar aus dem Gesicht gestrichen hat.

Calle Vallaresso

Kurz nach dem Mauerfall zog ich nach Venedig, antizyklisch sozusagen, denn in der Zeit fing gerade der Berlin-Hype an, also Subkultur und cool und die Graffiti auf der Yorckbrücke und nicht etwa die leprösen Paläste, die schon der Futurist Marinetti verdammt hatte – samt den Gondeln, die er Schaukelstühle für Idioten nannte und die im Kanal unter unseren Fenstern vorbeigleiten, beladen mit Reisegruppen aus Minnesota oder Osaka, die zu *Funiculi, Funicula* mitklatschen und kreischen, als säßen sie in einer Achterbahn.

Man zieht nicht ungestraft in einen Mythos, sagte ich mir. Auch wenn ich das mit dem Mythos gar nicht so sah. Mir machte vor allem die Insellage zu schaffen. Und die Tatsache, dass die Venezianer nicht Italienisch, sondern Venezianisch sprechen, was ich für einen Sprachfehler hielt.

Ich mochte es nicht, wenn sie Venezianisch sprechen, weil ich mich dann ausgeschlossen fühlte. Automatisch hörte ich weg. Der Venezianer antwortete immer auf Italienisch, wenn ich dabei war und man ihn auf Venezianisch ansprach.

Es war die Zeit vor den Kreuzfahrtschiffen und vor den Billigflügen. Es war die Zeit der Busladungen voll mit dem ehemaligen Ostblock, der den Kommunismus abgeschüttelt hatte, um endlich mal Tauben auf dem Markusplatz füttern zu können.

Aber ab fünf Uhr nachmittags war der Zauber ungebrochen, man hörte wieder seine eigenen Schritte und die Schreie der Schwalben im Sturzflug. Im Caffè Florian saßen nach Veilchenpuder duftende venezianische Contessen, deren Beine so kurz waren, dass sie den Boden nicht berührten. Ein pensionierter venezianischer General mit schwarz gefärbtem Haar hielt an dem Tisch rechts vom Eingang Hof. Die Venezianer näherten sich ihm kratzfüßig und sprachen ihn mit Conte an, denn wenn es sich darum handelte, dem Sohn den Militärdienst zu ersparen, waren seine Beziehungen sehr wertvoll.

Jahrzehnte später erfahre ich, dass die Contessen gar keine waren, sondern die Töchter eines süditalienischen Schokoladenvertreters. Und dass der General weder Conte noch Venezianer war, sondern irgendwo aus dem Friaul kam. Aber das sind Geheimnisse, die nur die Venezianer kennen. Und in die werde ich erst eingeweiht, nachdem ich lange genug in Venedig gelebt und mich so als würdig erwiesen habe.

An die Contessen und den General denke ich jedes Mal, wenn ich über den Markusplatz laufe, wo am frühen Morgen alle auf der Suche nach ihrem persönlichen Stück Venedig sind: Derangierte chinesische Bräute mit verschmutzten Schleppen, die von ihren Fotografen im Morgenlicht über den Platz gescheucht werden. Straßenkehrer, die mit ihren Reisigbesen um Frauen herumfegen, die sich erst von ihren Stühlen erheben, nachdem die Besen über ihre Füße gefahren sind. Männer in Radlerhosen, die im Säulengang des Dogenpalastes schwitzend Liegestütze machen, beobachtet von staunenden Nonnen im Gegenlicht.

Das Problem ist, dass die Zeit so schnell vergeht. Denn eigentlich bin ich erst gestern hier angekommen, bei diesem gleißenden Morgenlicht, das mich auch jetzt blendet.

Ich denke oft daran, wie wir uns kennengelernt haben. Besonders häufig passiert mir das zur Zeit des Filmfests – wenn ich morgens zum Vaporetto renne, weil der erste Film in der Früh um halb neun beginnt. Dann laufe ich die Calle Vallaresso entlang, vorbei an dem Restaurant, in dem wir uns zum ersten Mal begegnet sind und das heute kein

Restaurant mehr ist, sondern ein Tiffany-Juwelier. Aber Harry's Bar gibt es noch. Nahezu unverändert.

Ich renne, weil das Sieben-Uhr-neunundzwanzig-Vaporetto im Grunde schon um sieben Uhr fünfundzwanzig an- und wieder ablegt. Gott sei Dank ist die Calle Vallaresso um diese Zeit noch leer, neben mir laufen nur zwei Amerikaner, die in Funktionshemden und Funktionsshorts ihr vom Computer verordnetes Laufprogramm absolvieren.

Um sieben Uhr dreiundzwanzig sitze ich schwer atmend an der Haltestelle San Marco. Außer mir wartet niemand auf das Vaporetto. Frühmorgens im Spätsommerlicht ist die Haltestelle San Marco die schönste Haltestelle der Welt, mit dem tiefblauen Markusbecken, dem Himmel in reinstem Azur und dem gleißenden Marmor der Punta della Dogana, des einstigen Zollgebäudes, das sich wie ein Schiffsbug zwischen Canal Grande und Canale della Giudecca schiebt. Auf dem Dach thront die Macht des Schicksals, mit der Göttin Fortuna, die auf der goldenen Weltkugel tanzt und sich in die Richtung dreht, in die sie der Wind weht.

Die Fenster der Vaporettostation rahmen diesen Anblick ein, mit dem verblassten Neonlicht und den abgetretenen Markierungen des *Non oltrepassare durante l'attesa,* dem »Nicht überschreiten während des Wartens«, das die Touristen nie begreifen, weshalb sie von den Vaporettoschaffnern immer angeblafft werden.

Ich bewundere die Aussicht und hoffe, dass mein Herz diesen Anblick für immer festhalten möge. Und dass ich, wenn es mir schlecht ginge irgendwo im Waschbeton einer gesichtslosen Stadt, nur an jenen Augenblick zurückdenken müsste, schon würden die gleißende Punta della Dogana, das tiefblaue Wasser und die im Wind tanzende Göttin vor meinem inneren Auge aufsteigen und mich mit Glücksgefühlen überfluten. Aber offenbar traue ich meinem Herzen nicht, weshalb ich hektisch nach meinem Telefon suche, um ein Foto zu machen, und mich etwas schäme.

Denn sonst mache ich mich immer lustig über den Drang, jede vorbeifahrende Gondel, jeden Teller *Spaghetti alle Vongole* und jedes venezianische Kranzgesims zu fotografieren. Als könnte man Venedig in kleinen Portionen mitnehmen. Offenbar traut niemand mehr der Erinnerung in seinem Herzen. Nicht mal ich.

Aber vielleicht ist dieses zwanghafte Festhalten auch einfach nur eine menschliche Reaktion auf eine Empfindung, die man verspürt, wenn man Zeuge von etwas wird, das viel, viel größer ist als man selbst. Größer als das Leben. Praktisch das Erhabene. Und im Angesicht von Dingen, die unsere Vorstellungskraft übersteigen, neigt der Mensch zu Übersprungshandlungen.

Als ich auf den Auslöser drücke, fährt eine Gondel durch das Bild. Der Gondoliere hat einen langen, weißen Bart und weiße Haare und spreizt seine Finger zum Friedenszeichen.

Wahrscheinlich hält er mich für eine der vielen Instagrammer, die morgens früh, wenn sich in den Gassen noch niemand drängelt, auf der Jagd sind nach den *25 schönsten Instagram-Spots in Venedig*. So wie die Mädchen, die um fünf Uhr aufstehen, um sich um sechs mit dem Strohhut auf dem Kopf und einem Cornetto in der Hand auf der Marmorbrüstung der Rialtobrücke zu rekeln. Oder die Paare, die sich per Selbstauslöser beim Picknick am Canal Grande fotografieren, mit Pizza aus der Pappschachtel vom Abend zuvor, weil morgens um sechs noch kein Pizza-Take-away geöffnet ist, Pizzen, auf die sich Möwen stürzen, groß wie Gänse.

Wenn ich mittags wieder vom Lido zurückkomme, ist der Zauber gebrochen. Nach fünf Stunden Kino trage ich in mir noch das Gefühl, irrsinnig weit weg gewesen zu sein, eingetaucht in andere Leben, andere Zeiten, andere Kontinente, bis ich an der Haltestelle San Marco wieder in der Wirklichkeit aufschlage und durch Reisegruppen laufe, die sich hinter ihrem Reiseführer vollverkabelt Richtung Markusplatz durch die Calle Vallaresso schieben wie durch einen überfüllten Supermarkt. Und denen ich mein *permesso, permesso!* in den Nacken belle, was auch nichts mehr nützt, weil alle einen Knopf im Ohr haben und nur auf das Kommando ihrer Reiseführer hören.

Am Ende der Gasse herrscht Gedrängel wegen einer Baustelle, wahrscheinlich zieht hier wieder ein neues Luxuslabel ein. Zwei Tage später sehe ich die Aufschrift *Dior.*

An dem Tag, an dem ich Venedig zum ersten Mal betrat, befand sich an der Stelle der Dior-Boutique noch das Cinema San Marco und wenige Meter weiter das Rokokotheater Ridotto.

Ich besuchte das Cinema San Marco einige Male mit dem Venezianer. Das Kino fand ich sehr altmodisch und schlecht gelüftet, behielt es aber für mich. Ich hatte keine Ahnung, dass es sich um das älteste Kino der Stadt handelte, das die Venezianer liebten, weil es schon ihre Eltern und Großeltern besucht haben.

Ich verliebte mich in das nebenan gelegene Teatro Ridotto, nicht nur wegen seines verstaubten pastellfarbenen Stucks und des verschlissenen Samts auf den Sesseln, sondern wegen Goldoni. *Der Diener zweier Herren.* Auf Venezianisch. Ich verstand kein Wort, während die Venezianer neben mir vor Lachen von den Sesseln fielen.

Kurz nach diesem Theaterbesuch hörte ich Goldoni in den Vaporettostationen, in den Gassen, in den Restaurants, und sogar in der Schlange beim Bäcker in der Frezzeria – wo ich Mühe hatte, mich gegen die hinfällig wirkenden venezianischen Großmütter durchzusetzen, die sich als gewiefte Vordränglerinnen erwiesen.

Das Venezianische, das begriff ich jetzt, ist kein Dialekt, sondern eine gemeinsame Vergangenheit, eine Kultur, ein

Zusammengehörigkeitsgefühl. Wenigstens in der Sprache hofft man unter sich zu bleiben. Vielleicht die letzte Illusion von Privatheit in der öffentlichsten Stadt der Welt.

Kurz danach gab der Bürgermeister den gesamten Block der Calle Vallaresso zum Verkauf an Benetton frei, einschließlich des Rokokotheaters Ridotto und des Cinema San Marco.

Die Venezianer hassen den Bürgermeister dafür. Sie verzeihen ihm diesen Verkauf nicht, weil er mit dem Cinema San Marco auch ihre Geschichte verkauft hat. Ihre Vergangenheit, ihre Erinnerungen. Erste Küsse. Tränen, für die man sich schämte. Zigarettenrauch, der so dicht war, dass man die Leinwand dahinter kaum mehr sehen konnte.

Selbst ein Teil meiner kurzen Venedig-Geschichte wurde verkauft. Denn das Teatro Ridotto wurde nicht, wie angekündigt, restauriert und wiedereröffnet, sondern in den Speisesaal des Hotels Monaco verhext.

Jahre später gehe ich dort noch mal hin, um zu sehen, was vom Ridotto übrig geblieben ist. An der Rezeption gebe ich vor, eine der vielen Reiseführerinnen zu sein, auf der Suche nach einem geeigneten Restaurant für ihre betuchte, vielköpfige Reisegruppe.

Als ich da stehe, wo einst der Zuschauerraum war, erkenne ich nichts wieder. Von dem Theater ist nicht mehr als eine Dekoration geblieben, wer hier isst, hält es vielleicht für eine gelungene Idee des Innenarchitekten, den Speisesaal mit auf alt getrimmtem Stuck verziert zu haben, mit verblasstem Rosa, mit Kartuschen, Säulen und Blätterwerk mit Engelsschwingen.

Die Kellner decken die Tische ein, und die Klimaanlage läuft auf Hochtouren, weil eine amerikanische Reisegruppe erwartet wird.

Es ist wie in Cleveland, Ohio.

San Marco

Ich stehe im Vaporetto, neben mir hält sich eine alte amerikanische Dame am Geländer fest, die mich vage an unsere amerikanische Nachbarin erinnert. Die gleiche kompakte Zähigkeit, die man einem doppelten Wodka auf Eis vor dem Abendessen verdankt. Im Vaporetto stehen wir dicht gedrängt, es ist die Uhrzeit, zu der die Tagestouristen die Stadt verlassen.

Es ist der letzte Tag der Badesaison, ich habe meine Badesachen aus der Badekabine am Lido abgeholt. Das Spätsommerlicht hat mich melancholisch gestimmt, genau wie der Geruch der Badekabine, nach Sonnenöl und feuchten Handtüchern und Salzwasser, das Ganze aber schon irgendwie kälter, abgestandener. Aber kurz vor der Haltestelle San Marco flammt plötzlich die Sonne wieder auf, wie ein letztes Aufbäumen des Sommers. Es ist einer der vielen Momente, in denen mich Venedigs Schönheit eiskalt erwischt. Das Markusbecken ist ein glitzerndes Juwel, und ich weiche dem Rucksack eines jungen Bärtigen aus, bei der nächsten Drehung wirft er die alte Amerikanerin neben mir fast um, die erstaunlich gelenkig ausweicht und lacht.

Jahrelang wohnt unter uns ein älteres amerikanisches Ehepaar aus Cleveland, Ohio. Er ist ein vermögender Arzt, der gerade im Begriff ist, seine Klinik zu verkaufen und in den Ruhestand zu gehen. Sie malt. Vorzugsweise die Industriegebiete von Cleveland.

Irgendwann hängen zwei orangerote Acrylbilder von amerikanischen Hochöfen in unserer Eingangshalle, die unser Nachbar dort aufgehängt hat, weil der Transport zurück nach Cleveland zu teuer ist.

Unser amerikanischer Nachbar hat im hohen Alter noch Italienisch gelernt, liebt Opern und quält sich mit dem Wörterbuch in der Hand nicht nur durch die Libretti von *Turandot* und *Madame Butterfly* und *Nabucco,* sondern auch durch die Klassiker der italienischen Literatur, von Dantes *Inferno* bis zu Manzonis *Brautleuten.* Seine Frau sagt immer nur *grazi.* Oder: *Miou padri had a business.*

Er kauft einen Gartenschlauch für unseren Innenhof und schließt ihn mit einem kleinen Hängeschloss ab. Er kauft auch zwei Klappstühle für die Eingangshalle, die er anketten lässt und ebenfalls mit einem Hängeschloss versieht. Weil er findet, dass die Palmen in der Eingangshalle zu viele trockene Blätter hinterlassen, entfernt er die Palmen, gießt Zement in die beiden Pflanzkübel und setzt ein paar Muranoglasscherben und zwei venezianische Löwen ein, die aussehen wie nasse Katzen. Irgendwann werden sie trotzdem geklaut.

Seine Frau kommt immer nur drei Wochen im Winter, drei Wochen im Sommer, er hingegen wohnt den Wert seiner Wohnung ordnungsgemäß ab. Drei Monate im Sommer und drei im Winter, wobei er im Wesentlichen in seiner klimatisierten Wohnung sitzt und die Börsenkurse studiert.

Weil wir denken, dass er sich einsam fühlen könnte, laden wir ihn zum Abendessen ein. Gleich nach der Vorspeise (*prosciutto e melone*) legt er Wert darauf, uns auf Italienisch eine Inhaltsangabe der letzten Oper vorzutragen, die er in der Fenice gehört hat. Bei der Hauptspeise (*fegato alla veneziana*) teilt er uns mit, dass er Dante für überschätzt hält und argentinische Wertpapiere gekauft hat, die gerade spottbillig sind, weil das Land praktisch pleite ist. Bei der Nachspeise (*tiramisu*) erfahren wir, dass er den einen Sohn enterbt und den anderen abgefunden hat und dass seine Enkel von ihm nichts kriegen werden, weil auch er früher arm war und später ein Selfmademan wurde. Ausführlich lässt er uns daran teilhaben, wie glücklich er jetzt sei, nachdem er beschlossen hat, mit seinem Reichtum eine Stiftung zu gründen, die dazu dienen soll, das Andenken an sich und seine Frau aufrechtzuerhalten.

Die beiden Amerikaner sind praktisch die einzigen Nachbarn, zu denen wir Kontakt haben. Alle anderen Wohnungen in unserem Palazzo gehören Italienern, die ihre Ferienwohnungen schnell leid werden. Sie kommen nur an Karneval und zur *Regatta storica* und am Ende gar nicht mehr. Die Wohnungen werden weiterverkauft, aber die neuen Besitzer verlieren auch bald die Lust, Venedig zu besuchen. Wenn der Amerikaner nicht gerade seine Zeit in seinem Appartement absitzt und die Börsenkurse studiert, sind wir die einzigen Bewohner unseres Palazzos.

Eines Tages verschwinden die Bilder von den orangeroten Hochöfen aus unserer Eingangshalle. Es bleiben nur die Haken und zwei weiße Flecken an der Wand. Als auch die beiden angeketteten Klappstühle verschwinden und sogar der mit einem Sicherheitsschloss versehene Gartenschlauch, erfahren wir, dass unser amerikanischer Nachbar gestorben ist. Seine Frau soll noch leben, sie müsste jetzt um die hundert sein.

Den Gartenschlauch haben wir ersetzt. Ohne Schloss.

Wenig später steht die Wohnung der Amerikaner zum Verkauf.

Als ich zum ersten Mal in einem Alitalia-Bordmagazin auf dem Flug von Venedig nach Palermo lese, dass eine Wohnung in Venedig goldene Eier lege, weil man sie als Ferienwohnung das ganze Jahr über vermieten könne, bin ich noch ungläubig. Bald darauf bemerke ich jedoch, dass immer mehr Menschen mit Rollkoffern aus venezianischen Haustüren fallen – Menschen, denen ich auch ohne Rollkoffer ansehe, dass sie keine Venezianer, sondern Touristen sind. Sie sind anders angezogen, sie haben keine kleinen Einkaufswägelchen bei sich wie die Venezianerinnen, keine kleinen Hunde wie die Venezianer, sie suchen nervös nach dem Schlüsselloch.

Dann übernimmt Airbnb das Geschäft, und der Rest ist schnell erzählt. Nicht mal die Pestepidemie von 1630 war so effektiv bei der Beseitigung der letzten Venezianer wie die Erfindung der Ferienwohnung: In Venedig vermietet man Wohnungen nicht mehr an Venezianer, sondern nur noch an Touristen. Wo früher Venezianerinnen mit ihren Einkaufswagen aus dem Haus traten, stehen heute Menschen, die daran scheitern, an der Tür für ihr Airbnb-Apartement den richtigen PIN-Code einzugeben. Auf den Klingelschildern stehen keine venezianischen Familiennamen mehr, sondern Zahlen oder die Bezeichnungen der Apartements, die *cielo, terra* oder *canale* heißen.

Fast täglich liegen riesige Karten mit dem Blick auf San Giorgio im Abendlicht in unserem Briefkasten: *You only live once!* Absender sind große, internationale Immobilien-Ketten, die Traumwohnungen in Venedig kaufen und verkaufen: *das amazing 2-rooms-penthouse on Giudecca-Island, stunning view over Venice*: neunhunderttausend Euro. Oder *das totally restored 50-sqm apartment near St. Mark's Square, ideal as investment.*

Sie gehen davon aus, dass in Venedig keine Venezianer mehr leben, sondern nur noch potenzielle Airbnb-Kunden: Touristen, die davon träumen, in Venedig eine Wohnung zu kaufen, die sie selbst gewinnbringend an Touristen vermieten können. Schon am Flughafen wirbt *Rent it! Venice* auf großen Plakaten damit, die Verwaltung von Ferienwohnungen zu übernehmen: Werbung, Begleitung der Touristen vom Vaporetto bis zur Wohnung und Endreinigung inklusive. Sogar auf Facebook werden Wohnungen in Venedig beworben: Wenn man die nötigen Angaben gemacht hat, kann man im Netz Buttons anklicken und sich den maximalen monatlichen/jährlichen Verdienst ausrechnen lassen – bei minimalem Einsatz.

Seitdem werden die Wohnungen auch in unserem Palazzo ausschließlich von Airbnb-Kunden bevölkert. Das Geräusch der Rollkoffer über dem Pflasterstein klingt wie ein aufziehendes Gewitter. Wenn sich unsere Wege im Innenhof kreuzen, blicken die Touristen weg. Ich frage mich, ob es daran liegt, dass sie mich auch für eine Airbnb-Kundin halten. Wenn ich sie grüße, grüßen sie verlegen zurück.

In seiner berühmten Rede gegen die Venezianer, jene *glücklich in ihrem Wasser faulenden Dummköpfe,* beschied der Futurist Marinetti, dass es besser sei, Venedig zu zerstören, als zuzusehen, wie es zu einer mumifizierten Museumsstadt verkommt, zum ausschließlichen Gebrauch durch Touristen bestimmt. Und sein aus Florenz stammender Schriftstellerkollege Giovanni Papini schrieb: Wir sind Hausmeister in Leichenhallen und Dienstboten exotischer Vagabunden.

Genauso fühle ich mich, wenn ich mal wieder fluchend die Mülltüten der amerikanischen, spanischen oder französischen Besucher vor die Haustür trage, die eines der Apartements über oder unter uns gebucht haben. Und denen wir mit vielsprachigen Merkzetteln vergeblich klarzumachen versuchen, dass sie sich um ihre Mülltüten bitte selbst zu kümmern haben.

Ich hätte nie gedacht, dass ich unseren geizigen amerikanischen Nachbarn eines Tages vermissen würde.

San Moisè

Der Venezianer und ich hatten uns gerade erst kennengelernt, als wir eines Abends an der Kirche von San Moisè vorbeikamen. Der Venezianer blickte hoch, als suchte er dort etwas, weshalb ich auch hochblickte. Ich sah über dem Portal zwei Dromedare sitzen, und der Venezianer erklärte, dass diese Kirche im 19. Jahrhundert abgerissen werden sollte, weil man des Barocks überdrüssig gewesen sei: zu viel Horror Vacui. Soundso viele Dukaten für soundso viel Marmor. Der Abnehmer habe bereits eine beträchtliche Anzahlung gemacht, istrischer Marmor sei damals schon begehrt gewesen, genau wie heute.

Ich blickte auf die Fassade, okay, nicht gerade Bauhausstil, aber sie abzureißen erschien mir doch übertrieben. Der Venezianer redete sich richtig in Rage, die Kirche von San Moisè habe Ignoranten im Weg gestanden, Ignoranten, die es damals als Gipfel der Modernität betrachtet hätten, die Kanäle zuzuschütten. Stein statt Wasser: Die Kirche stünde am Ende der Sichtachse der Calle Larga XXII Marzo, die eigentlich mal ein Kanal gewesen sei.

Stein statt Wasser, das hieß für ihn: Ignoranz statt Poesie, Gier statt Demut. Gleichgültigkeit statt Fantasie.

Und deshalb hätten es diese Ignoranten natürlich auch nicht verstanden, dass der Horror Vacui dieser barocken Fassade letztlich ein verzweifelter Versuch gewesen sei, den Dämon der bevorstehenden Niederlage von Candia auszutreiben, sagte er. Und sah mir an, dass ich keine Ahnung hatte.

Er hielt mir aber keinen Vortrag über die Belagerung von Candia, über Venedigs letzten Kampf um Kreta, über die längste Belagerung der Menschheitsgeschichte, über den drohenden Verlust der Vormachtstellung Venedigs im Mittelmeer.

Er erzählte die Geschichte dieser Fassade wie ein Drama, das sich erst gestern abgespielt hatte: Hinter den Blattkränzen der Kapitelle, den geflügelten Herolden und den venezianischen Löwen verbargen sich Ränkespiele, Intrigen und Machenschaften. Niederträchtigkeiten, die ich nie vermutet hätte.

Die Patrizierfamilie Fini habe die Fassade gestiftet, sagte er.

Ach ja?, sagte ich, obwohl ich keinen Schimmer hatte, wer oder was die Familie Fini war. Aber da redete er schon davon, wie bemerkenswert es sei, dass sich auf dieser Fassade nicht die üblichen Heiligen in ihren Nischen drängelten, sondern Venezianer auf Sockeln stünden: venezianische Prokuratoren.

Es faszinierte mich, dass die Geschichte von dem geplanten Abriss diesen Mann so empörte, als wäre alles erst gestern geschehen und nicht vor hundertdreißig Jahren. Er wollte sich gar nicht mehr einkriegen, dass sich ausgerechnet der schlechte Geschmack des 19. Jahrhunderts erdreistet hatte, sich über den Barock zu erheben. Ausgerechnet dieses Jahrhundert der neugotischen Geschmacklosigkeiten! Das Jahrhundert, das Venedig mit Erkerchen verpestet, Palazzi zu Tode modernisiert, Kanäle zugeschüttet und überhaupt Schneisen der Verwüstung in die Stadt geschlagen habe! So ein missratenes Jahrhundert erkühnte sich, die Fassade von San Moisè als Geschmacksverirrung zu verurteilen! Als marmorne Kunsttischlerei, als Gipfel des architektonischen Wahnsinns!

Der Venezianer konnte sich über Baustile aufregen wie andere Leute über ungezogene Kinder. Sofort stellte ich mir den Barock wie ein leicht übergewichtiges, mit Schleifen und Rüschen überladenes, tendenziell größenwahnsinniges, nerviges, aber gleichzeitig auch sentimentales und gutmütiges Kind vor. Das 19. Jahrhundert hingegen mehr so wie den unerträglichen Klassenprimus, der mit erhobenem Zeigefinger die anderen belehrte.

Glücklicherweise sei das Geschäft mit dem Abriss nie zustande gekommen, weil ein weiterer venezianischer Adeliger, dieses Mal ein Zorzi, die Fassade gerettet habe: Sie sei zwar tatsächlich eine Scheußlichkeit, aber eben auch ein historisches Zeugnis des Barocks und müsse deshalb erhalten bleiben. Und der Händler, der bereits soundso viel für soundso viel Marmor angezahlt habe, sei für sein entgangenes Geschäft nie entschädigt worden.

Das erfüllte den Venezianer derart mit Genugtuung, dass ich kurz davor war, ihn zu fragen, ob er mit den Fini oder Zorzi verwandt war, wie sonst war es zu erklären, dass er jedes Detail dieser Kirche kannte, am Ende war das mal seine Hauskapelle gewesen, was vermutlich ganz Venedig wusste, nur ich nicht?

Doch da entschuldigte er sich schon bei mir, mich so vollgetextet zu haben, aber was die Zerstörung von Venedig betreffe, schösse er manchmal einfach über das Ziel hinaus. Denn wenn das Geschäft zustande gekommen wäre, dann sähe der ganze Platz hier aus wie irgendein Stück unglückselige und namenlose Fußgängerzone in irgendeiner namenlosen Stadt. Und da fand ich, dass er recht hatte, schon die Fassade des danebenliegenden Hotels Bauer sah aus wie der Eingang zu einem Einkaufszentrum.

Die Fassade von San Moisè hat mich schon als Kind fasziniert, sagte er, vor allem die Fama, die geflügelte Verkünderin des Ruhms, die ins Horn bläst. Und, ja, sind es nicht die großen Gesten, die großen Taten, begangen während deiner erbärmlich kurzen Existenz, die dich verewigen?

Heute weiß ich, dass ein abgeschlagener venezianischer Fries für ihn so etwas ist wie ein amputiertes Bein, wovon ich damals aber noch keine Ahnung hatte.

Was für andere toter Stein, ist für ihn Leben: Er liest in Formen, Figuren und Umrissen, er entdeckt versteckte Botschaften in jedem Fries, in jedem venezianischen Pflasterstein, in jedem Spitzbogen. Venedigs Steine sind seine Identität.

Umso mehr quält es ihn zuzusehen, wie seine Stadt in kleinen Stücken verkauft wird: Zurzeit befindet sich die Fassade der Kirche von San Moisè hinter einem riesigen, orangeroten Werbeplakat, auf dem für Huawei-Smartphones geworben wird.

Calle dei Assassini

Wie gut, dass dieses Huawei-Werbeplakat die Fassade der Kirche von San Moisè noch nicht verunstaltete, als hier die Trauerfeier für den Conte stattgefunden hat. Das denke ich jedes Mal, wenn ich hier vorbeikomme. Wie oft habe ich mit dem Conte darüber gelästert, von wegen, wie Friedrich Torberg schrieb, »Alle Städte sind gleich, nur Venedig ist ein bissl anders«: Tante Jolesch müsste sich heute auf die Zunge beißen.

Venedig ist inzwischen schon ziemlich gleich – abgesehen vom Wasser, das man noch nicht beseitigen konnte, arbeitet man verbissen daran, Venedig endlich aussehen zu lassen wie alle Städte in der Welt auch: verpestet mit Werbeplakaten groß wie Fußballfelder. Einbauküchen auf dem Dogenpalast, Unterwäsche über den Arkaden des Markusplatzes, Flugzeuge auf der Kirche Santa Maria di Nazareth, auch Scalzi genannt. *It's the economy, stupid.*

Angeblich wird mit den Werbeplakaten die Renovierung der Fassaden bezahlt, aber alle wissen, dass damit vor allem Geld gemacht wird, nicht nur in Venedig, sondern in ganz Italien. Deshalb kann es vielen gar nicht genug Restaurierungsarbeiten geben. Kaum bröckelt ein Marmorstückchen ab, steht schon das Baugerüst. Sobald das Plakat dort hängt, wird verdient. Manchmal hängt da nur einfach ein riesiges Werbebanner, und dahinter passiert nichts. Bis das Denkmalschutzamt das merkt und gegen die Untätigkeit klagt, vergehen Monate. Es werden Petitionen eingereicht und Protestbriefe verfasst. Und bis das Verwaltungsgericht ein Urteil fällt, vergehen weitere Monate.

Als die fußballfeldgroßen Werbebanner zum ersten Mal auftauchen, protestieren die Direktoren weltberühmter Museen von New York über London bis Petersburg noch gegen die Verschandelung von Venedigs Fassaden, gar von einer Vergewaltigung Venedigs ist die Rede. Daraufhin ruft der damalige Bürgermeister zur Pressekonferenz vor der versammelten Auslandspresse in Rom und stellt genüsslich fest, dass die Riesenwerbebanner zur Finanzierung der Restaurierungsarbeiten nun leider, leider unvermeidlich seien. Da ist der Bürgermeister seit einem halben Jahr im Amt.

Wenige Jahre später wird er zusammen mit anderen Politikern im Zusammenhang mit der Schmiergeldaffäre rund um das Flutsperrwerk Mose festgenommen und muss zurücktreten.

Heute regt sich niemand mehr über die Riesenplakate auf. Alle haben sich daran gewöhnt. Nur der Conte nicht. Der hat sie bis zu seinem Tod gehasst.

Als ich vor der Kirche von San Moisè stehe und darauf warte, dass die Trauerfeier des Conte beginnt, wird gerade die nächste Gruppe von Chinesen in die Gondeln verfrachtet. Ich hoffe nur, dass dieses *Ciao Venezia Ciao Ciao Ciao* nicht gesungen wird, wenn sein Sarg in die Kirche getragen wird.

Ein paar Jahre zuvor haben der Conte und ich noch gelacht bei dem Gedanken, wie das hier werden würde, wenn erst die Chinesen Venedig entdeckten. Da waren Chinesen in Gondeln noch so undenkbar wie Außerirdische, die auf dem Markusplatz landen. Und jetzt haben die Außerirdischen Venedig gekauft.

Es ist Dezember, in der Kirche ist es kalt und feucht, und ich bin froh, einen Platz in der Nähe eines dieser Heizpilze zu ergattern, die sonst die Terrassen der Restaurants wärmen. Von innen sieht San Moisè etwas heruntergekommen aus: vom Salz zerfressener Marmor, verstaubte Heilige und dünne Kerzen für zwei Euro. Darüber Moses mit den Gesetzestafeln und ein Pfarrer, der durch den Mittelgang der Kirche tänzelt wie Freddy Mercury auf Welttournee und dabei die Apokalypse beschwört.

Die Trauergäste sind zahlreich. Die Männer tragen fast alle Lodenmäntel, so wie es sich für Adelige im Winter gehört, die Frauen tragen Pelzmützen, mit denen sie aussehen wie Kosaken. Vor mir sitzt der stets kiffende Sohn eines Conte, der seine alte Mutter stützt, die sich sehr aufrecht hält – und die noch im hohen Alter eine schöne Frau ist. Sie trägt einen dunkelblauen, gesteppten Hut, dessen Nähte leicht abgenutzt sind. Daneben sitzt eine Contessa, von der alle wissen, dass sie wie ein Muranoglasschlepper immer sechzig Prozent Provision von den Glasbläserwerkstätten verlangt, wenn sie ihre prominenten Gäste nach Murano führt. Neben ihr eine weitere Nachfahrin des venezianischen Hochadels – in einem Mantel, der aus Sofabezügen vom Sperrmüll geschnitten scheint. Daneben eine, die wie eine Obdachlose wirkt, deren ganzes Hab und Gut in einen Supermarktwagen passt. Offenbar wollen manche dieser reichen, adeligen Erbinnen aussehen, als würden sie am Hungertuch nagen.

Als der mit Herbstlaub dekorierte Sarg des Conte auf Schultern in die Kirche getragen wird, zerreißt es mir fast das Herz. Schließlich war er in Venedig einer der wenigen, durch die ich Einblick in eine Stadt gewonnen habe, die für die Welt nichts anderes ist als eine Schneekugel.

Der Priester sagt, dass der Conte ein Venezianer DOC gewesen sei, ein waschechter Venezianer aus *kontrolliertem Anbaugebiet* – was angesichts der über tausendjährigen Geschichte seiner Familie so trostlos klingt, als würde man einen tausendjährigen Olivenbaum mit einer genmanipulierten Olivenhecke gleichsetzen, nur weil sie auf dem gleichen Boden gewachsen sind.

Eine Taube verirrt sich in die Kirche, zu der ich hoffnungsfroh aufblicke, als der Priester wieder schier endlos die Apokalypse Jerusalems strapaziert, was unfreiwillig komisch ist, weil alle an den amerikanischen Problempräsidenten denken müssen, der erst am Vortag Jerusalem als Hauptstadt Israels anerkannt hat. Der Conte hätte darüber bestimmt gelacht.

Ein Mitglied der Scuola Grande di San Giovanni Evangelista rühmt mit dürren Worten den Einsatz des Conte und die Bedeutung seiner umfangreichen Bibliothek für die Aufarbeitung der Geschichte der Bruderschaft, ansonsten macht niemand Anstalten, eine Rede zu halten.

Ich denke daran, dass der Conte nicht nur ein Freund von Joseph Brodsky war, sondern auch von meinem Gemüsehändler und von der deutschen Gondoliera, die zum Gondoliere wurde, dem er, nachdem die Gondolieri ihm die Zulassung versagt hatten, die Gondel seiner Familie zur Verfügung stellte, im Rio de la Verona, unter seinem Palazzo. Dass er nicht nur eine beeindruckende Sammlung antiker venezianischer Inkunabeln hatte, sondern auch zeitgenössische Literatur über Venedig sammelte, weshalb er mich um ein Exemplar meines Romans *Palazzo Dario* bat und ich schon wieder schlucken muss.

Noch heute meine ich ihn von ferne zu sehen, unweit der Calle dei Assassini, in dieser leicht gebeugten Haltung, auf seinen Stock gestützt, im Sommer mit Panamahut, im Winter mit dieser kuriosen Prinz-Heinrich-Mütze. Und im Lodenmantel.

Eine Stadt wird dann eine andere, wenn man so lange in ihr lebt, bis die ersten Freunde sterben.

Ich lernte den Conte kennen, weil ich einen Artikel über die allgegenwärtigen Gondelserenaden schreiben wollte und er einer der wenigen Venezianer war, die gegen sie aufbegehrten. Vor der Commedia dell'Arte an einer freskengeschmückten

Wand sitzend, einen Zigarillo rauchend, bärtig, füllig und mit tiefen Tränensäcken, sagte er: Der Venezianer hat nie in der Gondel gesungen. Er hat Handel getrieben, er hat intrigiert, er hat ganze Landstriche geplündert, aber gesungen hat er nie.

Als ich ihm gestand, einmal einen Eimer Wasser auf eine Gondelserenadenpartie geschüttet zu haben, sagte der Conte: Einen? Auf meiner Terrasse stehen Hunderte.

Die Gondelserenaden seien nichts anderes als die perfide Erfindung eines neapolitanischen Hotelportiers der Fünfzigerjahre, eines gewissen Luigi Tortorella, der damit den Tourismus in Venedig revolutionieren und eine weitere Einnahmequelle erschließen wollte, sagte der Conte. Und wir überlegten, eine Bürgerinitiative gegen die Gondelserenaden in unserem Kanal zu gründen, in dem zwar immer weniger Wohnungen ständig bewohnt waren, aber immerhin konnten wir auch auf die Unterstützung der Frau des Kunsthändlers bei uns gegenüber zählen, die ihren Fernseher jedes Mal auf volle Lautstärke stellte, wenn die Gondelserenaden vorbeifuhren, und die es sogar fertigbrachte, kalte Spaghetti auf die Gondelserenadensänger zu werfen.

Als ich unseren amerikanischen Nachbarn um seine Unterschrift für eine an die *vigili dell'acqua* gerichtete Protestnote bat, eine Art Wasser-Ordnungsamt, lehnte er ab. Er wolle sich nicht unbeliebt machen, verwies auf seinen Respekt für venezianische Traditionen und glaubte nicht an den Verweis auf den perfiden Tortorella.

Am Ende scheiterten der Conte und ich, weil wir nicht genug Unterschriften zusammenbekamen.

Bald darauf verwandelten sich das gegenüberliegende Kino in eine Lounge und das benachbarte Anwaltsbüro in eine Locanda. Die Frau des Kunsthändlers starb, der Kunsthändler auch, und nach ihrem Tod lebt dort niemand mehr, der Sohn vermietet die Wohnung an Touristen, und die Touristen stehen am Fenster und winken den Gondelserenadeninsassen ergriffen zu.

Nach der Beerdigungsfeier stehen die Trauergäste Schlange für den Leichenschmaus, auf der Fondamenta vor dem Eingang zu seinem Palazzo. Ich sehe den Conte noch vor mir, am Ende seiner freskengeschmückten Zimmerflucht. Bei geöffneten Türen kann man vom ersten Salon bis zum Fenster des letzten Raums blicken.

Aus dem Kanal schallt *Ciao Venezia*.

Calle della Mandola

Venezianische Patrizier grenzen sich von den anderen italienischen Adeligen ab, indem sie ihrem Namen ein diskretes N.H. oder N.D. voranstellen: *Nobilis Homo* oder *Nobilis Domina*. Schließlich gab es Zeiten in Italien, da wurde jeder Versicherungsdirektor in den Adelsstand erhoben. Der Conte hatte das N.H. auf seiner Visitenkarte mit kühnem Schwung durchgestrichen.

Dass es sich bei ihm um ein Monument einer aussterbenden Art handelte, war mir von Anfang an klar. Wenn er mich sah, sagte er *Ciao Petra*, und ich antwortete mit *Buongiorno, come sta?*, weil ich es einfach nicht hinkriegte, den Conte zu duzen. Nicht nur wegen der zwölfhundert Jahre venezianischer Geschichte, die er mitsamt Dogen, Entdeckern und Seeadmirälen verkörperte, sondern wegen der natürlichen Eleganz, die ihm zu eigen war.

Er war ein Aristokrat im besten Sinne – einer, der nicht mit dem Strom schwamm und das Verhökern Venedigs ebenso verachtete wie das Gesellschaftsleben mit Venezianerinnen, die beim Anblick des Savoyerprinzen in den Hofknicks fallen, nur weil er den Titel *Prinz von Venedig* trägt. Eine Idiotie ohnegleichen, die, wie der Conte meinte, vor allem bedeutete, dass sein Vater, der von Monarchisten verehrte Viktor Emanuel von Savoyen, keine Ahnung von der italienischen Geschichte habe. Schließlich waren die venezianischen Patrizier zu keiner Zeit ihrer Geschichte Untertanen eines Monarchen gewesen, und einen Prinzen von Venedig hatte sich nur Napoleon ausgedacht, Venedigs Erbfeind.

Zu der Zeit, als sich die Bar *Al Teatro* noch nicht in ein reines Touristenlokal verwandelt hatte, sondern das

Epizentrum von San Marco darstellte, wo Zeitungen und Zigaretten bis Mitternacht verkauft wurden, traf ich den Conte hier morgens bei Kaffee und Zeitungslektüre. Der Barmann gab jedes Mal einen Kommentar zu seinem Erscheinungsbild ab: Heute morgen sehen Sie ziemlich mitgenommen – *sciupato* – aus, sagte er, was klang, als wäre der Conte etwas zerknittert.

Der Conte lachte und sagte: In Venedig kommt man aus keiner Bar heraus, ohne ein Stück von seinem Geheimnis dagelassen zu haben.

Bei mir sagte der Barmann nichts. Auch der Mann, der mir die Zigaretten verkaufte, sagte nichts. Weder *Buonasera* noch *Buongiorno*. Er schob mir nur stumm die Camel mild über die Theke. Und das, obwohl ich Kette rauchte, eine Schachtel pro Tag mindestens, da verdient man es ja wohl, angesprochen zu werden. Er aber sah mich nicht. Ich war Luft für ihn, nur eine von vielen Fremden, die kommen und gehen.

Eines Abends jedoch, da lebte ich schon seit fünf Jahren in Venedig, sprach mich der Tabakmann an. Zum ersten Mal. Er sagte nicht *Buonasera*. Er sagte auch nicht: Camel mild wie immer? Nein, er sagte: Hast du dich gestritten?

Und ich wurde rot, denn ich hatte mich tatsächlich gestritten.

So ist das in Venedig. Man denkt, keiner würde einen bemerken, und alle kriegen alles mit.

An dem Tag hatte ich zum ersten Mal das Gefühl, zu Venedig zu gehören.

Ich sehe den Conte noch vor mir, wie er die Calle della Mandola mit den Jahren immer langsamer entlangging, am Ende so zittrig, dass ihn eine um die Ecke biegende Chinesengruppe fast umrannte. Er bog ab zum Supermarkt, da wollte ich eigentlich auch hin, ging aber weiter, weil ich den Anblick von zwölfhundert Jahren venezianischer

Geschichte zwischen Magerjoghurt und *panettoni* im Angebot nicht aushielt. Als ich den Conte einmal von Weitem im Supermarkt sah, versteckte ich mich hinter den Getränkekisten.

Der Supermarkt ist eines der vielen Symbole unserer Unterwerfung. Und das nicht, weil wir hier in Venedig Feinde des Konsums wären und die Auswahl von siebenunddreißig Magermilchjoghurts nicht zu schätzen wüssten. Aber im Supermarkt an der Käsetheke zwischen Airbnb-Kunden zu stehen und auf Französisch angesprochen zu werden, fühlt sich für Venezianer so an, als würden sie mit ansehen, wie Napoleon die venezianischen Löwen von den Balkons schlagen lässt.

Den Conte neben Airbnb-Kunden Kirschtomaten abwiegen zu sehen, ist für mich so traurig wie der Moment, als der letzte Doge nach der Eroberung Venedigs durch Napoleon seine Dogenmütze abnahm und sie seinem Diener mit den Worten reichte: Sie wird nicht mehr gebraucht.

Jahrzehntelang gab es in der ganzen Stadt nur drei winzig kleine Supermärkte. Es würde sich nicht lohnen, für die wenigen verbliebenen Venezianer Supermärkte einzurichten, hieß es. Erst seitdem Airbnb Venedig eroberte, wuchsen die Supermärkte aus jeder Mauerritze. Schließlich möchte sich der Airbnb-Kunde preisgünstig verpflegen, so wie er es von zu Hause gewöhnt ist – und nicht so umständlich, wie wir es seit Jahrzehnten kennen: Gemüse beim Gemüsehändler, Fleisch beim Fleischer und Käse bei den beiden konkurrierenden Käsehändlern.

All diese Geschäfte befinden sich in der Calle della Mandola, unserer Einkaufsstraße, wo wir auch die Geranien im Sommer und die Alpenveilchen im Herbst bei unserem selbst im Winter braun gebrannten Blumenhändler kaufen. Shampoo und Cremes kaufe ich in der kleinen Drogerie nebenan, die einem alten Mann gehört, der, wenn man

Niveacreme sucht, aus der Schublade eine Creme hervorzaubert, die zwar keine Niveacreme ist, aber, wie er versichert, im Grunde die gleiche, ja sogar verbesserte Rezeptur habe, indes weniger koste, weil sie von ehemaligen Niveacrememitarbeitern hergestellt worden sei, die sich nicht weiter von Nivea ausbeuten lassen wollten und sich selbstständig gemacht hätten.

Wenn ich den Conte beim Gemüsehändler traf, tauschten wir wissende Blick aus, wenn der Gemüsehändler den Touristen mal wieder auf die Finger klopfte, weil sie sein Obst befummelten. Der Gemüsehändler bestand bei genauerer Betrachtung aus drei Gemüsehändlern – drei Brüdern, von denen der ältere ein sympathischer Kettenraucher war, der mittlere ein tiefgläubiger Misanthrop, der den August immer auf der Klosterinsel von San Francesco del Deserto verbrachte, und der jüngste ein Waffennarr, der alles über Berettas wusste und beim Zeitungshändler am Campo Sant'Angelo immer das Magazin *Armi e tiro* kaufte.

Der Conte kaufte ein, weil er gerne kochte, er fachsimpelte über die Konsistenz der *ovoli,* der Kaiserlinge, und über die Qualität des *radicchio,* er diskutierte mit mir über Sinn und Unsinn der Verwendung von Petersilie und kaufte beim Fleischer Hühnerleber für den Risotto.

Aber nach und nach wurde unser Leben komplizierter. Die Käsehändler waren die Ersten in der Calle della Mandola, die kapitulierten. Der am Ende der Gasse verwandelte sich in ein Restaurant, der andere in eine Eisdiele: Unter den vorwurfsvollen Blicken des gegenüberliegenden Gemüsehändlers formte die rosa schimmernde Käsefrau, die mir bis vor Kurzem noch den Asiago abgewogen hatte, nun Eisbällchen.

Der Fleischer leistete erst noch Widerstand, bis auch er aufgab und sein Laden sich erst in ein Muranoglasgeschäft und dann in einen chinesischen Taschenladen verwandelte. In der einstigen Drogerie verkauft jetzt ein stoischer Bangladescher Wackelgondeln, Aschenbecher mit der Rialtobrücke und Schlüsselanhänger mit dem Markusdom. Wenn wir Fleisch brauchen, müssen wir nun bis in die Calle dei Fabbri laufen, eine Drogerie gibt es noch in der Calle Bembo, aber lange hält auch sie nicht durch.

Der Gemüsehändler verschanzte sich hinter seinen Bergen aus Paprikaschoten, Artischockenböden und den geputzten grünen Bohnen. Er harrte sogar noch aus, als der Supermarkt am Rio Rossini eröffnet wurde. Allerdings wurde sein heroischer Widerstand bald gebrochen. Der kettenrauchende Älteste war da schon an Krebs gestorben, der tiefgläubige Mittlere in Rente, sodass der Jüngste, der Waffennarr, der Einzige war, der die Gemüsehändlertradition noch aufrechthielt. Allerdings nicht mehr lange. Er beschloss, seiner Frau einen Lebenstraum zu verwirklichen, indem er aus dem Gemüseladen ein Schreibwarengeschäft machte.

Es war ein Kompromiss, den der Conte und ich begrüßten: immerhin auch ein Geschäft des täglichen Bedarfs und kein weiterer chinesischer Taschenladen in der Calle della Mandola. Außerdem musste ich jetzt nicht mehr bis zur Rialtobrücke laufen, um mir Papier für meinen Drucker zu kaufen. Aus Angst, dass auch sie bald aufgeben würden, kaufte ich Tonnen von Papier, Briefumschläge und Stifte und goldfunkelndes Geschenkpapier, von dem ich heute noch zehre.

Der zum Schreibwarenhändler mutierte Gemüsehändler saß meist ziemlich deprimiert hinter den Verkaufstischen und blätterte in seinen Waffenmagazinen. Seine Frau sortierte das Geschenkpapier. Die Touristen aber brauchten kein Geschenkpapier. Also stellte sie ihr Angebot um und fing an, auch Kinderspielzeug zu verkaufen. Aber es waren zu wenig Kinder unter den Touristen. Und die bekamen höchstens Wackelgondeln, aber die hatte die Gemüsehändlerfrau nicht in ihrem Sortiment.

Es dauerte nicht mehr lange, dann ergaben sie sich auch.

Jetzt kann man da, wo ich einst mit dem Conte und dem Gemüsehändler lange Diskussionen über den Sinn und Unsinn des Gebrauchs von Petersilie führte, geprägte Ledergürtel mit Monogramm kaufen. Ledergürtel mit türkisen und silbernen Schnallen, wie man sie von den Indianern in New Mexico kennt.

Jahre später, als sogar mein braun gebrannter Blumenhändler als letzter Laden des täglichen Bedarfs aus der Calle della Mandola verschwunden ist, spricht mich am Bahnhof einer der Sicherheitsleute an. Ihm fehlen ein paar Zähne, was einen eigentümlichen Kontrast zu seiner Uniform und der Bewaffnung darstellt.

Erinnern Sie sich nicht mehr an mich?, fragt er.

Ich weiß nur, dass ich das Gesicht kenne, aber nicht mehr, zu wem es gehört, was ich aber nicht zugebe, sondern beherzt verleugne, indem ich ein Natürlich-wie-geht-es-Ihnen? nachschiebe, um Zeit zu gewinnen.

Bene, sagt er. Arbeite jetzt hier.

Ich hätte Sie in der Uniform nicht wiedererkannt, sage ich und bin immer noch unsicher.

Sie sind wie immer viel unterwegs, sagt er, deutet auf meinen Koffer und lacht.

Und erst als er lacht, erkenne ich in dem Gesicht unter der Uniformmütze meinen einstigen Gemüsehändler wieder, der ein paar Zähne verloren hat.

Triste, la Calle della Mandola, sagt er. Keiner mehr da.

Ja, sage ich. *Molto triste.*

Canale della Giudecca

Das Boot hat mein Leben verändert. Sobald ich die Leinen löse und Richtung Lagune fahre, bin ich glücklich. Ich fahre Boot wegen des Gefühls der Freiheit, wegen der Illusion, dass ich, wenn ich nur wollte, einfach weiterfahren könnte, immer weiter, bis nach Griechenland oder Afrika, jedenfalls, wenn ich in Küstennähe bliebe. Ich meine, rein theoretisch wäre das ja möglich, auch wenn es sich bei meiner *topetta* nur um einen Zehn-PS-Motor handelt.

Alberto hätte mich verstanden. Er las Atlanten wie andere Leute Romane. Er kannte jede Hafeneinfahrt auf der Welt. Und das, obwohl er, soweit ich das beurteilen kann, Italien niemals verlassen hat. Ob er seine Atlanten mitgenommen hat, nach Mestre? Ob er noch darin liest?

Ich weiche den Wellen des Alilaguna-Boots aus und höre, wie mein Motor mitten auf dem Canal Grande anfängt zu stottern und dann verstummt. Mein Boot steuert angriffslustig auf einen Gondelserenadenpulk zu, aus dem *Ciao Venezia ciao ciao ciao* dröhnt – ein Gefühl, als würden die Bremsen versagen, während man sich auf der Überholspur der Autobahn befindet. Die Insassen der fünf Gondeln blicken mich verwundert an, während mein Boot immer näher kommt und ich hektisch versuche, den Motor wieder anzuwerfen.

Panisch versuche ich, die Havarie zu vermeiden, wobei ich prompt die Grundregel des Bootfahrens (Steuer in die Richtung ziehen, in die man *nicht* will) vergesse und in den Autofahrermodus verfalle, also das Steuer in die falsche Richtung ziehe, was aussieht, als würde ich, getrieben von einem bösen, vielleicht aus dem Internet heruntergeladenen

Attentatsplan, extra auf den Gondelpulk zufahren. Ich sehe mich schon als Schlagzeile der Bild-Zeitung: *Deutsche Terroristin versenkt Touristengondeln im Canal Grande,* als der Motor eine Handbreit vor den Gondeln stotternd wieder anspringt.

Die hämischen Kommentare der Gondolieri und der in den Gondeln sitzenden Männer ignorierend, setze ich zurück und fahre, einen eleganten Bogen schlagend, weiter Richtung Lagune Süd.

Seitdem ich Boot fahre, habe ich Zugang zu einer Welt, in der ich als Mädchen gelte: Bei meiner ersten Durchquerung des Giudecca-Kanals höre ich einen Pfiff von einem vorbeifahrenden Lastkahn, ein Mann grinst und schreit: *Una fia che guida a manetta!,* was so viel heißt wie: Ein Mädchen, das mit Steuerhebel fährt!

Okay, auf die Schnelle kann er nicht *eine weibliche Person* statt *ein Mädchen* sagen, in Venedig herrscht auf dem Wasser ein ziemlich rüdes Patriarchat, ich würde sagen: nach Saudi-Arabien die letzte Festung.

Bootfahren ist hier Männersache: Frauen sitzen meist daneben und sonnen sich oder drapieren sich auf dem Vorschiff und sonnen sich auch. Bislang habe ich hier nur zwei Frauen gesehen, die ein Boot gefahren sind. Und die hatten ein Steuerrad. Eine Frau am Steuerhebel fällt hier noch auf. Aber die Bastion bröckelt: Neulich habe ich sogar eine Frau am Steuer eines Vaporettos gesehen. Wer weiß, wohin das noch führt.

Kurz vor der Bocca di Porto di Lido sehe ich einen Mann in einem tabakbraunen Taucheranzug im Boot sitzen, mit Fransen an den Ärmeln wirkt er wie eine geheimnisvolle amphibische Kreatur. Als ich mich ihm neugierig nähere, bellt mich der Amphibienmann vorwurfsvoll an, vermutlich, weil er hier mit einer Harpune auf Jagd geht, was eigentlich verboten ist.

Ich fahre weiter und lege unweit der Insel Sant'Erasmo an einer Dalbe an, hier ist es ganz still, keine illegalen Fischer fühlen sich von mir gestört, ein paar Rennruderer in roten Gondeln gleiten lautlos über das Wasser, das so still daliegt wie ein Silbertablett. Die Sonne ist in diesem Spätsommer noch so warm wie im August. Ich mache ein kleines Video von den eleganten Bewegungen der Rennruderer. Kein Kreuzfahrtschiff weit und breit.

Erleichtert löse ich wieder das Tau und fahre zurück nach Venedig. Im Boot habe ich immer so ein Was-kostet-die-Welt-Gefühl, vielleicht bin ich auch deshalb so verzaubert, weil ich erst so spät gelernt habe, Boot zu fahren. Ich bin noch ganz berauscht von meinem neuen Wissen.

Denn eigentlich hatte ich die Hoffnung auf ein Leben mit Boot schon längst aufgegeben.

Die halbe Welt denkt ja immer, dass alle Venezianer ein Boot haben, was aber keineswegs zutrifft. Ein Boot zu *haben* ist in Venedig kein Problem, das Problem ist, das Boot *loszuwerden.* Anlegestellen sind in Venedig so selten wie die Blaue Mauritius. Damit die Venedigmaschine in Betrieb gehalten werden kann, dürfen an den zahlreichen öffentlichen Anlegestellen nur Lastkähne anlegen. Nicht aber private Boote. Klarer kann man nicht ausdrücken, dass die letzten Venezianer für die Stadtverwaltung ein lästiges Hindernis sind, das es zu beseitigen gilt.

Jedes Mal, wenn es eine Ausschreibung für neue Anlegestellen gibt, rennen die Venezianer dem Rathaus die Türen ein, um dann, falls sie ausnahmsweise erhört werden, der schwarzen Maria in der Salutekirche eine Kerze anzuzünden. Und das, obwohl Anlegestelle nicht gleich Anlegestelle ist.

Rein theoretisch hätten wir sogar eine gehabt, direkt vor unserer Haustür, die liegt aber in einem schmalen Kanal voll mit Wassertaxis, Gondeln, Lastkähnen und vor allem

Müllbooten, den Potemkinschen Panzerkreuzern in venezianischen Kanälen. Und denen schon die Marmortreppe des gotischen Palazzos des Conte zum Opfer gefallen ist – einmal zurückgesetzt, und schon war sie weg. Deshalb ahnten wir, dass von einem kleinen venezianischen Fischerboot in diesem Kanal nicht viel übrig geblieben wäre.

Anders als auf dem Festland, wo jeder Anwohner ein Anrecht auf einen Parkplatz hat, ist eine Bootsanlegestelle in Venedig ein kostbares Privileg, über dem das »städtische Amt für Belegung des Wasserraums« wacht.

Es ist kein Recht, sondern eine Gnade. Die nach Kriterien erwiesen wird, die rätselhafter sind als schwarze Löcher im Universum.

Weil eine Anlegestelle unersetzbarer ist als das dort angelegte Boot, kommt nie jemand auf die Idee, sie aufzugeben, nur weil das Boot morsch oder der Besitzer gestorben ist. Das städtische Amt für Belegung des Wasserraums wird von dem Tod des Bootsanlegestellenbesitzers nichts erfahren. Bootsanlegestellen werden vererbt oder untervermietet. Wer ein altes, halb verrottetes Ruderboot hat, verkauft es für zweitausend Euro an jemanden, der sich damit das Recht erkauft, diesen Bootsanlegeplatz im Namen des einstigen Besitzers zu benutzen. Und natürlich dafür zu bezahlen.

Als uns unerwartet das Glück einer Anlegestelle beschieden wird, zünden auch wir der schwarzen Madonna eine Kerze an. Wo sich die Anlegestelle befindet, kann ich nicht sagen, für den Fall, dass Sie irgendwelche anderen Venezianer kennen, die dann neidisch werden.

Aber es gibt auch positive Seiten beim venezianischen Bootsverkehr: Dazu gehört, dass ich keinen Führerschein brauche. Der Motor meiner *topetta* ist so klein (Damen nennen keine Zahlen), dass ich nur etwas Praxis brauchte, zu der mir diverse Fahrlehrer verhalfen: Lauter Venezianer

DOC, die nicht nur Boot fahren, sondern auch auf venezianische Art rudern können, *vogare.* In ihren Adern fließt Lagunenwasser.

Dass für Leute wie mich, die nicht mit einem Steuerhebel in der Hand zur Welt gekommen sind, Bootfahren in Venedig praktisch so etwas wie ein Krieg der Sterne ist, begriff ich zum ersten Mal, als ich kurz davor war, mit einem Ausflugsboot zusammenzustoßen, weil der Venezianer an meiner Seite als pädagogisch wenig ambitionierter Fahrlehrer die Idee hatte, meine erste Fahrstunde in den Giudecca-Kanal zu verlegen.

Die Aufgabe lautete: von einem Ufer zum anderen zu fahren. Der Grundgedanke: Was kann dabei schon groß passieren? Der Kanal ist breit genug, es sind keine Gondeln unterwegs, die sie versenken könnte, okay, ein paar Motorboote, aber sonst?

Na ja. Auf dem Giudecca-Kanal Bootfahren zu lernen ist so, als würde man jemanden, der noch nie Auto gefahren ist, in Neapel ans Steuer setzen, wenn ein Erdbeben tobt und der Vesuv ausbricht: Unter dir bäumt sich die Erde auf, und du musst dich durch ein Feld voller Explosionen kämpfen, rechts und links vorbeirasenden Flugkörpern ausweichen und gleichzeitig unzählige Sattelschlepper im Auge behalten, die sich dir in den Weg werfen.

Während ich mich durch einen Wellengang wie am Kap Hoorn kämpfte, rief mir der Venezianer die Grundregeln des Bootfahrens zu, also dass man mit links steuert, was für Rechtshänder etwas gewöhnungsbedürftig ist. Genau wie die Tatsache, dass man den Steuerhebel in die Richtung ziehen muss, in die man nicht will. Einfacher wäre ein Steuerrad, aber Boote mit Steuerrädern sind etwas für die von den Venezianern verachtete Kategorie der Landratten, der *campagnoli,* der Landeier, die am Wochenende in protzigen Motorbooten wie Dampfbügeleisen durch die Lagune pflügen: der Mann am Steuer stehend, heroisch den Elementen trotzend, die Frau sich lasziv auf dem Vorschiff rekelnd.

Gebremst wird, indem man den Rückwärtsgang einlegt. Was besonders heikel ist, wenn es schnell gehen muss. Man lenkt in die Richtung, in die man fahren will, bewegt das Steuer also in die falsche Richtung, merkt das, reißt das Ruder herum. Aber das Boot fährt ungerührt weiter, und bremsen geht auch nicht, weil es eben keine Bremse hat, nur diesen blöden Rückwärtsgang, der aber auch nicht wie eine echte Bremse funktioniert. Panik.

Der Verkehr ist in Venedig genau wie an Land geordnet, also Rechtsverkehr, dozierte der Venezianer, eine Regel, die man komplett vergessen kann, weil hier nicht nur das Recht des Stärkeren gilt, sondern auch das der heiligen Gondel: Eine Gondel hat immer Vorfahrt, egal, ob sie von rechts oder links kommt. Und wenn sie einem entgegenkommt, muss man an der Seite vorbeifahren, wo ihr Ruder ist, und das ist links. Eine Schwierigkeit, die ich glücklicherweise vernachlässigen kann, weil sich wegen des Kap-Hoorn-Wellengangs überhaupt keine Gondeln mehr auf den Giudecca-Kanal trauen.

Während ich damit beschäftigt war, wie vom Venezianer instruiert, eine Welle schräg seitlich anzuschneiden und zehn weitere Monsterwellen aus allen anderen Richtungen zu bewältigen, ausgelöst von unzähligen Lastkähnen, Vaporetti und Ausflugsbooten, drehte ich mich kurz um, blickte auf und sah einen gigantischen Wohnblock samt Einkaufszentrum auf mich zuschwimmen: die *MSC Musica,* mit einer Schiffsschraube von der Größe des Markusdoms. An diesem Wochenende legten zwölf Kreuzfahrtschiffe in Venedig an und wieder ab. Ich versuchte, Gas zu geben, und schien doch auf der Stelle zu dümpeln. Es fühlte sich an, als würde ich versuchen, einem Eisberg auszuweichen.

Aber am Ende schaffte ich es. Als ich am Ufer ankam, fühlte ich mich wie Vasco da Gama nach der Umsegelung des Kaps der Guten Hoffnung. So stolz war ich zuletzt gewesen, als ich das Große Latinum bestanden hatte.

Enrico war der Lehrer meiner zweiten Fahrstunde. Er war pädagogisch etwas ambitionierter als der Venezianer an meiner Seite. Das Lernziel der zweiten Fahrstunde lautete: Fahren und Wenden im *rio*. Das ist Zentimeterarbeit, weil die Kanäle (*rii* auf Venezianisch) oft schmaler sind als das Boot lang. Bevor wir losfuhren, war ich geheißen, die Grundlagen zu üben: vorwärts und rückwärts fahren, also praktisch mit dem Boot in die Anlegestelle rückwärts einparken. Ohne Bremse. Im Grunde also einfach. Seiltanzen ohne Netz kann man ja auch lernen.

Als ich das einigermaßen beherrschte, sollte ich mich im Kanal bewähren. Wobei ich zu Beginn etwas unelegant in einen Seitenkanal einbog. Genauer gesagt: Ich steuerte direkt auf die Ufermauer zu und scheuchte die dort sitzenden und picknickenden Touristen wie einen Taubenschwarm auf. Mein Fahrlehrer riss in letzter Sekunde das Ruder herum, die Touristen ließen vor Schreck ihre Pizzastücke in den Kanal fallen.

Kurz darauf kamen mir in einem engen Kanal rechts *und* links Gondeln entgegen, was die mühsam eingeprägte Regel »An der Seite der Gondel vorbeifahren, wo das Ruder ist. Also links« ad absurdum führte.

Piano, piano, sagte Enrico in diesem Ton, in dem man mit Leuten spricht, die auf einem Fenstersims stehen und in den Abgrund blicken, während ich mich mit starrem Blick zwischen den beiden Gondeln durchschlängelte.

Die Gondolieri beobachteten mich argwöhnisch. Aber ich bekam es hin. An den beiden Gondeln vorbeizukommen, ohne sie zu versenken, beflügelte mich so, dass ich an der nächsten Kreuzung irgendwo im Stadtviertel Cannaregio beim Einbiegen etwas, aber wirklich nur ein paar Zentimeter, zu weit ausholte und einen zu großen Bogen schlug. In diesen Bogen rauschte ein riesiger Lastkahn rein, ein *bragosso*, der aussah wie ein Wikingerboot.

Der Wikinger am Steuer beschimpfte mich auf Venezianisch. Ach Gottchen, kommt ja vor, dass man nicht ganz elegant einbiegt. Auch Enrico fand, dass dieser *bragosso* zu schnell fuhr und die Vorfahrtsregeln nach dem Recht des Stärkeren interpretierte.

Wir hatten den Vorfall schon fast vergessen und übten weitere Manövriermanöver in einem stillen Seitenkanal, als der Wikinger wieder anrauschte. Obwohl ich am Steuer saß, beachtete er mich nicht, ich war für ihn so interessant wie ein herumliegendes Tau.

Wie heißen Sie?, brüllte der Wikinger meinen Fahrlehrer an.

Erst mal möchte ich Ihren Namen wissen, sagte Enrico.

Darauf der Wikinger: Warum wollen Sie mir Ihren Namen nicht sagen? Sind Sie ein Mafioso?

Da war ich kurz davor, dem Typen an den Hals zu gehen, versuchte aber, wie es nicht meine Art ist, mich zurückzunehmen und mich weiter auf meine Rolle als herumliegendes Tau zu konzentrieren.

Der Wikinger tobte: Wir hätten ihm die Vorfahrt genommen und sein Boot geschrammt – wobei er auf eine verrostete Schramme an seinem Kahn deutete.

Das konnte ich nicht auf mir sitzen lassen. Ich war zwar etwas unelegant eingebogen, aber mit seinem Scheißding überhaupt nicht in Berührung gekommen.

Die Schramme ist uralt, sagte ich, das wissen Sie doch selbst!

Der Wikinger blickte erstaunt auf: Ein Tau, das spricht!

Aber das kostet Sie ja nichts, Sie haben doch eine Versicherung, sagte er seelenruhig.

Ich schnappte nach Luft, doch als ich noch nach einer Übersetzung für das Wort Versicherungsschwindel suchte, machte sich der Wikinger schon beleidigt davon.

Als er weg war, mischten sich ein paar Venezianer ein, die das Ganze vom Ufer und von Booten aus beobachtet hatten.

El xe matto, sagten sie auf Venezianisch, der Typ sei nicht ganz dicht und als solcher im *rio* schon bekannt.

Außerdem sei er früher Direktor einer Bank in Venedig gewesen. Und von denen erwartete man ja jede Schlechtigkeit.

Gestählt durch diese Erfahrungen, war ich wenige Tage später bereit für eine Fahrt durch das venezianische Bermudadreieck: das Markusbecken, Venedigs Verkehrsknotenpunkt. Neben mir saß wieder der Venezianer, der mir predigte, dass man hier nicht schneller fahren dürfe als sieben Kilometer pro Stunde. Was natürlich niemand beachtete.

Denn zwischen der einstigen Zollstation Punta della Dogana und dem Dogenpalast war alles unterwegs, was schwamm: Gondeln und Vaporetti, Kreuzfahrtschiffe und Schlepperboote, Autofähren, Barkassen, Ausflugsschiffe voller Tagestouristen aus Jesolo, Taxiboote voller Chinesen, Lastkähne voller Müll. Und ich. Die gegen den *moto ondoso* kämpfte, wobei das Wort Wellenschlag ein Euphemismus ist für das, was sich im Markusbecken abspielte.

Als wir auf der Höhe des Canale dell'Orfano waren, befahl der Venezianer: Fahr da mal in der Mitte durch.

Als regelbewusste Anfängerin protestierte ich. Wenn man sich in der Lagune nicht an die Fahrrinnen hält, die von den *bricole* gekennzeichnet werden, den in den Boden getriebenen Holzpfählen, geht es einem wie der Flotte der Franken, die an dieser Stelle, angeführt von Pippin, dem Sohn von Karl dem Großen, im Jahr 810 auf Grund gelaufen ist.

Der Venezianer mit dem Lagunenwasser in den Adern beschied jedoch: Jetzt ist Flut, du kannst ruhig durch die Mitte fahren!

Nach wenigen Metern gurgelte der Motor ziemlich komisch, und wir liefen auf Grund. Weil wir kein Ruder an Bord hatten, konnten wir nur hoffen, mit der Flut wieder freizukommen. Was Stunden dauern konnte. Wir zogen den Motor hoch, saßen etwas ratlos herum – und hatten Glück. Als wir herumruckelten, sahen wir, dass wir nicht ganz festsaßen, sondern nur im Schlick steckten. Also konnten wir den Motor anwerfen und wieder ins tiefere Wasser zurück. Am Ende war nur etwas Farbe vom Propeller abgesprungen.

Danach gestand mir der Venezianer, dass man mindestens ein Mal *in secca* geendet sein müsse, um im Boot glaubwürdig zu sein. Das sei praktisch also meine Feuertaufe gewesen.

Triumphierend fuhr ich weiter bis zur Bocca di Porto di Malamocco, einem der drei Zugänge zum Meer. Der Kanal war sehr tief, mit riesigen, langsam heranrollenden Wogen, was sich anfühlte, als befände man sich auf dem Rücken eines Ungeheuers, das versucht, einen abzuschütteln, worauf man mit hoher Geschwindigkeit in die Lagune katapultiert wird.

Die Autofähre von Alberoni bemerkte ich erst, als sie zweimal hupte. Wo will die denn hin?, fragte ich mich, die Passagiere der Autofähre starrten auf mich, ruderten mit den Armen und machten Fotos von mir, der Geisterfahrerin, die im Bikini (okay, es war sehr heiß) Boot fuhr und nicht merkte, dass sie der Fähre im Weg war, die anlegen wollte. Ich schaffte es gerade noch, Vollgas zu geben und in dem schmalen Streifen zwischen Ufer und Autofähre dem Zusammenstoß zu entkommen.

Nach dieser dritten Fahrstunde dachte ich, dass mich nichts mehr erschüttern könnte, und beschloss, alleine zu fahren. Allerdings hatte ich ein paar Kleinigkeiten übersehen. Erstens: Wie bekomme ich den Motor ins Wasser? Zweitens: Wo muss ich drücken, um ihn zu starten?

Ein paar SMS später wusste ich theoretisch Bescheid: Ein roter Knopf, ein schwarzer Knopf, ein Hebel. Irgendwo musste man drücken und gleichzeitig ziehen, um den Motor ins Wasser zu lassen – der mit seinen sechzig Kilo so schwer ist wie ein Christenmensch, wie man hier sagt.

Ich rüttelte am Motor, der Schweiß tropfte mir auf die Brille, und die Gondolieri vom gegenüberliegendem Ufer gaben mir Zeichen: Da ist ein Hebel!

Keine Spur von Hebel. Ich zog und zerrte am Motor, es tat sich nichts. Am Ende erbarmte sich ein Mann vom Bootssteg nebenan und ließ den Motor für mich ins Wasser.

Von meinem ersten Alleingang war ich so berauscht, dass ich prompt in einen falschen Kanal einbog, in dem mir ein stählernes Müllboot, vulgo der Panzerkreuzer Potemkin des venezianischen Bootsverkehrs, unzählige Lastkähne und zig Wassertaxis entgegenkamen.

Beim panischen Versuch, an die Seite zu fahren, blockierte ich den Kanal, hinter dem Müllboot staute sich im Nu der Verkehr, alle Männer starrten auf mich, während ich schwitzend versuchte, in dem Kanal zu wenden, der schmaler war als mein Boot lang. Ein Mann schrie: Leerlauf einlegen! Ein anderer gab meinem Boot einen Stoß, und irgendwann schaffte ich es, wieder herauszukommen.

Danach bog ich in den Kanal des Arsenale ein, wo mir die Wasserpolizei entgegenkam und mich fragte: Haben Sie eine Genehmigung?

Ja, sagte ich trotzig. Bis mir einfiel, dass ich mich auf militärischem Sperrgebiet befand, das man als Normalsterblicher nicht befahren darf, und Lügen keine Option war.

Neues Wendemanöver. Immerhin war der Kanal breiter.

Eine Woche später hatte ich mich wieder erholt und wollte eine neue Runde drehen. Irgendjemand würde mir schon helfen, den Motor ins Wasser zu lassen. Im Zweifel könnte ich ja auf Blondine machen. Schließlich sind wir in Italien.

Mein Boot liegt da drüben, falls ich es nicht schaffe, können Sie mir eventuell helfen, den Motor ins Wasser zu lassen?, flötete ich einem der Gondolieri vom Anleger gegenüber zu. Der schickte mich zu einem Kollegen vom Fährdienst.

Der Fährdienst ist dafür gedacht, den Canal Grande da zu überqueren, wo keine Brücke ist. Die Gondolieri hassen den Fährdienst der *traghetti* wie die Pest. Es ist ein Dienst, zu dem sie die Stadtverwaltung verdonnert, ein Rudiment aus jener Zeit, als Gondeln noch ein echtes Transportmittel waren und kein *Schaukelstuhl für Idioten,* wie sie der Futurist Marinetti nannte. Früher gab es überall am Canal Grande Fährdienste, heute nur noch am Campo Santa Maria del Giglio, an der Riva del Carbon neben dem Rathaus, in Santa Sofia, um zum Rialtomarkt zu kommen, in San Tomà und an der Punta della Dogana, um die Salutespitze mit San Marco zu verbinden.

Der Fährdienst kostet siebzig Cent für Venezianer und zwei Euro für Besucher, weshalb die Gondolieri praktisch nichts damit verdienen – jedenfalls gemessen an ihrem gewöhnlichen Verdienst, der in der Hochsaison, die hier praktisch das ganze Jahr andauert, leicht bei tausend Euro pro Tag liegt.

Folglich boykottieren die Gondolieri den Fährdienst, wo immer es geht, indem sie ihn früher einstellen oder einen ewig am Ufer warten lassen, bis sich nach einer Viertelstunde genügend Leute angesammelt haben, die es wert sind, übergesetzt zu werden.

Der Kollege vom Fährdienst lehnte bedauernd ab und berief sich dreist auf den öffentlichen Dienst: Er könnte seine Pflicht nicht einfach vernachlässigen, um hergelaufenen Blondinen (meine Interpretation) ihren Motor ins Wasser zu lassen.

Kein Problem, sagte ich. Und spürte, wie eine unheimliche Kraft in mir wuchs: Ich stieg in mein Boot, stemmte mich mit beiden Beinen gegen das Heck, drückte den Hebel und zog am Motor, der mir wie von Zauberhand gehorchte und widerstandslos ins Wasser glitt.

Dann ließ ich den Motor an, fuhr wie eine Königin an den Gondolieri vorbei und dachte: Ihr Scheißkerle.

Canal Grande

Ein Jahr später ist es für mich kein Problem mehr, den Motor ins Wasser zu lassen. Auch das Einparken rückwärts klappt nahezu tadellos. Ich werde mutiger. Ich schaffe es, mich durch Vaporetti, Lastkähne, Wassertaxis und Gondeln durchzufummeln, und fahre durch den Canal Grande, unter der Rialtobrücke hindurch, als hätte ich mein Leben lang nichts anderes gemacht, als eine *topetta* mit Steuerhebel zu manövrieren. Ich versuche, so routiniert zu blicken wie Alberto, wenn er die Restaurants an der Rialtobrücke mit seinem Fang belieferte. Wenn sein Boot voll war mit Goldbrassen, Tintenfischen und *moèche,* Krebse in weichen Schalen. Glücklicherweise sieht man mir nicht an, wie ich vor Aufregung schwitze.

Auf dem Canal Grande herrscht im September der Verkehr der Hochsaison. An der Rialtobrücke kam es vor einigen Jahren zu einem Unfall, bei dem ein deutscher Urlauber starb, und wenn man das Gewühl hier sieht – Wassertaxis, Vaporetti und Gondeln, die nur wenige Zentimeter neben den Schiffsschrauben der Vaporetti vorbeigleiten und im Kielwasser der Wassertaxis versuchen, das Gleichgewicht zu halten –, dann wundert man sich, dass hier nicht jeden Tag jemand das Leben lässt.

Wagemutig beschließe ich, sogar nach Murano zu fahren, auf der Rennstrecke der Wassertaxis, die durch das Wasser pflügen, um betuchte Kunden zum Flughafen oder in die klimatisierten Showrooms der Glasbläsereien auf Murano zu bringen. Hier in einer *topetta* den Elementen die Stirn zu bieten, Elementen, die aus den monströsen Bugwellen der Taxiboote bestehen, ist ein Irrsinn: Die

Taxis betrachten den Kanal als ihr ureigenes Territorium, sie nehmen keine Rücksicht auf kleine venezianische Fischerboote, im Gegenteil, sie benehmen sich wie Hunde, die ihr Revier markieren wollen. Kaum gelingt es mir, dem einen Brecher auszuweichen, schwappt schon die nächste Bugwelle ins Boot.

Ich schwanke zwischen Panik und Begeisterung. Das Bootfahren ist eine nicht enden wollende Herausforderung, nie weiß ich, was als Nächstes passieren wird.

Aber die Begeisterung überwiegt. Und so gehöre auch ich bald zu den Stammgästen der Vignole, der Insel neben der Certosa, die man nur mit dem eigenen Boot erreicht, weshalb sie vom Tagestourismus verschont geblieben ist und als letztes Refugium der Venezianer gilt.

Auch an jenem denkwürdigen Nachmittag komme ich von den Vignole zurück, die eigentlich aus zwei Inseln besteht und wo einst Wein angebaut wurde, woran der Name noch erinnert. Ich habe mit zwei Freundinnen zu Mittag gegessen: Tintenfische und Venusmuscheln, dazu ein Glas Prosecco und im Hintergrund die Silhouette von Venedig – schöner kann das Leben in der Lagune nicht sein.

Weil ich morgens noch beim Filmfest war, bin ich mit Stöckelschuhen, pinkfarbenem Etuikleid und orangeroter Strickjacke nicht wirklich seetauglich angezogen, aber egal. Ich sitze barfuß im Boot und bin euphorisch, weil mein Kleid bei der Fahrt zurück nach Venedig keinen einzigen Spritzer abgekriegt hat.

Durch den Canal Grande ziehen ganze Flottillen von Wassertaxibooten voller Chinesen, aber dennoch gelingt es mir, tadellos rückwärts einzuparken. Okay, ich will jetzt nicht sagen, dass ich ein Profi geworden wäre, aber fast.

Nach einigen Manövern liegt mein Boot ordnungsgemäß in seiner Parkbucht. Ich vertäue die vier elastischen Seile am Boot. Als ich das letzte am Bootspfahl hängende

Seil fassen will, beuge ich mich vor. Etwas, aber wirklich nur etwas zu weit. Das ist der Moment, als mich die Welle eines Wassertaxis erwischt. Mein Fuß gleitet auf der Bordkante aus. Ich greife ins Nichts. Und falle in den Canal Grande.

Glücklicherweise nicht kopfüber.

Das Wasser ist erstaunlich warm.

Meine an Bord sitzenden Freundinnen trauen ihren Augen nicht. Die Gondolieri vom Ufer gegenüber, die gerade noch im Schatten gedöst haben, laufen zusammen und starren zu mir rüber, genau wie die Chinesen in den Wassertaxis, die Touristen in der Gondelfähre und in den voll besetzten Vaporetti und die Fahrer am Steuer der Lastkähne. Schaulustige überall.

Ich bin die Attraktion des Canal Grande.

Weil mich die Gondolieri immer noch anstieren, schreie ich aus dem Wasser: Vielleicht wollt ihr ja ein Foto machen?

Keine Reaktion. Nur interessierte Blicke.

Ich will jetzt nicht aufzählen, was alles in Venedigs Kanälen herumschwimmt, die Auskunft, dass viele venezianische Häuser immer noch nicht an die Kanalisation angeschlossen sind, sollte reichen. Auf jeden Fall habe ich kein Wasser geschluckt.

Ins Boot zu kommen, ist nicht ganz einfach. Genauer gesagt: Es ist unmöglich. Wasser hat ja bekanntlich keine Balken, und Klimmzüge habe ich selbst in der Schule nie hingekriegt. Am Ende ziehen mich meine Freundinnen wie einen toten Walfisch an Bord.

Die Gondolieri gucken immer noch.

Kalt lächelnd vertäue ich die *topetta* zu Ende und ziehe den Motor hoch, wobei Blut auf das Heck tropft, weil ich mir beim Ausrutschen an der Bordkante in den Fuß geschnitten habe. Triefnass humple ich zum Gondelfährdienst, der eine Fuß im Stöckelschuh, der andere auf einer blutdurchtränkten Serviette. Ich sehe aus, wie manche englischen Touristinnen nach einem Junggesellinnenabschied.

Als ich auf die Gondelfähre warte, bildet sich unter mir eine kleine Pfütze. Die Touristen am Anleger würdigen mich keines Blickes, vielleicht weil sie sich für mich schämen.

Der Gondoliere der Fähre sagt auch nichts. Also nichts in der Art wie: Oh, wie konnte das passieren? Oder: Hauptsache, Sie haben kein Wasser geschluckt, har, har.

Ich hätte es sogar okay gefunden, wenn er einen blöden Witz gemacht hätte, eine Bemerkung wie: Hey, warum baden Sie nicht lieber am Lido?

Er aber betrachtet mich mit dem gleichmütigen Blick eines Mannes, der schon alles gesehen hat. Der jede Menge Irre ertragen und massenhaft tropfnasse Blondinen mit blutenden Füßen in seiner Gondelfähre von einem Ufer zum anderen gefahren hat.

Wortlos reiche ich ihm meine siebzig Cent Fahrgeld.

Er zählt die Münzen langsam nach.

Blickt hoch.

Mustert mich.

Und fragt: Haben Sie eine *carta venezia*?

Ich hole tief Luft.

Die *carta venezia* berechtigt dazu, für das Übersetzen siebzig Cent statt zwei Euro zu bezahlen. Seine Frage lässt ahnen, dass er fürchtet, einer besonders abgefeimten Blondine auf den Leim zu gehen, die gerade in den Canal Grande gefallen ist und ihren Zustand jetzt hinterlistig auszunutzen versucht, um einen wackeren Gondoliere, der nur darum besorgt ist, seine Pflicht im öffentlichen Dienst der Stadt Venedig vorbildlich zu erfüllen, um einen Euro dreißig zu betrügen.

Ich versuche mir einzureden, dass es über vierhundert Gondolieri in Venedig gibt, da bleibt es natürlich nicht aus, dass sich darunter auch Idioten befinden. Zumal die Gondolieri in Venedig de facto wirklich nicht den besten Ruf genießen. Also ich will jetzt echt nichts vom Kokain sagen und auch nichts von der, ähem, lockeren Steuermoral von so manchem Vertreter dieser einflussreichen Kaste, mit der sich in Venedig niemand, wirklich niemand, anzulegen wagt: mit allen venezianischen Wassern gewaschen, politisch bestens vernetzt und ein Kulturgut noch dazu. In Indien kommt ja auch keiner auf die Idee, eine heilige Kuh zu schlachten.

Wenn Sie wollen, kann ich Ihnen auch meinen Personalausweis zeigen, zische ich mühsam beherrscht.

Zumal es die *carta venezia* gar nicht mehr gibt, früher war das eine Art Pandabären-Ausweis, mit dem die letzten widerständigen Venezianer ihren Wohnsitz in der Stadt nachweisen und damit ermäßigte Tickets für die Vaporetti kaufen konnten. Man konnte damit auch billiger ins Museum reinkommen oder einen Skonto in manchen Restaurants erhalten. Heute hingegen gibt es eine Karte, die *venezia unica* heißt und die sich im Prinzip jeder kaufen kann, egal, ob er in Venedig, Castrop-Rauxel oder in Idaho wohnt – mit der er an billige Vaporetto-Tickets kommt und bei der Gondelfähre einen Euro dreißig sparen kann.

Ich halte mich nur an die Vorschriften, sagt der Gondoliere beleidigt.

Als wir am anderen Ufer anlegen, blicken mir die Gondolieri neugierig nach. Humpelnd laufe ich vom Gondelanleger über den Campo Santa Maria del Giglio, als mein Telefon klingelt. Der Venezianer.

Was ist passiert?, fragt er.

Ich bin ins Wasser gefallen, sage ich. Widerstrebend.

Habe ich gehört, sagt er.

Wie? Habe ich gehört? Woher weißt du das?, frage ich. (Völlig überflüssige Frage. Venedig ist ein Dorf. Hier bleibt nichts geheim.)

Die Gondolieri haben mich angerufen.

Wie: Die haben dich angerufen?

Sie haben mich angerufen und gesagt: *To muger xè cascada in acqua. Gavemo da far chelcoxa?* (Das ist Venezianisch und heißt: Deine Frau ist ins Wasser gefallen. Sollen wir was machen?)

Was soll das denn heißen: *Sollen wir was machen?*, sage ich. Fragen die Gondolieri erst nach, ob es jemand wert ist, gerettet zu werden? Nach dem Motto: Hey, das wäre jetzt die Gelegenheit, deine Frau loszuwerden?

Der Venezianer stöhnt.

Sein Stöhnen verheißt: Muss man jetzt gleich so kleinlich sein?

Denn anders als ich hat der Venezianer keine Vorbehalte gegenüber den Gondolieri. Er regt sich kein einziges Mal auf, wenn ihn die Gondolieri am Ufer warten lassen. Er nimmt dann einfach gelassen das Vaporetto. Das ist eine des Basisregeln des Zusammenlebens in einer kleinen Stadt wie Venedig: leben und leben lassen.

Und wahrscheinlich schaudert er bei dem Gedanken, dass ich jetzt gleich etwas von »Es geht mir ums Prinzip« fauchen könnte, was ich immer sage, wenn ich finde, dass mir ein Recht vorenthalten wird. Etwa wenn mir ein Päckchen nicht zugestellt wird, weil es geklaut wurde.

Aber um welches Prinzip soll es hier gehen? Schließlich gibt es keinen Grundsatz, der vorschreibt, dass man Blondinen helfen muss, die beim Bootanlegen in den Canal Grande fallen. Denkt der Venezianer, jede Wette.

Und wahrscheinlich denkt er auch: Schließlich kann man doch auch etwas flexibel sein. Und: Außerdem wissen wir hier in Venedig doch alle, wie Gondolieri so sind. In ihrer Eigenschaft als Kulturgut.

Sie haben aber auch gleich gesagt: *Ea xè sà fuora,* sagt er. (Die ist aber schon wieder draußen.)

Ja dann, sage ich.

San Servolo – San Clemente

Danach offenbart mir halb Venedig hinter vorgehaltener Hand Geschichten von Wasserstürzen: vom Boot gefallen, am Ufer ausgerutscht, beim Anlegen daneben getreten, Väter, die mit Kindern auf dem Arm das Gleichgewicht verloren haben, Gondolieri, die von einer Welle erwischt wurden.

Obwohl naheliegend, ist das Ins-Wasser-Fallen für Venezianer so peinlich wie das Versinken in Wanderdünen für Beduinen. Als ich meiner Nageltechnikerin, einer auf der Giudecca aufgewachsenen Tochter einer Wassertaxifahrerdynastie, gestehe, dass ich meinen letzten Termin bei ihr verpasst habe, weil ich in den Canal Grande gefallen bin, vertraut sie mir an, wie sie, im Dunkeln auf ihr Smartphone starrend, mitten im Winter mitsamt Daunenmantel am Ufer des Piazzale Roma ins Wasser gefallen ist. Und ihren Vater heulend bat, sie schnell abzuholen, damit niemand von dieser Schande erfährt.

Glücklicherweise erhole ich mich schnell von meinem Sturz. Schon am nächsten Tag sitze ich wieder im Boot, so als gelte es, einen Teufel auszutreiben.

Weil der Mensch ein Ziel braucht, beschließe ich, nach San Servolo zu fahren, einer Insel unweit vom Lido, wo ich das »Museum des Wahnsinns« besichtigen will – was eigentlich mehr ein Vorwand ist, um wieder in die Lagune zu fahren.

Es ist das erste Mal, dass ich allein an einer Insel anlege. Was hier, an einem Kanal, in dem die Wassertaxis Richtung Lido pflügen, eine gewisse Herausforderung darstellt. Nachdem es mir endlich gelingt, das Boot trotz Seegangs ordentlich zu vertäuen, versuche ich, gleichmütig und lässig zu wirken, als ich die Insel betrete – unter den ungläubigen Blicken einiger Studenten, die hier an einem Sommercamp zum Klimawandel teilnehmen: Seit einigen Jahren befinden sich hier ein Kongresszentrum und der Sitz der *Venice International University*. Genau da, wo sich einst eine geschlossene psychiatrische Anstalt befand.

Der Boden am Anleger ist heiß, aufgeheizt von der glühenden Hitze des Tages, erst in dem Kreuzgang ist es angenehm kühl. Dreihundert Jahre lang wurde hier in diesem ehemaligen Benediktinerkloster der Wahnsinn behandelt, bis *»i manicomi«* Ende der Siebzigerjahre geschlossen wurden, nachdem der venezianische Psychiater Franco Basaglia auf die katastrophalen Zustände in den italienischen Irrenanstalten aufmerksam gemacht und ihre Schließung in ganz Italien erreicht hatte.

Heute ist hier in einem Seitenflügel des Benediktinerklosters das »Museum des Wahnsinns« untergebracht, wo zusammen mit einem »Institut zur Erforschung sozialer und kultureller Ausgrenzungen« der Leistung des venezianischen Psychiaters Basaglia gedacht werden soll.

Während ich durch die Gänge laufe, vorbei an Handschellen und Zwangsjacken, Schädeln und plastinierten Gehirnen, Elektroschock-Apparaturen und den vergilbten Fotografien der Insassen von San Servolo – es sind Vorher- und Nachher-Bilder, vorher: irrer Blick, wilder Bart und lange, verfilzte Haare, nachher: ruhiger Blick, glatt rasiert und streng gescheitelt –, frage ich mich, ob Basaglias Engagement darauf zurückzuführen ist, dass er Venezianer war.

Denn nirgendwo war es einfacher als in Venedig, die Gesellschaft vor dem zu bewahren, was man als gefährlich betrachtete: Egal ob jemand krank oder versehrt, alt oder tuberkulosekrank, infiziert oder verrückt war – für jeden gab es eine passende Insel. Es gab Inseln für Pestkranke und für diejenigen, von denen man noch nicht wusste, ob sie ansteckend waren: Einmal habe ich auf der Insel Lazzaretto Nuovo meinen Geburtstag gefeiert, wir staunten über die Wandmalereien und Graffiti der hier internierten Händler und Wächter, die auf den Mauern des einstigen Sanitätsgebäudes ihre Reisen beschrieben und ihre Schiffe verewigten, wir erfuhren, wie Seide, Baumwolle und Lederhäute aus Zypern, Kreta, Konstantinopel und Alexandria desinfiziert wurden – und dachten noch, dass die Sache mit der in Venedig erfundenen Quarantäne etwas für die Geschichtsbücher sei.

Und dann kam Corona. Und die Geschichte holte uns ein.

Auf San Servolo waren die Verrückten anfangs nichts anderes als von Türkenfeldzügen traumatisierte Soldaten und Kriegskrüppel, die ins Militärkrankenhaus eingeliefert wurden.

Erst viel später folgte der erste zivile Verrückte, ein Adeliger, der für seinen Aufenthalt auf San Servolo sogar bezahlen musste. Da war aus dem Militärkrankenhaus die »Irrenanstalt für beide Geschlechter« geworden, in der man auf Schädelvermessungen, Zwangsjacken, Eisenfesseln und Eisbäder setzte – bis Ärzte Anfang des 20. Jahrhunderts die Leitung übernahmen, was das Schicksal der Kranken allerdings auch nicht verbesserte: Therapiert wurde mit Elektroschocks und Injektionen, die Malariaerreger enthielten.

Die Frauen wurden nach San Clemente gebracht, dem »Irrenhaus für schwere und gefährliche Fälle«. Offenbar galten Frauen, die von der Norm abwichen, immer gleich als gefährlicher Fall. Auf dieser *Isola delle matte,* wie mein Freund Alberto immer sagte, der Insel der Irren, verdämmerte auch Mussolinis Geliebte und Mutter seines Sohnes Benito ihre letzten Tage.

Ida Irene Dalser war eine dem Duce lästig gewordene Gefährtin: »Sieh zu, dass du sie mir vom Hals schaffst«, hatte Mussolini Jahre zuvor seinem Bruder geschrieben. Gesagt, getan. 1935 traf sie auf der Insel ein.

Aus San Clemente rief Ida Irene Dalser sogar den König zu Hilfe: »Ihre Majestät!!! Ich stelle mich vor: Ich bin die Ex-Frau von Benito Mussolini (zurzeit Regierungschef) und die Mutter des von ihm legal anerkannten Sohnes Benito Albino Mussolini, geboren in Mailand am 11. November 1915. Am 19. Juni 1926 wurde ich auf offener Straße entführt und gefesselt, betäubt und mit Platzwunden verletzt in das Irrenhaus von Pergine eingeliefert, von wo ich 1935 fliehen und nach vielen gefährlichen Irrwegen in mein Elternhaus in Sopra Monte gelangen konnte.«

An Mussolini schrieb sie: »Während ich in einem vulgären Irrenhaus gefangen gehalten werde, wo ich verzweifele, weil man mich foltert und hungern lässt, schweigst du.«

In ihrer venezianischen Krankenakte ist zu lesen: »Überführt aus dem Irrenhaus von Pergine, Diagnose: paranoides Syndrom in neuropathischem Subjekt. Sie ist von der Reise etwas übermüdet und niedergeschlagen und äußert den Wunsch, sich auszuruhen. Auf Aufforderung des Direktors erzählt sie jedoch schnell und gewandt von ihren jüngsten Erlebnissen und erinnert daran, eine Beziehung zum jetzigen Regierungschef Benito Mussolini unterhalten zu haben, aus der vor ungefähr elf Jahren in Mailand ihr gleichnamiger Sohn Benito hervorgegangen sei, der jetzt bei ihrer Schwester lebe. Sie spricht lange über den jetzigen Regierungschef, den sie, ohne zu zögern, als ihren Ehemann bezeichnet. Auf den Einwand, dass Mussolini bereits verheiratet sei und es in Italien keine Bigamie gäbe, sagte sie, dass Mussolinis Ehe ungültig sei, weil er seine Halbschwester geheiratet habe, die Tochter einer Geliebten seines Großvaters.«

Ida starb 1937 im Irrenhaus von San Clemente an einer Gehirnblutung. Ihr Sohn wurde ebenfalls für verrückt erklärt und starb nur fünf Jahre später unter nie geklärten Umständen.

Wenn Alberto davon sprach, dann immer nur ganz leise, als wäre es auch ihm unheimlich, dass Mussolinis Geliebte ausgerechnet hier auf San Clemente starb.

Die Gäste, die heute über die langen Flure des Luxushotels »San Clemente Palace Kempinski« wandeln, ahnen weder etwas von Mussolinis Geliebter noch von den *schweren und gefährlichen* Fällen, die hier ihr Leben aushauchten. Seit einigen Jahren ist San Clemente eine Privatinsel. Feilgeboten vom italienischen Staat wie viele andere venezianischen Inseln auch, wurde San Clemente an die Unternehmerfamilie Benetton verhökert, die dort glücklos das Luxushotel San Clemente Palace errichtete, um es schließlich an einen türkischen Investor zu verkaufen, der es an Kempinski veräußerte. Verdient haben alle daran. Außer Venedig.

Heute bietet das »San Clemente Palace Kempinski« seinen Gästen drei Bars und drei Gourmetrestaurants.

»Wir haben uns sehr wohlgefühlt, das Personal war sehr zuvorkommend, die Poollandschaft sehr schön«, steht auf Booking.com.

Sacca Sessola – Poveglia

Wenn der Venezianer und ich durch die Lagune fahren, suchen wir immer vergeblich nach Anlegestellen, um unser Boot zu vertäuen und irgendwo in der Abendsonne einen Aperitif zu trinken, aber seitdem die Inseln in Luxushotelresorts verwandelt wurden, sind wir von Verbotsschildern für private Boote umzingelt. Auf San Clemente genau wie auf der Sacca Sessola, pardon, der »Roseninsel«.

Nachdem die meisten Inseln der venezianischen Lagune von internationalen Hotelketten aufgekauft wurden, ging es im zweiten Schritt darum, ihnen klangvolle Marketing-Namen zu verpassen. So wurde aus der prosaischen Sacca Sessola die *Isola delle rose*, die romantische Roseninsel, was ungefähr so ist, wie wenn Frauen, die eigentlich Beate heißen, sich plötzlich Berenike nennen.

Ich weiß noch, wie Alberto und ich über diesen Namen gelästert haben, der den bescheidenen Ursprüngen der Insel etwas Glanz verleihen soll, sind doch die *Sacca* genannten Inseln im Grunde nichts anderes als Müllhalden: *Sacca* nennt man in Venedig eine durch Aufschüttungen künstlich geschaffene Insel. Das kann aufgehäufter Meeresgrund sein, der bei Grabungen und Kanalvertiefungen gewonnen wurde, oder Sondermüll wie bei der Sacca Serenella bei Murano, die aus den Abfällen der Muranoglasbläsereien besteht, weshalb der Boden und der umliegende Kanal bis heute voller Schwermetalle stecken.

Auf der zur Roseninsel umgetauften Sacca Sessola wurden erst Cholerakranke, dann Tuberkulosepatienten untergebracht – heute werden hier die Gäste des Marriott-Hotels von der Wirklichkeit isoliert. Venedig dient nur als Hintergrundtapete, wenn man im Pool liegt.

Ganz anders ist Poveglia, die nahe dem Lido liegt.

Als Alberto und ich das letzte Mal auf Poveglia waren, flogen kleine weiße Reihervögel, *garzette* genannt, erschreckt hoch, als wir anlegten. Wir stolperten über diese Geisterinsel wie durch einen verwunschenen Ort. Bis zum Ende der Siebzigerjahre des letzten Jahrhunderts wurden hier Alte und Sieche beherbergt, heute ist Poveglia verschlungen von undurchdringlichem Grün, in dem Eidechsen rascheln. Bedrängt von keifenden Möwen, legten wir einen marmornen Gedenkstein aus dem Jahr 1793 frei, der noch an die Toten aus Pestzeiten erinnerte, in den verfallenen Schlafsälen des einstigen Sanatoriums wuchsen Brombeerhecken zwischen verrosteten Doppelstockbetten, und auf den Ufermauern hatten Lagunenfischer ihre mit Algen verklebten Reusen und Netze zum Trocknen ausgelegt.

Alberto klaubte Muscheln von den Ufermauern und aß sie roh, die Lagune war graugrün, und eine fahle Sonne stand über uns, wie durch dünne Milchglasscheiben gefiltert.

Jahrhundertelang wurde Poveglia als Quarantänestation genutzt, und heute fürchten wir, dass es nur eine Frage der Zeit ist, bis hier ein weiteres Luxushotelresort entstehen wird, eine weitere Isolierstation für Leute, die schon alles gesehen haben und die von Venedigs Wirklichkeit nicht mehr mitkriegen wollen als dieses Panorama in der Ferne, das einer Fototapete gleicht und sich so schön für Instagram eignet.

Deshalb nehme ich an einer Demonstration im Boot teil, es geht darum, die Insel Poveglia davor zu bewahren, zum Spekulationsobjekt zu werden. Es ist das erste Mal, dass ich so ein Wagnis auf mich nehme – ein Wagnis, das weniger in der nur leicht subversiven Botschaft der Demonstration besteht als in der Tatsache, dass ich mich tollkühn durch das Gewimmel von Booten durchkämpfen muss.

Weil den Venezianern das Betreten der Insel verboten wurde, versammeln wir uns in Booten rund um die Insel, ich fahre unsicher heran, weil ich Angst habe, gegen ein anderes Boot zu prallen, und erstaunlicherweise schaffe ich es. Auf einer Art Floß spielt eine Band, Kinder schwimmen zwischen den Booten herum, überall flattern Fahnen und Luftballons und Transparente, die die Rettung Poveglias beschwören, und ich bin stolz, im Boot dazuzugehören.

Poveglia ist eine Insel, um die die Venezianer so erbittert kämpfen wie um ein geliebtes Erbstück. Erst am Abend zuvor haben sich die Mitglieder der Bürgerinitiative »Poveglia per tutti« (Poveglia für alle) in der Kirche von San Leonardo getroffen, um zu diskutieren, wie es weitergehen soll in dieser Schlacht, die seit Jahren andauert, nachdem Poveglia vom italienischen Staat wie eine antike Kommode an den Meistbietenden versteigert wurde und an den Unternehmer und späteren Bürgermeister von Venedig Luigi Brugnaro gehen sollte, der etwas mehr als eine halbe Million Euro bot, was dem Preis einer bescheidenen Zweizimmerwohnung in Venedig entspricht. Kein schlechter Deal für eine sieben Hektar große Insel, deren Fundamente erst kurz zuvor vom italienischen Staat für zwanzig Millionen Euro neu befestigt wurden.

Einziger Konkurrent war die venezianische Bürgerinitiative »Poveglia per tutti«, die nur knapp unterlag – obwohl sie es dank einer aufsehenerregenden Crowdfunding-Aktion geschafft hatte, innerhalb von nur drei Wochen fast eine halbe Million Euro aufzutreiben – ein kleines Wunder in Zeiten der permanenten italienischen Wirtschaftskrise. Sie klagte gegen die Entscheidung, die Insel an Brugnaro zu verkaufen.

Entstanden ist die Widerstandszelle »Poveglia per tutti« auf der Insel Giudecca. Anfangs bestand sie aus zwanzig Architekten, Rechtsanwälten, Informatikern, Städteplanern und Steuerberatern – heute zählt sie Tausende Mitglieder, Venezianer und Venedigliebhaber aus der ganzen Welt, die sich noch nicht geschlagen geben wollen: Der »Demanio«, die staatliche Immobilienagentur, die Poveglia zum Verkauf angeboten hat, hat bis heute nicht bekannt gegeben, wem sie die Insel verkauft – und welchen Verkaufspreis sie für angemessen hält. Danach wird sich Poveglias Schicksal entscheiden: Luxushotel? Oder Zukunftsprojekt venezianischer Bürger, Modell für ökologisch wertvollen Tourismus in der Lagune?

Ich lege an dem Floß an und begrüße Lorenzo, einen der Gründer von »Poveglia per tutti« – der in dem Kampf um die Insel ein Zeichen der Veränderung des italienischen Zeitgeistes sehen will, der den Herrschenden in Italien wie ein eisiger Nordwind ins Gesicht blase: Eine staatliche Immobilienagentur, die staatliche Güter verkauft, ist verfassungsfeindlich. Ein Gutsverwalter kann schließlich auch nicht den Bauernhof verkaufen, auf dem er arbeitet, sagt er. Hoffnungsvoll. Jedenfalls, was den eisigen Nordwind betrifft. Denn der weht in Italien eher selten.

Immerhin erfuhr die Welt dank der renitenten Venezianer, dass man sich in Venedig nicht nur Paläste, sondern auch Inseln wie Karamellbonbons kaufen kann. Die zweihundert Inseln der venezianischen Lagune sind heute nichts anderes als Spekulationsobjekte: San Biagio, die ehemalige Müllinsel, sollte ein Vergnügungspark mit Riesenrädern und Achterbahnen werden, ein Plan, der – vorerst – scheiterte. Die kleine Insel Crevan wurde für zwei Millionen Euro abgestoßen und stand dann für zwölf Millionen zum Verkauf, und Santa Maria della Grazia sollte für mehr als zehn Millionen Euro an Stefanel verkauft werden, was aber nicht klappte, weil Stefanels Bankrott dazwischenkam, das weitere Schicksal der Insel ist noch ungewiss.

Seitdem der Neoliberalismus in Europa herrscht, verschleudert der italienische Staat seine Kulturgüter in einem Alles-muss-raus-Furor. Als Berlusconis Wirtschaftsminister Tremonti 2002 ein Gesetz einbrachte, das vorsah, den staatlichen italienischen Kulturbesitz in einen gewaltigen Immobilienfonds zu verwandeln, titelte die *Repubblica* noch empört: »Bella Italia stellt sich zum Verkauf!«, und beklagte, dass die Regierung Berlusconi in den italienischen Kulturgütern das »italienische Erdöl« wittere. Heute wird der Verkauf von Kulturgütern in parteiübergreifender Harmonie von rechts bis links abgewickelt, und niemand regt sich mehr darüber auf.

Sollte der Unternehmer und Bürgermeister Brugnaro irgendwann den Zuschlag für Poveglia bekommen, könnte die Stadt Venedig aber noch ihr Vorkaufsrecht ausüben – was einigermaßen bizarr wäre, weil sich der Bürgermeister dann selbst Steine in den Weg legen müsste.

Bis eine endgültige Entscheidung gefällt wird, ist den Venezianern verboten, die Insel zu betreten – und wir vermuten, dass sich dahinter der Gedanke verbirgt, die Insel noch unwirtlicher, noch vernachlässigter, noch verkommener werden zu lassen, auf dass der Verkauf der Insel überzeugender wirke: Als sei der Käufer der Insel nichts als ein nobler Retter vor dem endgültigen Verfall.

Um das zu verhindern, rufen die Verteidiger von Poveglia kurz nach der apokalyptischen Flut vom November 2019 zu einer großen Putzaktion auf der Insel auf. Bewaffnet mit Müllsäcken, Eimern, Schaufeln und Harken, ziehen sie über Poveglia, um sie von den Zerstörungen der Flut und dem angeschwemmten Unrat zu befreien.

Für die Erlaubnis, die Insel zu betreten, verlangt die Stadt Venedig von ihnen dreihundert Euro – für die »Nutzung öffentlichen Raums«.

Ponte Calatrava

Auf dem Campo San Luca sehe ich, wie zwei Engländerinnen auf die Todesanzeigen von Venezianern starren, die an der Ecke neben der Eingangstür des Caffè Marchini hängen, in Plastik verschweißt, mit Foto. »That's not right!«, sagt die eine, weil einer der Toten erst vierzig war. »So sad«, die andere. Und irgendwie hat es mich gerührt. Weil die beiden spüren, dass Venedig mehr ist als Airbnb und Konfetti und Karneval: Eine Stadt, in der gelebt und auch gestorben wird. Wofür diese beiden Engländerinnen definitiv mehr Sensibilität entwickeln als die Stadt Venedig, die sich seit dreißig Jahren mit Eifer der Vertreibung der letzten Venezianer widmet und kurz davor ist, ihr Ziel zu erreichen.

Eine Zeit lang hingen an den Anlegestellen der Vaporetti Plakate der venezianischen Verkehrsgesellschaft, auf denen zu lesen war: »*Now Venice costs less. On sale here.*« Besser kann man die Lage nicht beschreiben. Seitdem man in Italien die Privatisierung als Allheilmittel für klamme Kassen entdeckt hat, geht es in Venedig zu wie in Rudis Resterampe: Barockpalazzi, Renaissancejuwelen, ganze Inseln – alles muss raus.

Venedigs Ausverkauf begann, als der ehemalige Kommunist und von den Medien als »Philosophenbürgermeister« gehätschelte Massimo Cacciari die Segnungen des freien Marktes entdeckte. Konvertiten neigen ja immer zu Extremen, folglich kann nicht verwundern, dass Cacciari bereits im Jahr 1994 garantierte, Investoren für ihre Projekte sämtliche Schwierigkeiten aus dem Weg zu räumen. Nachzulesen in der Broschüre »*Privatizzare Venezia*« – Untertitel

»*Der Stadtplaner als Unternehmer*« –, die sich liest wie ein neoliberales Manifest. Es verhieß Venedig eine goldene Zukunft, falls die Stadt einen Bund fürs Leben mit Banken und internationalen Unternehmen schlösse: größter Kreuzfahrthafen des Mittelmeers, Ausbau des Flughafens, Großprojekte ohne Ende – mehr, mehr, mehr.

Dass Cacciaris Vision auch die Verseuchung der Lagune durch hochgiftige Biozide von den Schiffsrümpfen, die Zerstörung der fragilen Ufer Venedigs infolge des Drucks von Tausenden Tonnen Wasser, Elektrosmog durch die Radaranlagen, Feinstaubbelastung und eine amtlich anerkannte »signifikante Zunahme an Lungentumoren« zur Folge hatte, wurde als Kollateralschaden in Kauf genommen.

Bürgermeister Cacciari stellte den Venezianern die Privatisierung als einzige Möglichkeit dar, diese störrisch mit ihrer Vergangenheit verwachsene Stadt in eine leuchtende Zukunft zu führen, weshalb die Venezianer auch nicht erstaunt waren, als der langjährige Bürgermeister und sein Stadtplanungsdezernent über Nacht auch noch die Notwendigkeit einer neuen Brücke über den Canal Grande propagierten. Ein Anschluss an die Moderne, der sich in kühnem Bogen von dem Piazzale Roma zum Bahnhof spannen soll: ein großzügiges Geschenk des spanischen Architekten Calatrava, ein Schnäppchen für nur dreieinhalb Millionen Euro, ein Schmuckstück mit Stufen aus hintergrundbeleuchtetem Glas.

Vierhundertsechsunddreißig Brücken gibt es in Venedig, berühmte und unscheinbare, graziöse und wuchtige, schwimmende und hölzerne. Brücken, die alle nicht einfach Verbindungsstücke sind, sondern Arterien in einem komplexen Organismus.

Dreihundert Jahre lang war die Rialtobrücke die einzige Brücke über den Canal Grande, erst im 19. Jahrhundert schufen die österreichischen Besatzer zwei weitere Brücken über den Kanal, den Ponte degli Scalzi und den Ponte dell'Accademia: tiefe Schnitte in das Gesicht der Stadt.

Aber der radikalste Eingriff durch eine Brücke war in Venedig jener zum Festland, der Ponte della Libertà, in der viele Venezianer bis heute das Zeichen ihrer Unterwerfung sehen. Als die österreichischen Besatzer Mitte des 19. Jahrhunderts die Eisenbahnbrücke schufen, taten sie dies in der Überzeugung, die Stadt ihrem Fortschrittsideal anzugleichen, Venedig also langfristig in Festland zu verwandeln: Venedig sollte beherrschbarer und moderner werden.

Es war die Zeit, als Dampfschiffe und Eisenbahnen das Reisen leichter machten. Der Ponte degli Scalzi sollte dem Bahnhof dienen: Wer in Venedig ankam, sollte keine Hindernisse bewältigen müssen, sondern sich auf möglichst geradem Weg fortbewegen, am besten in einer Kutsche bis zum Markusplatz. Also fingen die Österreicher an, die Kanäle trockenzulegen, aus denen am Ende die Lista di Spagna und die Strada Nuova hervorgingen: gepflasterte Straßen statt Kanälen, womit sie dem Traum der Futuristen ziemlich nahe kamen, die wenige Jahre später forderten, Venedigs Kanäle trockenzulegen, um sie in »Symbole der Modernität zu verwandeln«.

In Venedig ist eine Brücke nicht einfach eine Brücke, sondern eine Zäsur für das Leben eines Stadtviertels. Sie kann ein Viertel (in Venedig ein Sechstel, *sestiere,* die Stadt ist in Stadtsechstel aufgeteilt) beleben, weil sie für kürzere Wege sorgt – und sie kann es ersticken, weil sie möglicherweise Besucherströme in ein Viertel lenkt, in dem bis dato noch ein intaktes Alltagsleben ohne Take-aways und Wackelgondeln geherrscht hat.

Eine Brücke kann in Venedig nicht einfach gebaut werden, sie muss in das Stadtbild passen und einen Sinn haben. Den Sinn suchten wir bei dieser neuen Brücke allerdings vergebens: Vom Bahnhof aus will eigentlich niemand zum

Piazzale Roma, dem Verkehrsknotenpunkt zum Festland, alle Ankommenden wollen nur weiter Richtung Markusplatz, was mit dem Vaporetto kein Problem ist. Und von dem Piazzale Roma will umgekehrt eigentlich niemand zum Bahnhof, sondern ebenfalls Richtung Markusplatz, weshalb auch sie in das Vaporetto steigen.

Für den unwahrscheinlichen Fall, dass jemand mit dem Auto, dem Bus oder der Straßenbahn vom Festland an dem Piazzale Roma ankommt und dann zum Bahnhof gelangen will, steht alle zwei Minuten ein Vaporetto zur Verfügung. Und wer von dem Piazzale Roma zum Markusplatz will und partout kein Vaporetto nehmen möchte, kann von dort Richtung Frarikirche und Accademiabrücke zu Fuß laufen.

Warum zum Teufel sollte also eine Brücke ausgerechnet hier gebaut werden? Denn bis heute gibt es in Venedig Orte, wo eine Brücke tatsächlich fehlt, etwa zwischen dem Campo Santa Maria del Giglio und Dorsoduro, einem extrem schlecht erreichbaren Stadtviertel. Hier sind die Bewohner auf das Vaporetto oder den unzuverlässigen Fährdienst der Gondolieri angewiesen, wenn sie nicht den Bogen über die Accademiabrücke laufen wollen.

Um das Rätsel der neuen Brücke zu lösen, sprach ich mit dem Stadtplanungsdezernenten Roberto D'Agostino, dem langlebigsten aller venezianischen Stadträte. Er versteht sich als Visionär, weshalb er durchreisenden Journalisten gern in den Block diktiert, dass die undankbaren Venezianer das einzige Problem Venedigs seien, weil sie die Modernisierungsbestrebungen der Stadt ablehnten und für seinen Slogan »Thomas Mann vergessen!« unempfindlich blieben.

D'Agostino sah aus, wie man sich einen linken Stadtrat vorstellt: Wie ein in die Jahre gekommener Student, der das Haar immer noch diesen einen Zentimeter länger trägt, der seinen Nonkonformismus unterstreichen soll. Wie auch die Cordhosen. Vielleicht waren es auch gar keine Cordhosen, sondern Baumwoll- oder Polyesterhosen, aber vor meinem geistigen Auge taucht er immer in diesen cognacfarbenen Cordhosen auf; es ist eine meiner Schwächen, linke Stadträte, die lächelnd und mit sanfter Stimme Ungeheuerlichkeiten von sich geben, immer mit cognacfarbenen Cordhosen zu verbinden.

Kaum saß ich in seinem Büro, bewarb er schon in schönen Worten seine neue Brücke, diesen formidablen Brückenkopf nach Venedig, ja, endlich werde mit dieser Brücke, dieser architektonischen Meisterleistung, die Strada Nuova bedient, alles fließe besser, die Touristenströme würden optimal verteilt, genauer gesagt, sie ließen sich besser verstreichen: *spalmare.* Seit Jahrzehnten beschwören alle venezianischen Lokalpolitiker dieses *Verstreichen der Touristenströme,* wie das auf Italienisch genannt wird. Als seien die Touristen ein Brotaufstrich, den man nur ordentlich bis in die hintersten Winkel der Stadt verstreichen muss, und schon schmecken sie wie Nutella.

Die Touristen aber lassen sich nicht verstreichen, sondern liegen in dicken Lagen auf dem Markusplatz und quellen von der Rialtobrücke, dachte ich, behielt das aber für mich, und ich sagte auch nichts, als D'Agostino mir klarzumachen versuchte, dass Venedig nicht langsam aussterbe, sondern früher einfach nur überbevölkert gewesen sei.

Venedig sei eine Stadt, in der es sehr anstrengend sei zu leben, sagte er seufzend, aber noch bevor ich etwas einwenden konnte – in Caracas ist das Leben sicher anstrengend und auch in Bagdad oder Kinshasa, aber in Venedig, wo das größte Sicherheitsrisiko darin besteht, dass dir eine Möwe das Sandwich aus den Händen klaut? –, fügte er schon lächelnd hinzu, dass es in der Vorstellung schlimmer sei als in der Realität. Woraus ich schloss, dass er mich ebenfalls für eine durchreisende Journalistin hielt. Auf der Stelle versuchte ich, so zu tun, als sei ich auch gerade erst über Venedig abgeworfen worden: gestern noch in Papua-Neuguinea, heute in Venedig, auf der Suche nach den letzten Einheimischen.

Wenn ich ihm Fragen stellte, blickte er mich lächelnd an wie ein Gemeindepfarrer und klang, als hätte er ein Sprachprogramm verschluckt. Als würde Siri aus ihm sprechen, diese Stimme, die sagt: »Ich habe momentan Schwierigkeiten, dich zu verstehen«, wenn sie nicht mehr weiterweiß.

Dass Venedig nur noch von so wenigen Menschen bewohnt werde, sei ein strukturelles Problem, das mit Lebensmodellen zu tun habe, sagte der Stadtrat. Weil man in Venedig kein Auto habe und weil es keine Häuser mit Gärten gebe, sei es wie vielen Städten auf der Welt so ergangen, dass die *Altstadt* verlassen worden und man an den Stadtrand gezogen sei.

Altstadt, sagte er.

Wenn ich jemanden höre, der von Venedig als *Altstadt* spricht, läuten bei mir – wie bei allen Venezianern – die Alarmglocken.

Wenn von *Altstadt* die Rede ist, meinen Sie damit Venedig?, fragte ich vorsichtig.

Natürlich, sagte er. Das, was in Venedig passiert, ist doch auch nur, dass man von der Altstadt in ein anderes Stadtviertel gezogen ist, nämlich aufs Festland.

Aber das ist nicht mehr Venedig, sagte ich.

Das ist die erweiterte Stadt, sagte er.

Venedig ist Venedig, Mestre ist Mestre, sagte ich störrisch.

Wir leben in einer bipolaren Stadt, sagte er.

Das ist ein schweres Krankheitsbild, sagte ich.

Denn die Zwangsehe Venedigs mit dem Festland ist ein Überbleibsel des Faschismus, das damals geschaffene

Großvenedig war von Anfang an eine Missgeburt: Neben einer Stadt im Wasser, die aus nichts als aus flirrender Poesie besteht, wucherte eine Schlafstadt samt Petrochemieanlage.

Die Idee dieses Großvenedigs ist einer Gruppe geschäftstüchtiger Industriebarone zu verdanken, die zu Zeiten Mussolinis Venedig mit der Industriestadt Marghera und der Arbeitersiedlung Mestre zwangsvereinigten. Marghera war mit seinem Industriehafen vor allem für Venedigs Müll gedacht, was nach dem Bau der Petrochemieanlage in den Sechzigerjahren dazu führte, dass hier hochtoxische Stoffe auf Müllhalden abgeladen und in die Lagune geleitet wurden – weshalb das Leben in Marghera bis heute bedeutet, auf einem Sondermülldepot zu leben, Seite an Seite mit explosiven Stoffen, die jede Minute in die Luft gehen könnten, wie in Beirut.

Zur Zeit von Mussolini lebten auf dem Festland nur vierzigtausend Menschen, Venedig hingegen hatte mit seinen zweihunderttausend Bewohnern fast fünf Mal mehr Einwohner. Heute hat sich das Verhältnis nahezu umgekehrt: In Venedig leben noch rund fünfzigtausend Menschen, in Mestre hingegen hundertachtzigtausend – was aber selbst auf dem Festland zu keiner Blüte geführt hat: Mestre erinnert mit seinen tristen Hotelsilos an einen Vorort aus Sowjetzeiten, der aus Versehen hier fallen gelassen wurde: Obwohl drittgrößte Stadt des Veneto, entbehrt Mestre jeder urbanen Identität und kann sich lediglich des Primats rühmen, in Italien die Stadt mit den meisten Einkaufszentren und Drogentoten zu sein.

Dessen ungeachtet wird das bizarre Großvenedig von allen Bürgermeistern wie das Dogma der Jungfrauengeburt verteidigt, wobei sich die jahrzehntelang regierende Linke sogar dazu verstieg, den Großraum Venedig zur »Utopie« und zur »bipolaren Stadt« zu verklären, ein Syndrom, unter dem Venedig bis heute leidet. Denn ohne die Zwangsehe mit Venedig würden auch all die Gelder des Spezialgesetzes versiegen, die das Regieren auf dem Festland so leicht machen: Gelder, die für Venedigs Erhalt gedacht sind und in Bürgersteigen in Mestre enden.

Seitdem wird Venedigs Schicksal vom Festland bestimmt. Was ungefähr so ist, als würden Weiße über das Schicksal von Schwarzen entscheiden. Oder Chemiemultis über den Erhalt von wilden Sommerwiesen.

Der »Umzug« von der »Altstadt« an den »Stadtrand« ist seit Jahrzehnten der Euphemismus, mit dem venezianische Lokalpolitiker versuchen, die Auslöschung des normalen Lebens durch den Overtourism als normales Phänomen der Gentrifizierung zu verbrämen. Es ist ein Propagandafeldzug, der seit Jahrzehnten geführt wird.

In Venedig ist es aber nicht so, dass die Venezianer über Nacht entdeckt hätten, dass sie ohne Auto und ohne Garten nicht leben könnten, es ist auch nicht so, dass die ärmeren Schichten durch wohlhabendere ersetzt worden wären, in Venedig werden die Einwohner ausschließlich durch Touristen ersetzt, ganze Stadtviertel haben sich in gigantische Bettenvermietungen verwandelt.

Als ich den Stadtrat fragte, ob es nicht eher sinnvoll wäre, statt zwischen Bahnhof und Piazzale Roma eine Brücke zwischen Dorsoduro und San Marco zu bauen, stutzte er kurz, weil er diesen Einwand nicht von einer durchreisenden Journalistin erwartet hätte, und wendete ein, dass so eine Brücke wegen der öffentlichen Reaktion und wegen des Stadtbilds sehr schwierig zu bauen sei.

Vor fünfhundert Jahren hätte man so etwas tun können, sagte er: Aber weil an der Punta della Dogana höchstens drei- bis viertausend Personen wohnen, die keine besondere Funktion haben, werden sie das Vaporetto an der Salute nehmen.

Während ich noch darüber grübelte, was er unter »Personen, die keine besondere Funktion haben« verstand – Familien vielleicht, also ganz normale Leute, Alte, Junge, Menschen ohne Rollkoffer an der Hand? –, lächelte er mich wieder nachsichtig an. Vielleicht war es das, was mich fuchtig gemacht hat. Dieses nachsichtige Lächeln.

Kann man nicht etwas dafür tun, dass es in jedem Stadtviertel ein Minimum an Versorgung gibt? Einen Gemüsehändler, einen Fleischer, einen Bäcker?, fragte ich, wobei auch ich zu lächeln versuchte, um zu kaschieren, dass sich eine gewisse Aufsässigkeit in meinen Ton eingeschlichen hatte.

Aber das ist doch so, sagte D'Agostino.

Es ist nicht so, widersprach ich. In San Marco ist es nicht so und in Dorsoduro auch nicht.

Ja, da gibt es besonders viele Ferienwohnungen.

Und warum gibt es keine Gesetze, die den Bestand von Ferienwohnungen beschränken?

Es gibt nur Gesetze über den Erhalt von sozialen Einrichtungen, Schulen, Kindergärten. Nicht, was Gewerbe betrifft. Das ist der Markt.

Der Markt.

Und weil das Gespräch jetzt ohnehin schon in diese unangenehme Richtung abgedriftet war, dachte ich, dass ich jetzt auch noch auf die Benettons zu sprechen kommen konnte. Von denen es damals hieß, dass sie sich anschickten, die Hauptpost zu kaufen.

Wenn ein Gebäude zum Verkauf steht, kann es ein Privatmann kaufen oder die Stadt oder die Universität oder die Region, sagte D'Agostino, ohne den Namen Benetton auszusprechen.

Und? Kauft die Stadt Venedig die Hauptpost?, fragte ich, nicht ohne eine gewisse Boshaftigkeit.

Wir haben nur beschränkte Mittel, sagte der Stadtrat. Was die Hauptpost betrifft, den Fondaco dei Tedeschi, so kann ich Sie beruhigen. Es wird kein Hotel, das haben wir blockiert, wir sind in Verhandlungen. Und das Gebäude der Eisenbahn wird ein Gebäude der Regionalverwaltung – um zu verhindern, dass die Regionalverwaltung nach Mestre oder Padua zieht.

Es vergingen nur ein paar Jahre, und schon wurden die Rätsel gelöst. Sowohl das um die ominöse Brücke als auch um die Hauptpost. Und an dieser Stelle wäre mal wieder eine Gelegenheit, das italienische Sprichwort *Pensi il peggio, pensi bene* zu zitieren: Nimm das Schlechteste an, und du liegst richtig. Oder wie Giulio Andreotti, der macchiavellische und wegen der Unterstützung der Mafia verurteilte siebenmalige italienische Ministerpräsident zu sagen pflegte: Von anderen schlecht zu denken ist Sünde, aber meistens trifft es ins Schwarze.

Die rätselhafte Brücke zum Bahnhof wurde für die Benettons gebaut. Sie soll den Strom der Besucher von dem Piazzale Roma direkt vor das Benetton-eigene Eisenbahngebäude und den Benetton-eigenen Bahnhof spülen, in dem ein weiteres großes Einkaufszentrum entstanden ist.

Sowohl der venezianische Bahnhof mit dem Verwaltungsgebäude der Eisenbahngesellschaft als auch die deutsche Handelsniederlassung wurden von den Benettons gekauft – die, reich und politisch bestens vernetzt, sich in Venedig die Tortenstücke aussuchen konnten: Erst den Gebäudeblock der Calle Vallaresso samt dem Kino San Marco und dem Rokokotheater Ridotto, die Insel San Clemente, Venedigs Bahnhof samt dem Gebäude der Eisenbahngesellschaft und schließlich auch noch die Hauptpost, das Renaissancegebäude der einstigen deutschen Handelsniederlassung, il Fondaco dei Tedeschi. Nicht überraschend wird Venedig seit Jahren auch *Benettown* genannt.

Stets gaben die Benettons vor, auf der Seite der Schwachen und Benachteiligten zu stehen: Fotos von küssenden

Nonnen, dem Tod geweihten Aidskranken und einander umarmenden Jugendlichen aller Hautfarben trugen das Unternehmen zum Erfolg. Mit einem Benetton-Pullover konnte man sich eine Weltanschauung kaufen. Die Benettons schufen sich damit ein Imperium.

Richtig reich wurden sie nicht dank ihrer Pullover, sondern dank Autobahnen, Raststätten, Flughäfen, Immobilien und Landbesitz. Dass die aus dem benachbarten Treviso stammenden und dank ihrer geschickten Öffentlichkeitsarbeit reich und berühmt gewordenen Benettons heimlich, still und leise zu einem der größten Player des italienischen Wirtschaftslebens aufgestiegen sind, verdanken sie nicht zuletzt der Unterstützung durch die venezianischen Lokalpolitiker.

Denn die Benettons haben im Laufe der Jahre nicht nur ihre Öffentlichkeitsarbeit, sondern auch ihre Freundschaft zu den Mächtigen gepflegt, was sich eine Zeit lang in Parteispenden niederschlug und heute in Spenden, die Parteien nahestehenden Stiftungen zugutekommen.

Für die Benettons hat sich die Nähe zu den Mächtigen bestens ausgezahlt: Nicht zuletzt dadurch, dass sie die Hälfte des italienischen Autobahnnetzes betrieben haben, womit sie allein in dem Jahr vor dem Zusammensturz der von ihnen verwalteten Autobahnbrücke in Genua fast vier Milliarden Umsatz machten. Davon knapp zweieinhalb Milliarden Gewinn.

Das Gebäude der venezianischen Hauptpost, Fondaco dei Tedeschi, wird für dreiundfünfzig Millionen Euro an die Benettons verkauft, ein Schnäppchen, denn der Marktwert des nun kommerziell genutzten Gebäudes wird auf hundertvierundzwanzig Millionen Euro geschätzt. Die Garantie, die Baugenehmigungen innerhalb eines Jahres zu erteilen, versüßt Benetton der Stadt Venedig mit einem Trinkgeld von sechs Millionen Euro.

Und so werden die Umbaupläne des Architekten Rem Koolhaas, der als Feigenblatt dient, von der obersten venezianischen Denkmalschützerin im Eiltempo abgenickt, samt einer Rolltreppe und einer Dachterrasse mit Blick auf die Stadt. Was in Venedig, wo man ohne die Genehmigung des Denkmalschutzamtes nicht einmal einen Sonnenschirm auf einer Terrasse aufspannen darf und Baugenehmigungen Jahrzehnte auf sich warten lassen, gelinde gesagt etwas Verwunderung auslöst.

Der Kulturschutzbund Italia Nostra reicht – vergeblich – eine Klage gegen den Umbau beim Obersten Verwaltungsgericht ein: Der Umbau würde das historische Gebäude zerstören, und den Bürgern werde öffentlicher Raum vorenthalten, kritisieren sie. Wenigstens das Erdgeschoss solle den Venezianern vorbehalten sein, in Form eines Kindergartens und eines Kulturzentrums. Aber anders als üblich blockiert das Gericht die Arbeiten nicht – bis zum Urteil wird weitergebaut. Im Frühjahr 2016 eröffnet Benetton den Megastore: Das Ziel sei, »Vitalität« nach Venedig zu bringen.

Der einzig verbliebene öffentliche Raum darin sind die Toiletten.

Die Venezianer nennen die Benetton-Brücke bis heute nicht bei ihrem pompösen Namen »Ponte della Costituzione«, Brücke der Verfassung, sondern »Calatrava-Brücke« nach dem Namen des Architekten, der sie verbrochen hat: Weil er sich verrechnet hat, kommt es zu Statikproblemen, weshalb die Brücke am Ende nicht dreieinhalb, sondern elfeinhalb Millionen Euro kostet – und die vollmundige Ankündigung des Stadtplaners D'Agostino Lügen straft, mit der Brücke die Touristenströme zu »verstreichen«: Über die preziöse Glasbrücke dürfen weder Rollkoffer noch Einkaufswägelchen gezogen werden. Weil sie wegen der Stufen für Behinderte ungeeignet ist, wird – für zusätzliche zwei Millionen Euro – seitlich an der Brücke eine eiförmige Metallkabine angebracht, die Behinderte transportieren soll und die von den Venezianern als *ovovia* verspottet wird, was so viel wie »Ei-Bahn« heißt.

Allerdings hat man nicht bedacht, dass jeder Sonnenstrahl die Kabine aufheizt, weshalb sich das Ei in einen Eierkocher verwandelt, nie benutzt und im Jahr 2020, zwölf Jahre nach der Einweihung der Brücke, verschämt entfernt wird, was die Kleinigkeit von weiteren zwei Millionen Euro kostet. Da sind die Glasstufen schon ebenso verschämt durch Trachytstufen ersetzt worden.

Unweit von der Brücke glänzt eine weitere urbanistische Glanzleistung der venezianischen Bürgermeister: der *people mover* – eine Kabinenbahn, die den Kreuzfahrthafen und die nahe gelegene Insel Tronchetto mit dem Piazzale Roma verbindet und statt der veranschlagten sechzehn Millionen die Kleinigkeit von vierundzwanzig Millionen Euro kostet. Geld, mit dem man auch die Vaporettoverbindungen von Tronchetto hätte verbessern können, um die überfüllte Strecke des Canal Grande zu entlasten. Zumal der *people mover* das Verkehrsknäuel an dem Piazzale Roma verstärkt, weil er die Kreuzfahrttouristengruppen an einer Stelle ausspuckt, wo sie versuchen müssen, sich todesmutig durch das Chaos von Bussen, Autos und Taxis durchzuschlagen, die bis hierhin fahren dürfen.

Hunderte von Palazzi werden in Luxushotels verwandelt, und seit Jahren gehen auch die Chinesen in Venedig auf Shoppingtour. Ihr Mekka ist das Luxuskaufhaus im Renaissancegebäude der deutschen Handelsniederlassung, das inzwischen von dem chinesischen Ableger der Luxusholding Moët Hennessy – Louis Vuitton betrieben wird.

Und das mit dem Mekka ist ganz ernst gemeint. Wer Zweifel daran hat, dass dem freien Markt wie einer Religion gehuldigt wird, dem kann ich nur den Besuch des Fondaco dei Tedeschi empfehlen. Unten im Erdgeschoss, dem einstigen Lichthof, befindet sich ein Café mit dem schönen Namen *Amo,* was sowohl »Ich liebe« als auch »Angelhaken« bedeuten kann: Es ist eines dieser Luxuscafés, das ebenso gut auch in einer tiefgekühlten Shoppingmall in Shanghai oder Berlin oder Cleveland stehen könnte und das, wie in Venedig inzwischen üblich, einem internationalen Investmentfonds gehört, der in Venedig Restaurants und Cafés betreibt.

Einmal habe ich dort einen Espresso getrunken und vergeblich nach dem prächtig verzierten Renaissancebrunnen gesucht, der einst in der Mitte des Lichthofs stand und der, wie die venezianischen Tageszeitungen berichteten und ich selbst es als Augenzeugin bestätigen kann, nach den Umbauarbeiten auf Rollen gestellt wurde, um im Café nicht immer im Weg rumzustehen.

Die langjährige oberste Denkmalschützerin der Stadt hat natürlich nichts gegen den Renaissancebrunnen auf Rollen einzuwenden gehabt. Schließlich hatte sie auch nie etwas gegen die fußballfeldgroßen Werbebanner auf den Palazzi gehabt, nichts gegen den Plattenbau des Hotels Santa Chiara am Canal Grande, nichts gegen die Reinigung der Rialtobrücke mit Eisenbürsten, nichts gegen die Kreuzfahrtschiffe in der Lagune, wobei die Tatsache vielleicht hilfreich war, dass ihr Mann Vertrauensanwalt der privaten Betreibergesellschaft des Kreuzfahrthafens ist. Aufgrund ihrer nützlichen Arbeit in Venedig durfte sie ihre Karriere in Rom fortsetzen.

Die Idee, einen Renaissancebrunnen wie einen Beistelltisch auf Rollen zu stellen, erinnerte mich an die Lampenschirme aus mittelalterlichen Pergamentmanuskripten, die ich im kalifornischen Hearst Castle gesehen habe, diesem amerikanischen Neuschwanstein, das von dem Zeitungsverleger William Randolph Hearst erbaut wurde. Warum also nicht ein Renaissancebrunnen auf Rollen? Vielleicht als origineller Mülleimer?

Der rollende Renaissancebrunnen war bereits verschwunden, als ich dort einmal einen Kaffee trank, vermutlich war er als störend ausgemustert worden. An jenem Vormittag kreisten unzählige chinesische Reisegruppen um das Café wie in Mekka die Pilger um die Kaaba, angetrieben von ihren schreienden Reiseführern. Ich dachte daran, wie ich einst vor dem Schalter wegen Briefmarken angestanden hatte, damals, als es hier noch eine Post gab und schlecht gelaunte Postbeamte. Heute werden wir hier von Fahrstuhlmusik berieselt. Und von Raumdüften.

Ich fragte mich, was die Reiseführer den Chinesen erzählen: Wo Bulgari ist? Auf welcher Etage die Raumdüfte verkauft werden?

Die – nunmehr chinesische – Handelsniederlassung in Venedig ist Teil der europäischen Expansionsstrategie des chinesischen Multis, wegen der man, wie der Vorstandsvorsitzende unterstrich, bereits mit Rom verhandelt habe, als Benetton angerufen habe: »Und wir dachten: Das ist ja eine unglaubliche Möglichkeit. *We could not dream a better situation!*« In der Tat ist die Situation optimal, in Venedig einsteigen zu können, ohne Zeit damit verlieren zu müssen, mit lokalen Autoritäten zu verhandeln: Die schmutzige Arbeit war da bereits erledigt. Sie mussten Benetton lediglich die angemessene Pacht für das Gebäude zahlen –, in diesem Fall hundertzehn Millionen Euro für die ersten Jahre – das Doppelte der Summe, die Benetton ausgab, um das Gebäude zu kaufen.

Noch ein paar Kleinigkeiten gefällig? Der spätbarocke Palazzo Ca' Corner della Regina wurde von der Stadt Venedig für vierzig Millionen Euro an Prada verkauft, samt der klitzekleinen Änderung im Baunutzungsplan, den Palazzo nicht nur als Showroom für Prada-Kunst, sondern auch gewerblich nutzen zu können – darin also Cafés, Restaurants und mindestens eine Prada-Boutique einrichten zu dürfen, sowie der Erlaubnis, das zweite Stockwerk privat zu bewohnen. Der Palazzo Grassi wurde dem französischen Multimilliardär François Pinault verpachtet, der dort nun seine Kunstsammlung ausstellt und so ihren Wert steigert, genau wie in der Punta della Dogana, dem ehemaligen Zolllager der Stadt, das er ebenfalls in einen Ausstellungsraum für seine Sammlung verwandelt hat. Es wurde ihm kostenlos auf dreißig Jahre überlassen im Gegenzug für die Umbauarbeiten, bei denen so viel Zement verbaut wurde, dass sich der fragile Boden unter der Punta della Dogana senkte.

Venedig hat sich in eine »Hedge-City« verwandelt, sagt die venezianische Architektin und Stadtplanerin Paola Somma: Keine Stadt mehr, sondern ein Investitionsfonds. Wer Geld hat, kauft sich ein Stück Venedig,

Die Stucky-Mühle, immerhin Venedigs bedeutendstes Industriedenkmal, wurde an den römischen Bauunternehmer Francesco Bellavista Caltagirone verkauft – mit der Ankündigung, dass hier neue Wohnungen für Venezianer entstünden. Tatsächlich verwandelte sich die Stucky-Mühle, unterbrochen von einer kleinen Brandstiftung, in eine Luxushotelanlage samt angeschlossenem Kongresszentrum.

Der Palazzo Ex-Pilsen am Bacino Orseolo wurde an die norditalienische Unternehmerfamilie Coin verkauft – ein Schnäppchen für nur achtundzwanzig Millionen Euro, samt der Änderung im Baunutzungsplan, das Gebäude gewerblich zu nutzen und in einen weiteren Megastore zu verwandeln, der jetzt an die Billigmodemarke Zara und das Hard Rock Café verpachtet ist, weil eine Stadt ohne

Billigmode und ohne Hard Rock Café nicht lebenswert sein kann. Jetzt stehen noch das Casino und die Rai-Niederlassung, der Palazzo Labia, zum Verkauf.

Jaja, ich höre schon auf.

Ca' Farsetti

Der Neoliberalismus ist ein Spiel, bei dem immer nur einer gewinnt und sehr viele verlieren. Die Tyrannei des freien Marktdenkens hat Venedig umgebracht. Heute wissen wir das alle, vor einem Vierteljahrhundert aber, als der venezianische Bürgermeister Cacciari dafür warb, *Venedig wiederzubeleben,* konnten wir nicht ahnen, dass er damit den Ausverkauf der Stadt meinte. Denn letztlich war es keine Naturgewalt, die Venedig zerstört hat. Es waren politische Entscheidungen. Venedig wurde geopfert auf dem Altar des Marktes.

Cacciari war für Venedig so vernichtend wie Berlusconi für Italien. So wie sich Italien bis heute nicht von den Berlusconi-Jahren erholt hat, so hat auch Cacciari in Venedig eine Schneise der Zerstörung hinterlassen. Zwölf Jahre lang regierte er die Stadt, genau wie Berlusconi auch wurde er nicht ein Mal, nicht zwei Mal, sondern drei Mal wiedergewählt.

Man kann also nicht behaupten, dass die Venezianer nicht gewusst hätten, was sie erwartete.

Als ich Cacciari einmal interviewte, geriet unsere Begegnung bereits in dem Augenblick in eine gewisse Schieflage, als ich mich von der Bank vor seinem Amtszimmer erhob. Vielleicht lag es daran, dass meine Absätze zu hoch waren. Jedenfalls erwies sich der Bürgermeister als erstaunlich klein, und ich war – okay, ich will jetzt nicht angeben, aber so sind nun mal die Fakten – mindestens einen Kopf, vielleicht aber auch zwei Köpfe größer als er.

Was nicht unbedingt ein guter Auftakt für ein Interview ist.

Also versuchte ich, ihm Komplimente zu machen, zu seinem Amtszimmer, das mit Stuck in Pistaziengrün und Altrosa verziert ist, zu dem wundervollen Blick auf den Canal Grande, zu seinem grazilen, an der Wand lehnenden silbernen Rennrad, womit der Bürgermeister zum Ausdruck bringen wollte, dass er nicht nur ein Mann des Geistes, sondern auch der Tat war – und zu dem Fahnenständer mit der venezianischen, italienischen und europäischen Fahne auch.

Alles, was Cacciari von mir wusste, war, dass ich eine deutsche Journalistin war, natürlich sagte ich ihm nicht, dass ich seit Jahrzehnten in Venedig lebte, ich war nichts anderes als ein menschliches Aufnahmegerät, wen juckt es, wo das Aufnahmegerät lebt, in Venedig oder Posemuckel. Schon die Aussicht auf Fragen nach der Zukunft Venedigs verdross ihn, er hatte wegweisende Werke wie die *Arbeit des Geistes* oder Essays mit Titeln wie *Großstadt. Baukunst, Nihilismus* geschrieben und litt schon bei dem Gedanken, sich wieder mal zum Verschwinden der Bäckerläden in Venedig äußern zu müssen. Als ich ihn mit niedergeschlagenen Augen fragte, was er denn gegen den Exodus der Venezianer und die Umwandlung von Venedig in ein gigantisches Luxushotel zu tun gedachte, war er kurz davor, mich aus dem Fenster zu werfen.

Kaum hatte ich das schreckliche Wort »Exodus« ausgesprochen, fing er an zu schreien. Das sei doch alles Scheißdreck!, brüllte er, obwohl ich noch gar nicht ausgesprochen hatte, was ich wirklich dachte, nämlich dass die Venezianer ein Hindernis für die Bauspekulation in Venedig sind – die von der Stadt gefördert wird: Wenn sie Nutzungsbeschränkungen aufhebt, explodiert der Wert einer Immobilie über Nacht. Die heutigen dreißig Millionen Touristen jährlich sind der Mehrwert, mit dem sich in Venedig alles verkaufen lässt. Eine kleine Änderung im

Baunutzungsplan bringt Millionen ein. Nicht umsonst wird das venezianische Rathaus auch »Ca' Farsetti Real Estate« genannt.

Es handele sich um ein Phänomen, das in allen Städten zu finden sei!, tobte er. Niemand würde sich darüber beschweren, dass das historische Zentrum von Mailand entvölkert sei, genau wie jenes von Rom oder Paris! Die Bewohner der Altstadt würden herausgedrängt in die Randgebiete der Stadt! Das sei völlig normal, und nur in Venedig beschwerte man sich darüber!

Als ich fragte, ob es nicht etwas kühn sei, Venedig lediglich als *Altstadt* zu bezeichnen, dies umso mehr, als sich die historischen Zentren von Mailand, Rom oder Paris meines Wissens nicht im Wasser befänden und man sich in Venedig nicht einfach in ein Auto setzen könnte, um einen Bäcker oder Gemüsehändler zu finden, rüttelte er an einem der Rokokostühlchen und schrie: Die menschliche Natur besteht aus Scheiße! Wir können die Entwicklung der Stadt nicht blockieren!

Bevor er mich aus dem Zimmer schieben konnte, nahm ich meine ganze Kraft zusammen, hielt mich am Türrahmen fest und fragte: Und was wird aus dem *Fondaco dei Tedeschi,* aus der Hauptpost? Bleibt sie oder wird sie auch ein Hotel? Worauf Cacciari schrie: Ich verteidige sie mit den Zähnen! Sie kostet fünfzig Millionen Euro – und ebenso viel die Renovierung! Und sie ist bereits im Baunutzungsplan als Hotelgewerbe eingetragen! Welche Forschungsgesellschaft, welches Dienstleistungsunternehmen gibt so viel Geld aus? Für ein Gebäude, das man nicht anrühren darf?

Da war der Deal mit Benetton schon in trockenen Tüchern.

Okay, als Journalistin erwarte ich nie, dass ein Politiker die Wahrheit sagt. Allerdings finde ich es ziemlich anstrengend, jemandem beim Lügen zuzuschauen.

Unterzeichnet hat den Deal Cacciaris Nachfolger Orsoni, der später wegen des Empfangs von Schmiergeldern für das Flutsperrwerk Mose zurücktreten musste.

Okay, es gibt Philosophen, die Antisemiten sind, andere haben den Nationalsozialismus unterstützt oder ihre Ehefrau umgebracht, Philosophen sind nicht unbedingt bessere Menschen und erst recht nicht bessere Bürgermeister.

Cacciaris Nachfolger im Amt führten seine Politik getreulich wie Testamentsverwalter weiter, selbst der parteilose Unternehmer Luigi Brugnaro unterscheidet sich nicht von seinen Vorgängern.

Nach seiner Zeit als Bürgermeister und zeitweiliger Europaparlamentarier zog sich Massimo Cacciari von seinen politischen Ämtern zurück und begann eine rasante Karriere als Talkshowgast. Man sieht ihn fast täglich in einer Talkshow zetern, manchmal schon morgens zum Frühstück. Heute weiß ganz Italien, dass Massimo Cacciari ein begnadeter Choleriker ist. Aber damals war dieses Wissen nur uns in Venedig vorbehalten.

In den Wochen nach dem apokalyptischen Hochwasser vom November 2019 sehe ich ihn einmal durch Venedig laufen. Es ist ein Tag, an dem uns das Wasser wieder bis zu den Knien steht. Massimo Cacciari humpelt wie ein Tourist mit hochgekrempelten Hosen und zwei schwarzen Müllsäcken an den Füßen durch eine Gasse. Und ich schäme mich für ihn.

Ruhrgebiet

Der Venezianer kennt die Geschichten von meinem Journalistenalltag bis zum Überdruss. Als Italiener hat er keine hohe Meinung vom Journalismus, und als wir uns kennenlernten, belächelte er mich, als ich mit heiligem Ernst seinem Vorwurf widersprach, dass Journalisten nichts anderes als die Erfüllungsgehilfen großer Interessen seien. Ich widersprach und sagte, dass der Journalismus eine wichtige und noble Aufgabe sei, die darin bestünde, die Wirklichkeit hinter den Lügen aufzudecken und die Mächtigen zu demaskieren, und war am Ende meiner Philippika über mich selbst erschrocken, weil ich so ernst und feierlich klang.

Das Problem ist, dass ich daran bis heute noch glaube. Was sich nicht unbedingt zu meinem Vorteil ausgewirkt hat.

Schon auf der Journalistenschule wurden wir darauf vorbereitet, dass die gesellschaftliche Anerkennung für Journalisten gleich null ist. Die Mutter eines Kollegen nannte ihren Sohn abfällig *Lohnschreiber*, was ich nicht verstand, was sollte schlecht daran sein, für das Schreiben bezahlt zu werden?

Aber im Grunde war mir egal, was man über den Journalismus dachte, ich hatte einen Auftrag.

Kurz nach meiner Taufe hatte mich mein Vater unter die Küchenlampe gehalten und gerufen: Schaut sie euch an, sie wird mal Auslandskorrespondentin!, obwohl niemand in der Familie wusste, was das war. Diese Geschichte wurde mir so oft erzählt, dass sie zum Mantra meines Lebens wurde.

Als ich drei Jahre alt war, starb mein Vater als Bergmann unter Tage. Als ich zehn war, ging ich aufs neusprachliche

Gymnasium und betrachtete das als ersten Schritt zum Auslandskorrespondententum. Als Abiturientin erläuterte ich meinen Berufswunsch einer Studienberaterin, sie unterbrach mich und sagte: Sie meinen, dass Sie Journalistin werden wollen.

Nein, sagte ich trotzig, ich will *Auslandskorrespondentin* werden.

Bald darauf studierte ich Romanistik und Sozialwissenschaften, schrieb für die *Münstersche Zeitung* über Karnevalsprinzen und über die Jahrestagung der Teppichreinigerinnung, absolvierte in Paris ein Praktikum bei Radio France Internationale und bewarb mich um einen Platz an der Journalistenschule, obwohl die Wahrscheinlichkeit, aufgenommen zu werden, geringer war als die, vom Blitz erschlagen zu werden.

Und der Blitz schlug tatsächlich in mich ein. Ich liebte den Journalismus schlagartig, bedingungslos und aufrichtig und trat in das Auslandsressort des *STERN* ein. Ich schrieb über senegalesische Marabouts, interviewte südsudanesische Rebellen im Bürgerkrieg und in Warschau einen polnischen Priester, mit dem ich mich anfreundete und der kurz darauf von Geheimdienstlern ermordet wurde. Ich traf mich in Prag mit einer Studentin, die vor meinen Augen verhaftet wurde, und wurde schließlich nach Venedig geschickt, in eine Stadt, die für mich exotischer war als der Südsudan, um ein Interview zu führen, aus dem nichts wurde.

Der Venezianer an meiner Seite weiß von meiner Bestimmung. Er bestärkt mich, wenn ich Venedig verlasse, um in Zentralchina mit chinesischen Katholiken durch Schlamm und ersten Schnee zu rutschen, mit weißrussischen Schwarzhändlern Lkw-Reifen über die Grenze bei Brest zu schmuggeln oder mich in emilianischen Supermärkten mit abtrünnigen Mafiosi zu treffen.

Er war es auch, der mich ermunterte, in das polnische Dorf zu fahren, aus dem mein Vater stammt und in das niemand aus meiner Familie jemals zurückgekehrt ist.

Für ihn ist es komisch, keine Wurzeln zu haben. Nichts wirklich als Heimat zu betrachten.

Der Venezianer trägt den Namen eines Dogen, es gibt mit seinem Namen hier Paläste und Sarkophage in Kreuzgängen von Klöstern und in den Gewölben von Kirchen. Für ihn ist das normal, für mich ist es seltsam.

Und wenn ich zu erklären versuche, dass ich als Tochter von ostpreußisch-schlesischen Flüchtlingen so etwas wie Heimat nie gehabt habe, was ich jedoch nicht als Verlust betrachte, sondern als Freiheit, blickt er mich mitleidig an.

Falls du morgen beschließen würdest, nach China zu ziehen, würde ich sofort den Koffer packen, sage ich.

Der Venezianer lächelt und streichelt mir über die Wange wie einem Kind. Er weiß, dass er nie auf die Idee kommen wird, nach China zu ziehen. Er wird krank, wenn er aus dem Fenster blickt und kein Wasser sieht, das sechs Stunden in die eine und sechs Stunden in die andere Richtung fließt.

Außerdem ist er viel zu sehr damit beschäftigt, Venedig zu retten. Brüchige Fundamente wieder zu stärken, vermoderte Balken zu ersetzen ist seine Bestimmung.

Dorsoduro

Der Venezianer steht am Ufer und dirigiert einen Lastkahn, in den ein paar Meter von unserem Bootssteg entfernt Bauschutt von seiner Baustelle geladen wird. Im Laufe seines Lebens hat er halb Venedig renoviert. Andere mieten ein Geschäft und ziehen zehn Tage später ein, nachdem sie die brüchigen Mauern hinter Rigipsplatten verborgen haben. Er baut die Mauer neu.

Einmal hat er einen Laden gemietet, der auf Pfählen in den Kanal gebaut ist, die Pfähle waren morsch, er hat sie ersetzt, weil er der Meinung ist, dass Venedig nicht allein aus dem Dogenpalast oder der Markuskirche besteht, sondern auch aus vielen kleinen, scheinbar unwichtigen Dingen, die es zu erhalten gilt: Dinge des täglichen Lebens, die uns die Einzigartigkeit Venedigs nahebringen. So wie diese Pfähle, auf denen das Geschäft ruht, und in dem heute Chinesen ihren Plastikramsch verkaufen.

Er hat auch den Palazzo gerettet, in dem wir wohnen, was zur Folge hatte, dass wir die ersten gemeinsamen vier Jahre in Venedig auf einer Baustelle verbrachten. Die Baustelle wurde zu einer Belastungsprobe unserer Beziehung, weil ich zu diesem Zeitpunkt noch nicht wusste, dass der Venezianer Palazzi als Patienten betrachtet, die es zu retten gilt.

Unsere Wohnung befindet sich im *Piano Nobile,* der Adelsetage eines Palazzos, der von einer Baufirma aus Padua mit Stahlzement und Rigipsplatten renoviert wurde, was für den Venezianer so etwas ist wie ein Auftragsmord.

Als er mich zum ersten Mal in unsere Wohnung führte, sah ich nichts anderes als eine Ruine. Ein Trümmerfeld voller Zementsäcke, Mörtelpfannen, Holzlatten, in denen rostige Nägel steckten, Sandhaufen und Plastikrohre. Der Venezianer sah einen lichtdurchfluteten Salon, er sah Stuckrosetten, Girlanden, Lilienkelche, Blütenrispen. Lebensbäume, Mäander und Blendsäulen. Ich sah vermoderte Rigipswände.

Er sprach über den Terrazzoboden, das Ausbessern der Marmorkapitelle und die Notwendigkeit, einen *maestro decoratore* zu finden. Ich wusste nur, wie man Raufasertapeten anstreicht.

Jahrelang lebten wir in nur einem Raum, der Rest der Wohnung wurde von den Handwerkern beherrscht, Kalkstaub rieselte auf die Tastatur meines Computers, neben mir wurde gehämmert, gebohrt und geschliffen, ich rauchte Kette und fragte mich, ob es sich selbst verlängernde Baustellen gab.

Am Ende hatte ich das Gefühl, mit den Handwerkern verwandt zu sein. Mit dem Stuckateur, der in unserem Kühlschrank Hasenleim aufbewahrte. Mit dem Schreiner, dem drei Finger fehlten. Mit dem herzkranken *maestro decoratore,* auf den wir so lange warteten, bis ihm ein neues Herz eingesetzt wurde. Der heimlich rauchte und trank und die Fichtenholztüren in Nussbaumtüren verwandelte. Der das *teatrino* dekorierte, Stuckmarmor in die Supraporte modellierte, Blumen in kleinen, sanften Tuschestrichen auf die Wände zeichnete und auf den Alkoven einen Paradiesvogel malte, ein Paradiesvogel wie jener aus dem Mosaik der Markuskirche, er malte ihn mit sehr viel Gold und Türkis.

Unser Palazzo ist der einzige, den er mit seinem neuen Herzen dekoriert hat. Danach ist der Dekorateur gestorben.

Der Geruch von Mörtel und frischem Putz umgibt den Venezianer bis heute. Als er mich zum ersten Mal auf die Baustelle des Palazzos in Dorsoduro führte, den er seit Jahrzehnten renoviert, sah ich nichts als modrige Wände, von denen der Putz schon vor Jahrhunderten abgefallen war. Ich sah ein geborstenes Dach aus Milchglas, löchrige Mauern, in denen Unkraut wuchs, und gebrochene Deckenbalken.

Wenn er über seine Bauarbeiten spricht, klingt der Venezianer, als würde ein Chirurg über seinen Versuch berichten, einen Patienten zu retten, der von den Ärzten als unheilbar erklärt wurde. Oder ein Biologe, der die Bedeutung der Biodiversität erklärt. Und so, wie jeden Tag Bienen sterben, weil Nervengifte versprüht werden, werden in Venedig jeden Tag Palazzi zu Tode renoviert. Im Grunde ist so ein Palazzo aus dem 14. Jahrhundert eben auch nichts anderes als eine seltene Art riffbildender Korallen.

Der Venezianer bewegte sich in der Palazzoruine wie Heinrich Schliemann auf der Suche nach Troja. Hinter fauligem Backstein entdeckte er gotische Bögen und die Reste eines Brunnens unter Zement. Er bewies seinem Architekten, dass unter dem geborstenen Glasdach einst ein Garten war, ein Garten, ausgerichtet nach dem sonnenbeschienenen Süden, so wie es üblich war bei gotischen Palästen in Venedig.

Er löste Marmorsäulen aus dem Mauerwerk und beauftragte seinen Architekten, dem Denkmalschutzamt klarzumachen, dass ein venezianischer Palazzo nur gerettet werden könne, wenn er wiederhergestellt würde. Wenn er befreit würde von den Gewaltakten der letzten idiotischen Jahrhunderte. Von Treppen und Mauern und Durchbrüchen, die sich im Laufe der Zeit durch den Palazzo gefressen hatten und ihn um sein Gleichgewicht brachten. Denn mit dem Ende der Republik brach nicht nur der Mythos Venedig zusammen, sondern auch die venezianischen Palazzi: Adelige Familien starben aus, weil sie sich weigerten, sich weiter fortzupflanzen, Palazzi standen leer, wurden geteilt und billig abgestoßen, viele Patrizier begannen damit, in ihre Palazzi Zwischenetagen und Hintertreppen einzuziehen, um ihre Häuser in kleinen Teilen zu verkaufen.

Weshalb die Rettung dieses Palazzos auch die Rettung eines Stücks Venedigs bedeutete.

Jeden Vormittag besucht der Venezianer die Baustelle in Dorsoduro und erkundigt sich nach dem Stand der Bauarbeiten. Seit Jahrzehnten gehört dieser Palazzo zu seinem Alltag und damit auch zu meinem. Er ist seine heimliche Geliebte.

Der Venezianer leidet, wenn er sich fern von seiner Baustelle befindet. Wenn wir verreist sind, telefoniert er stundenlang mit seinem Architekten, mit dem er selten einer Meinung ist. Der Venezianer hat Ideen und der Architekt Vorschriften. Er verweist auf Verordnungen und Standards, die nicht überschritten werden dürfen. Die Baubehörde. Der Wassermagistrat. Das Denkmalschutzamt.

Der Venezianer regt sich auf. In einen Renaissancepalazzo dürfen Rolltreppen gebaut werden, und mir wird verboten, eine morsche Mauer zu renovieren?

Den Palazzo in Dorsoduro hat er vor dem Einsturz gerettet, indem er ganze Mauern Stein für Stein ersetzt hat. Er führt mit dem Architekten lange Diskussionen darüber, wie hoch der Boden gelegt werden soll, damit das Erdgeschoss bei Hochwasser nicht überflutet wird. Reichen die obligatorischen ein Meter dreißig angesichts der Aussicht, dass der Meeresspiegel rasend schnell steigt? Oder sind nicht ein Meter achtzig angemessener?

Seitdem ich den Venezianer kenne, weiß ich, dass es sinnlos ist, in Venedig eine Wand mit neuen Mauersteinen zu renovieren, weil neue Mauersteine industriell – *industriell!* – gefertigt sind, keine Abwehrkraft haben und das Wasser wie ein Schwamm aufsaugen.

Er lässt alte Mauersteine aufkaufen. Mauersteine, die ihrerseits bereits eine jahrhundertlange Geschichte haben, die aus widerstandsfähigerem Ton gebrannt sind und dem Salzwasser widerstehen. Und diese Mauersteine werden von den Arbeitern Stück für Stück beäugt, abgebürstet und gereinigt, bevor sie eingesetzt werden.

Für ihn hat jeder Mauerstein, jeder Deckenbalken, ja jeder Mosaikstein eine Geschichte. Bis ich den Venezianer traf, habe ich noch nie darüber nachgedacht, dass auch Mauersteine eine Vita haben könnten.

Einmal erzählt er mir von einem Mosaikleger, der früher im Markusdom gearbeitet hat und ihm beim Legen eines kleinen Mosaiks erklärt hat, dass es einst eine Arbeitsteilung unter den Mosaikkünstlern gab: Also dass einige nur für Gesichter und Füße zuständig waren, andere nur für die Gewänder, weshalb sie nur blaue, rote und grüne Steine legten, wieder andere waren nur für den goldenen Hintergrund verantwortlich.

Seitdem weiß ich, dass der Hintergrund zuletzt gelegt wird und dass auf den noch nassen Putz eine farbige Skizze der geplanten Szene angebracht wird, die dann noch korrigiert werden kann, falls der Kopf zu groß ist oder die Neigung einer Figur geändert werden muss, und dass die einzelnen Mosaiksteine in den nassen Mörtel gedrückt werden.

Daran denke ich jedes Mal, wenn ich im Markusdom bin oder in der Kathedrale von Torcello, wo das himmlische Personal in den goldfunkelnden Mosaiken die Parade der vorbeiziehenden Besucher abnimmt.

Wenn ich auf die Engelsschwärme mit Flügeln spitz wie Schwerter blicke und auf die Apostel, die nicht versäumen, uns mit mahnend erhobenem Zeigefinger auf unsere Flüchtigkeit aufmerksam zu machen, denke ich an die Truppe, die zuständig war für den goldenen Hintergrund der Kuppel, in der die Madonna schwebt. Und ob der Mosaikmeister vielleicht nicht zufrieden war mit der Größe der Köpfe des Jüngsten Gerichts. Oder dass die Lanzen der Himmelsboten vielleicht nicht spitz genug waren, um uns in die Flammen des Verderbens zurückzustoßen.

Und der Venezianer versäumt auch nicht zu betonen, dass die venezianischen Mosaikkünstler in die ganze Welt gerufen wurden, zuallererst nach Rom. Bis die venezianischen Dogen, pardon, die Republik, dem einen Riegel vorschob: Macht euch eure Mosaiken alleine!

Das gefällt dem Venezianer am besten. Weil es wieder mal beweist, dass sich Venedig nicht kaufen ließ, nicht mal für die Schmeichelei, über die besten Mosaikkünstler zu verfügen. Scheiß-Rom! Scheiß-Vatikan!

Denn wie alle Venezianer ist auch er ein dezidierter Antiklerikaler, der sich bei der alleinigen Erwähnung des Wortes »Vatikan« stets in lange Schmähreden verliert.

Ich mag es, wie der Venezianer die Geschichte des venezianischen Mosaiks herunterbricht. Im Angesicht eines Kunstwerks erstarrt er nicht vor Ehrfurcht, sondern ist neugierig wie ein Kind, das einfach nur verstehen will, wie etwas funktioniert. Vielleicht muss man in einer Stadt wie Venedig aufgewachsen sein, um einem Kunstwerk selbstbewusst entgegentreten zu können, ohne gleich auf die Knie zu fallen. In einer Stadt, in der sich auf der Fassade einer winzigen Kirche mehr Barockskulpturen versammeln als in den Nationalmuseen ganzer Staaten, wo man auf dem Weg zum Zeitungshändler eine Renaissancetreppe passiert, eine Barockkirche und einen gotischen Palazzo.

Als ich mit dem Venezianer durch seine Baustelle in Dorsoduro laufe, vorbei an Arbeitsbühnen und Gerüsten, balancierend über Wasserschläuche und Steinstapel, muss ich darauf achten, im Dunkeln nicht in irgendeinen Mörtelkasten zu fallen. Der Venezianer erklärt mir, dass er meinen Anruf am Morgen nicht beantworten konnte, weil er mit der Ankunft von irgendetwas Superwichtigem beansprucht war, logistisch eine ziemliche Herausforderung, praktisch eine Anreise aus Übersee.

Ich bin so froh, dass sie endlich da sind, sagt er und klingt, als seien liebe Verwandte aus Amerika angereist. Er zeigt auf den Raum nebenan und fragt: Willst du sie sehen?

Ähem, ja, stottere ich, und schon führt er mich nach nebenan, deutet ins Halbdunkel – wo ich nichts anderes sehe als einen Stapel Holz. Genauer gesagt: verstaubte, alte Balken. Secondhandbalken, soweit ich das beurteilen kann.

Una meraviglia, sagt er, Prachtstücke seien diese Balken, mit einem Duft, als sei dieses Holz erst gestern gefällt worden. Ich schnüffele, rieche aber nichts.

Er spricht über diese Balken so anerkennend, als handele es sich um Papyrusrollen: Dreiundzwanzig Lärchenbalken aus dem 19. Jahrhundert, Holz mit Geschichte – in Nicaragua gewachsen, nach Nordamerika verkauft, in einer Fabrik in Massachusetts verbaut und nach deren Abriss vom Venezianer erlöst.

Nur dieses antike Lärchenholz eigne sich dafür, die Aufgabe als Deckenbalken in einem venezianischen Palazzo zu übernehmen! Nur dieses Holz widerstehe der Feuchtigkeit! Balken, deren Bestimmung es sei, diesen venezianischen Palazzo zu retten, und die dafür um die Welt gereist seien!

Am Ende seiner Eloge könnte man meinen, dass er mit ihnen verwandt sei, aus dem gleichen Holz geschnitzt, einem Holz des Widerstands gegen die Barbarei, die darin besteht, in einen venezianischen Palazzo eine Decke aus Beton einzuziehen.

Als der Venezianer einmal schwer krank ist, führt ihn sein erster Weg nach der Entlassung aus dem Krankenhaus auf seine Baustelle.

Ich weiß noch, wie ich ihm nachblicke, als er den Campo Santa Maria del Giglio überquert. Er läuft so schnell, als könnte er das Wiedersehen mit seiner Baustelle nicht erwarten.

Palazzo Pesaro degli Orfei

Eigentlich berauscht sich der Venezianer fortwährend an der Schönheit seiner Stadt. Erst gestern Abend, als wir unweit der Calle dei Assassini im strömenden Regen eine Pizza essen und das Wasser vom Himmel fällt wie im Film, gesteuert von einer gigantischen Regenmaschine, ein Humphrey-Bogart-Regen, ein Wolkenbruch, der nach Männern mit Schlapphüten und hochgeschlagenen Mantelkragen verlangt. Wir sitzen draußen unter der Markise, auf die der Regen trommelt, was den Venezianer an das Geräusch erinnert, das er immer hörte, wenn er als Kind in einer Bude aus Kartons saß, die er sich auf dem Campo San Gallo gebaut hatte.

Seine Kindheit begleitet ihn in Venedig auf jedem Schritt, manchmal reicht ein Regentropfen, und schon ist sie wieder da. Und weil er an seine Bude aus Karton denkt, fängt er an, von der wunderbaren Fassade der winzigen Kirche von San Gallo zu schwärmen, von ihrer anmutigen Giebelfront mit dem pudrigen Rosa. Und während ich im Gegenlicht der Straßenlaterne riesige Tropfen fallen und auf dem Pflaster zerplatzen sehe, sagt der Venezianer: Venedig ist doch die schönste Stadt der Welt.

Ein amerikanischer Soziologe hat einmal gesagt, dass die Wahl der Stadt, in der man lebt, eine der wichtigsten Entscheidungen des Lebens ist. Er fand diese Entscheidung sogar noch wichtiger als die der Wahl eines Lebenspartners. Ich habe aber gar nichts entschieden. Venedig ist mir zugestoßen, es war im Grunde ein Unfall. Weil der Venezianer nicht ohne Venedig zu haben war. Ihm fehlt Venedig schon, wenn er nach Mestre fahren muss. Wenn er über den Ponte della Libertà zurück nach Venedig fährt, ist er erleichtert: Endlich wieder Wasser! Er war es, der mich Venedig lieben gelehrt hat.

Venedig ist für ihn viel mehr als eine Stadt, es ist sein Schutzengel, vielleicht auch seine Familie – auf jeden Fall etwas, das dich liebt. Venedig hat ihm Schönheit geschenkt und ihn gelehrt, aus der Geschichte zu lernen. Venedig tröstet ihn, wenn es ihm schlecht geht. Und er sieht, wie verletzlich die Stadt geworden ist, weshalb man sie beschützen muss. Die Flügel des Schutzengels sind brüchig geworden. Außerdem hält er immer zu den Schwächeren.

Und irgendwann war es auch bei mir so. Weshalb ich sagen kann: Für Leute mit exzessivem Gerechtigkeitssinn ist Venedig definitiv der falsche Ort. Auf Schritt und Tritt stößt man auf Ungerechtigkeiten, weshalb man ständig das Gefühl hat, Venedig verteidigen zu müssen. Als konkretes Lebensmodell und als Utopie.

Und weil Venedig ein reales Traumgebilde ist, eine vollstreckte Unmöglichkeit, zieht die Stadt deshalb besonders Menschen an, die an genau diese Utopien glauben – und sie verwirklichen wollen. So einer war Mariano Fortuny. Und es ist kein Zufall, dass der Venezianer an meiner Seite in Fortuny eine verwandte Seele sah. Die es zu retten galt.

Bis heute wissen die wenigsten, wer Mariano Fortuny war. Ich war eine davon, als ich dem Venezianer begegnete und er mir das Haar aus dem Gesicht strich, nach dem Besuch in seinem *laboratorio,* seiner Werkstatt in diesem Palazzo, der für mich mit den mit Samt bespannten Wänden aussah wie ein verwunschener, aus der Zeit gefallener Ort.

Der Venezianer erzählte mir seine Begegnung mit Mariano Fortuny wie eine Erweckungsgeschichte. Alles begann zu der Zeit, als er noch als Fotograf arbeitete. Mitten im Pop-Art-Delirium. Er hat sie alle fotografiert. Roy Lichtenstein. Rauschenberg. Jasper Johns. Mehrere Leben her. Der

Venezianer an meiner Seite hat sich angewöhnt, nicht mehr darüber nachzudenken, wie die Zeit verstreicht. Deshalb sagt er auch immer nur *vor langer Zeit,* nie neunzehnhundertsoundso. Überhaupt neunzehnhundert: Es sei schon deprimierend genug, nicht leugnen zu können, zu einem vergangenen Jahrhundert zu gehören, geschweige denn, das auch noch nachzurechnen, findet er.

Als er sich in eine halb verwelkte Seidenlampe verliebte, begab sich Venedig gerade auf den Pop-Art-Trip. Man verehrte Warhol, und Mariano Fortunys orientalische Traumwelt war weiter weg als der Mond, auf den zu fliegen man sich gerade anschickte. Der Venezianer war siebzehn Jahre alt und der einzige Besucher im Palazzo Pesaro degli Orfei, wo die Zeit in den schweren Stoffen hängen geblieben war, die Salons sich mit Samt, Seidenlampen und mit schwerer, bedruckter Baumwolle schmückten. Überall Gemälde und *Souvenirs de voyage.* Straußeneier, Schildkrötenpanzer, Sarazenenschilder. Darüber lagen Staub und Vergessen. Für Mario, den Museumswächter, war Fortuny ein Genie. Hier hat der Zauberer gewohnt, sagte er, wenn der junge neugierige Venezianer mal wieder ins Museum kam und jene Welt bestaunte, die vor seinen Augen langsam zerfiel.

Mariano Fortuny war Maler und Graveur, Bildhauer und Fotograf, Bühnenbildner und Lichttechniker. Für die Venezianer der Sechzigerjahre war er nur der Name eines Palazzos am Campo San Beneto.

In jenen fortschrittsgläubigen Sechzigerjahren waren sowohl die Gotik als auch Fortunys verstaubte Fin-de-Siècle-Venedig Lichtjahre entfernt. Obwohl der Palazzo Fortuny genannte Palazzo Pesaro degli Orfei noch heute nach dem Dogenpalast der größte gotische Palazzo Venedigs ist, konnte er nicht mit Warhols Suppendosen konkurrieren.

Der Venezianer nahm begierig alles auf, was er über Mariano Fortuny in Erfahrung bringen konnte: Dass Fortuny

1889 mit seiner Schwester und seiner Mutter nach Venedig gezogen war, da war er achtzehn Jahre alt. Dass Fortunys Vater, ein Maler, kurz zuvor verstorben war und die Witwe sich für Venedig weniger aus romantischen Gründen, denn aus Sparsamkeit entschieden hatte, weil Venedig billiger war als Paris. Dass die Familie aus Granada stammte, wo die Fortuny y Madrazo eine bedeutende Künstler- und Kunstkritikerfamilie waren. Das Fin-de-Siècle-Venedig zog viele Künstler an, es kam vor, dass an einem Nachmittag D'Annunzio, Eleonora Duse, Rilke, die Comtesse de Noailles und Hugo von Hofmannsthal zusammensaßen.

Als der Venezianer Mitte der Sechzigerjahre zum ständigen Besucher des Palazzo Fortuny wurde, waren die Seidenlampen bereits fadenscheinig. Mariano Fortuny war 1949 gestorben, sein Tod hatte seine Frau Henriette völlig gelähmt. Überstürzt hatte sie die Giudecca-Fabrik an ihre amerikanische Agentin Elsie Lee-McNeill verkauft, die nachmalige Contessa Gozzi-Lee – verbunden mit der Auflage, dort nur die Baumwollstoffe nach Fortuny-Vorlagen zu bedrucken. Als Henriette Mitte der Sechzigerjahre starb, nahm sie das Geheimnis des Seidenplissées und der Seidenlampen mit ins Grab.

In den folgenden Jahren kroch der Venezianer in alle Fältelungen von Fortunys Schaffen. Er suchte nach Dingen, die eine Verbindung zu dem Magier schufen. Er forschte in Nachlässen, die Erben für wertlos erachteten, er suchte auf Flohmärkten und in den verstaubten Lagern venezianischer Antiquitätenhändler. Er fand Stoffe, Lampen, Borten, Holzstempel, Bücher, Dokumente, Fotografien und Bilder. Er verstand, dass sich Mariano Fortuny zeitlebens als Maler betrachtet hatte, obwohl die Malerei nie seine Stärke gewesen war. Dass er viele Talente gehabt hatte und sich selbstbewusst in der Tradition eines Universalgenies wie Michelangelo sah, indem er Bühnenbilder entwarf und das System der indirekten Bühnenbeleuchtung entwickelte. Eine von ihm erfundene mobile Theaterkuppel ermöglichte es, wechselnde Landschaften und Himmel auf die Bühne zu projizieren, die Reformatoren des modernen Theaters riefen ihn an zahlreiche europäische Bühnen von Paris bis Berlin. Fortuny war ein Tüftler. Neben dem ersten Reflektorscheinwerfer erfand er eine »Bogenlampe, die in allen Positionen funktioniert«, einen »nicht ins Wanken zu bringenden Garderobenständer« und eine »Vorrichtung, die es ermöglicht, die Stärke des Lichts zu variieren«. Kaum erfunden, wurde alles sogleich patentiert. Mehr als fünfzig Erfindungen meldete Fortuny in Paris beim *Office National de la Propriété Industrielle* an. Zeitlebens verfolgte ihn die Sorge, kopiert zu werden.

Richtig berühmt jedoch wurde Fortuny durch seine Kleider, die er mit seiner einzigen Vertrauten, der Ehefrau Henriette, herstellte. Als Henriette 1902 nach Venedig kam, stürzte der Glockenturm vom Markusplatz ein, worin Fortunys Mutter ein schlechtes Omen sah. Sie war von der *petite bourgeoise* nicht begeistert, die ihr den Sohn wegnehmen wollte. Henriette würde jedoch zeitlebens Fortunys Muse und Assistentin sein, die vom Färben der Seide bis zum Bedrucken der Stoffe jede Arbeit klaglos übernahm.

Im Jahr 1907 entwarf Fortuny, inspiriert von griechischen Tuniken, ein Kleid aus plissiertem Seidensatin, das er *Delphos* nannte und das ihm Weltruhm einbringen würde. Das Kleid wurde von Hand gefältelt und in verschiedenen Schritten gefärbt, sodass es je nach Licht anders schillerte. Der Schnitt war einfach, schmeichelte der Figur und verwandelte die Trägerin in eine Mischung aus antiker Göttin und orientalischer Prinzessin. Gehalten wurde es von Muranoglasperlen, die es nicht nur zierten, sondern der Seide auch das nötige Gewicht gaben. Damit sich das Plissee nicht aushing, wurde es wie ein Wollstrang gewunden aufbewahrt, was es sehr praktisch für Reisen machte. Fortuny ließ sich das Kleid und das System des Färbens und Plissierens patentieren.

Das Delphos passte zur Stimmung des neuen Jahrhunderts wie der Minirock später zur Pop-Art. Gerade begann man, die Nacktheit zu entdecken und den Körper ohne falsche Scham anzunehmen. Das Delphos wurde zu einem programmatischen Kleidungsstück. Es verhüllte und enthüllte gleichzeitig und unterstrich auf weiche, natürliche Weise die Körperkonturen – womit es dem Geschmack der klassizistischen Künstler ebenso wie den Idealen der Ausdruckstänzerinnen entsprach. Isadora Duncan, Ruth St. Denis und später Martha Graham – alle traten in Fortunykleidern auf.

Trotz aller Erfolge verstand sich Fortuny nie als Modedesigner, sondern als Künstler, der auch Kleider entwarf. Er malte weiterhin, widmete sich seinen Beleuchtungsprojekten, richtete mit seinen Stoffen ein und entwarf die Seidenlampen – auch sie im orientalischen Stil, bemalt mit islamischen Motiven, aufgehängt an Seidenschnüren, verziert mit Perlen aus Muranoglas, in Formen, die teils byzantinisch, teils chinesisch anmuteten. Anders als die Kleider gingen die Lampen jedoch nicht in Serienproduktion, mehr als zwanzig Prototypen stellte Fortuny nicht her.

Zwanzig Jahre nach dem Tod von Henriette war das Werk Mariano Fortunys in Venedig völlig in Vergessenheit geraten. Der Palazzo Pesaro degli Orfei war ein Museum in sehr schlechtem Zustand. Fortuny hatte sein Werk und den Palazzo der Stadt Venedig hinterlassen, die allerdings wenig Verantwortungsgefühl für das Geschenk zeigte. Der Venezianer beobachtete, wie nach und nach viele Ausstellungsstücke aus dem Museum verschwanden.

Zwanzig Jahre vergingen nach der ersten Begegnung des Venezianers mit Fortuny, dem Zauberer. Der Venezianer hatte als Fotograf und Kunsthändler gearbeitet und beschloss, seinen Jugendtraum zu verwirklichen und Mariano Fortunys Werk wieder zum Leben zu erwecken. Der Zauberer machte es ihm allerdings nicht leicht. Fortuny, der sich zeitlebens davor fürchtete, kopiert zu werden, ließ sich seine Geheimnisse nicht kampflos entreißen. Sein Patent war so angelegt, dass es theoretisch verriet, wie Seide plissiert und onduliert werden konnte. Theoretisch. Praktisch aber nicht. Plissee ist nicht Plissee. Mal fällt die Seide nicht richtig, mal verlieren die Falten sofort an Spannung. Der Venezianer befragte die beiden einzigen noch lebenden Mitarbeiterinnen von Mariano Fortuny, zwei alte Venezianerinnen, aber die verrieten kein Sterbenswörtchen mehr als das, was auch im Patent stand. Er befragte Henriettes *cicisbeo,* wie man in Venedig den Hausfreund nennt, der sie in den letzten Jahren vor ihrem Tod durch Europa begleitet hatte, aber auch der hatte Gedächtnislücken. Es blieb nichts anderes als *learning by doing*. Die anfängliche Liebhaberei verselbstständigte sich. Fortuny wurde für den Venezianer zur Besessenheit. Er gründete das »Venetia Studium« und stellte Mitarbeiter ein, die ihm bei dieser ehrgeizigen Grundlagenforschung helfen sollten. Es dauerte vier Jahre, bis der Venezianer mit seinem Plissee halbwegs zufrieden war. Richtig zufrieden war er erst nach sieben Jahren.

Ich kann das bestätigen, denn da lebten wir schon zusammen. Aber glauben Sie nicht, dass mir der Venezianer das Geheimnis des Plissierens offenbart hätte. Es mag daran liegen, dass er mich für unfähig hält, handwerkliche Zusammenhänge zu erfassen, was ich natürlich von mir weise: Ich mag unbegabt sein, was die praktische Umsetzung betrifft, nicht aber, was theoretische Zusammenhänge betrifft. Tatsache ist, dass der Venezianer an meiner Seite selbst mir niemals das wahre Geheimnis des Plissees enthüllt hat.

Nicht nur wenn es um die Bewahrung von Geheimnissen geht, ist er Mariano Fortuny ebenbürtig. Auch was die Besessenheit betrifft. Zum Beispiel die Lampen. Von wegen einfach nur ein Metallgestell, das mit Seide bespannt wird, die bemalt wird. Allein zwei Jahre braucht er, um das Metallgestell zu rekonstruieren. Und welche Seide taugt zum Bespannen, die so transparent ist, dass sie jenes magische Licht zaubert? Mit welchen Farben wird sie bemalt?

Er seziert den Orientalismus. Er legt die islamische Ornamentik frei und dechiffriert ihre Einflüsse auf Venedig.

Wir reisen durch Nordafrika und Asien, nach China und Vietnam, und ich werde Zeugin, wie beglückt der Venezianer ist, als er kurz hinter dem Wolkenpass kleine Lampions vor den Häusern hängen sieht, die eine Ähnlichkeit mit Fortunys chinesischen Lampen haben. Auf einem Flohmarkt in Peking kauft er einen antiken Vogelkäfig, weil dessen Haken zu Fortunys chinesischer Lampe passen wird. Er sammelt antike islamische Schilder, die als Vorbild für die Lampe *Scudo Saraceno* dienten, und er tyrannisiert die Muranoglashersteller, weil er genau die eine Perle haben will, die wegen des Aufwands keiner mehr herstellen will. Er bedruckt Samt und Baumwolle und stellt Accessoires her. Die Nachfrage ist so groß, dass sie wie eine Flutwelle über dem Unternehmen zusammenschlägt. Handarbeit braucht Zeit. Für die Herstellung einer Scheherazade-Lampe braucht eine Person zehn Tage. Allein das Bemalen der Seide dauert sieben Tage. Alles originalgetreu.

Das Einzige, was sich seit Fortuny geändert hat, sind die Frauen. Denen kann man heute nur schwer begreiflich machen, dass sie in einem Delphos nicht schwitzen und nicht sitzen sollen, vor allem nicht auf einem Plastikstuhl. Kurz: Dass sie mit einem echten Delphos am besten auf einem Stehempfang aufgehoben sind.

Nach einigen Jahren platzt der Palazzo, in dem sich die Werkstatt befindet, aus allen Nähten. Also macht sich der Venezianer auf die Suche nach einem neuen geeigneten Ort – der sich selbstverständlich in Venedig befinden muss. *Made in Venice* meint er ganz wörtlich. Er ist der Meinung, dass alles, was er herstellt, die Lampen, die Stoffe, die Schals und die Kleider, nur dann Venedig atmen kann, wenn es auch hier entsteht. Er will damit ein Zeichen setzen: Venedig nicht dem Untergang preisgeben, nicht resignieren, sondern Arbeitsplätze in Venedig schaffen, die nicht vom Tourismus abhängen, etwas zu schaffen, das mit Venedig zu tun hat, venezianisches Kunsthandwerk am Leben halten.

Schließlich mietet er eine verlassene Plätzchenfabrik in Cannaregio und eine alte Lagerhalle in unmittelbarer Nähe, am Rande der Lagune. Das Dach der Plätzchenfabrik ist eingestürzt, und in den Mauerritzen wächst Unkraut. Eigentlich ein Fall für Industriearchäologie. Aber der Venezianer lässt sich nicht entmutigen und renoviert die Fabrik und den Werkschuppen aufwendig, was sonst.

Als er in die Plätzchenfabrik umzieht, wird er für verrückt erklärt. Niemand kommt mehr auf die Idee, in Venedig zu produzieren. Die Europäer sind gerade der Welthandelsorganisation beigetreten, die Zeitungen bejubeln die Globalisierung – und die italienischen Unternehmen wandern in Scharen aus Italien ab: Erst nach Slowenien, Kroatien und in die Slowakei, dann nach China oder Bangladesch. Bis auf eine winzige Belegschaft zur Aufrechterhaltung des *Made in Italy* werden die italienischen Arbeiter nach und nach entlassen, und die Gewerkschaftssekretäre machen ihnen klar, dass sie zu ihrem eigenen Wohl entlassen werden. Weil man zur Rettung der italienischen Wirtschaft nur noch in Bangladesch oder China produzieren könne.

Es ist die Zeit, als Venedig vonseiten der Politik als verloren erklärt wird und der Ausverkauf der Stadt beschlossene Sache ist. Ein Venezianer, der beweist, dass in Venedig sehr wohl noch Raum ist für Handwerk und verarbeitendes Gewerbe, ist in dieser Welt nicht vorgesehen.

Einmal kauft der Venezianer eine riesige Maschine, mit der Stoff gefärbt und bedruckt werden soll. Monatelang zieht sich die Frage des Transports und der Installation der tonnenschweren Maschine hin, die aus Österreich anreist. Es ist die einzige Maschine, die den hohen Ansprüchen des Venezianers entspricht. Er hat sie auf der ganzen Welt gesucht. Sie wird gemäß seiner speziellen Anforderungen maßgefertigt. Die Maschine muss in ihre Einzelteile zerlegt werden, in Rohre, Walzen, Stangen, Schilder, Pumpen, der Transport wird mit riesigen Lastkähnen bewerkstelligt, und am Ende, als sie aufgebaut ist, sieht sie aus wie einem Film von Sergei Eisenstein entsprungen. Ich habe das Gefühl, dass diese Maschine irgendwie lebt. Und an das zukunftsgläubige Italien der Sechzigerjahre erinnert, als alles noch möglich war und Venedig noch nicht als hoffnungsloser Fall betrachtet wurde.

Aber dann stellt sich heraus, dass nicht der Venezianer, sondern der Computer die Maschine beherrscht. Die Maschine will drucken, drucken, drucken. Von morgens bis abends, kilometerlange Stoffbahnen. Der Venezianer will jedoch keine Masse, sondern Details, etwa die linke Ranke der rechten Maureske im Ornament etwas verschlanken, was die Maschine aber nicht versteht.

Jahre später verkauft er die Maschine. Wieder muss alles in Einzelteile zerlegt werden, wieder fahren stählerne Lastkähne vor. Jetzt steht die Maschine irgendwo in Südamerika. Und druckt von morgens bis abends.

Die Stoffe des Venezianers werden bis heute nur per Hand bedruckt.

Palazzo Ducale

Ich sitze in der Scuola Grande di San Rocco und versuche, einem Vortrag über John Ruskin zu folgen, was praktisch unmöglich ist, weil der Nachhall hier so riesig ist wie der Saal, in dem der vortragende Professor steht und sein Manuskript so tonlos herunterrattert, als würde er Zahlenkolonnen verlesen. Mit den Lippen klebt er fast am Mikrofon. Man hört ihn Wörter schnalzen und klicken, nur Redefetzen fliegen an uns vorbei.

Als ich mich umblicke, sehe ich, wie die Köpfe auf die Brust sinken, der Mann neben mir ist schon nach wenigen Sätzen eingeschlafen. Ich versuche, mich auf die Tintoretto-Gemälde an den Wänden und der Decke zu konzentrieren. Auf die durch die Luft wirbelnden Leiber. Auf die goldgeschmückte Kassettendecke. Das rotbraune Holz. Und muss daran denken, dass Ruskin gleich nach seiner Hochzeit mit seiner Frau nach Venedig kam und tagein, tagaus mit seinem Zeichenblock und seiner Staffelei loszog, um Palazzi zu porträtieren und sich über die Unzulänglichkeit seiner venezianischen Diener zu beschweren, während seine junge Frau sich langweilte, bis sie sich schließlich die Zeit damit vertrieb, österreichischen Offizieren den Kopf zu verdrehen.

Ab und zu verstehe ich Worte wie die *Schändung historischer Städte* oder die *Vereinheitlichung der Städte,* daran halte ich mich fest und versuche, aus dem Schall, dem Schnalzen und dem Klicken etwas zu rekonstruieren. Ich höre *Ethik* und will den Rest verstehen, aber dann geht alles wieder unter in Klicken und Schnalzen.

Auf jeden Fall geht es darum, dass Schönheit auch immer Unterwerfungsgelüste auslöst. In Venedig denke ich jedes

Mal daran, wenn sich die schwimmenden Bettenburgen am Markusplatz vorbeischieben.

Ruskin hat das als einer der Ersten erkannt. Wobei er bei seinen Urteilen nicht kleinlich war. Über die Ca' Rezzonico urteilte er: »Der dümmlichste Palast nach Art des Palazzo Pesaro; die Fundamente: ein Kerker, ohne Mannigfaltigkeit in den Abmessungen, ohne harmonische Anordnung der Steine. Die Pfeiler: reine Stapel von Käselaiben. Die Löwen mit der heraushängenden Zunge unten, die gefiederten Helme mit Federbusch im Piano Nobile und oben die abgeschlagenen Köpfe, alle gleich dumm. Es ist das einzige Gebäude in Venedig, das so hässlich ist wie die, die wir heute bauen.«

Die Unerträglichkeit des Barocks wird in Ruskins Augen nur noch von der Einfallslosigkeit der Renaissance übertroffen: »Daher ist es in Venedig und nur in Venedig möglich, wirksame Streiche gegen diese verpestete Kunst der Renaissance zu führen. Man muss ihre Ansprüche auf Bewunderung dort zerstören, dann kann sie sich nirgend anderswo behaupten.«

Es ist genau diese Respektlosigkeit, die mir an Ruskin gefällt, obwohl er das Venedig, das nicht aus Stein gemeißelt ist, sondern aus Fleisch und Blut, im Grunde geringschätzt, so wie seine unpünktlichen venezianischen Diener. Für ihn existiert nur die Gotik als einzig ernst zu nehmende Epoche. Als einzig wahre Lehre. Was in seinem Absolutheitsanspruch fast etwas Religiöses hat.

Weil mich diese Art von Extremismus fasziniert, stimme ich sofort zu, als der Venezianer vorschlägt, die Ruskin-Ausstellung im Dogenpalast zu besuchen.

Aber als wir sehen, wie sich vor dem Eingang eine endlose Schlange windet, sind wir schon versucht, wieder umzudrehen. Glücklicherweise gibt es jedoch für die Ruskin-Ausstellung eine Extrakasse, vor der niemand ansteht. Das ist immer so in Venedig: rund um den Markusplatz und die Rialtobrücke treten sich die Menschen gegenseitig auf die Füße, aber die Museen sind leer. Ausstellungen kosten die Tagestouristen zu viel Zeit und bieten keinen beeindruckenden Selfie-Hintergrund. Böse Zungen sprechen von Venedig als *day hospital*: Venedig ist zur Tagesklinik der ambulanten Touristenbetreuung verkommen.

In den Ausstellungsräumen ist niemand. An den Wänden hängen Ruskins Daguerreotypien venezianischer Paläste und seine Aquarelle. Über Ruskins Aquarelle äußert sich der Venezianer nur, insofern sie gotische Kapitelle oder Spitzbögen venezianischer Palazzi zeigen, für Aquarelle von Berglandschaften hat er nicht viel übrig. Landschaften langweilen ihn: Ja, sie mögen vielleicht reizvoll sein, aber erst ein gotischer Spitzbogen sagt dir, wozu der Mensch fähig ist.

Und diese Einsicht halten nicht viele aus, meint der Venezianer, der mich in ein dunkles Gewölbe zieht, das *Museo dell'Opera,* praktisch das technische Büro des Dogenpalastes. Hier sind die Originale der Kapitelle ausgestellt, die durch Kopien ersetzt wurden: ein Eingriff, den ich mir nicht vorstellen kann und der für mich vergleichbar ist mit einer Operation am offenen Herzen.

Ich versuche, in den Kapitellen der Säulen zu lesen, ich bewundere die achtzehnte Säule mit den Sternzeichen und den Planeten, suche nach dem Krebs im Haus des Mondes und finde eine Frau in einem Boot auf dem Meer, die den Halbmond in der rechten Hand hochhält und mit der linken einen Krebs aus den Wellen an der Seite des Kahns zieht.

Auf einer vergilbten und unleserlichen Beschriftung lese ich: *Aber das Gewand des Mondes rieselt bis auf die Füße herab, sodass es genau an das Zittern des Mondscheins auf den Wellen erinnert.*

Ich laufe wie verzaubert durch den Innenhof des Dogenpalasts, und der Venezianer zählt die verschiedenen Marmorsorten auf, die alle Namen tragen, die wie Verheißungen klingen, *verde alpi, rosso veronese, porfido rosso, pavonazzetto*. Am meisten hat es ihm ein Marmor angetan, der *marmo greco zuccherino* heißt: Siehst du, dass er wirkt, als hätte man Zucker über ihn gestreut?, fragt er, woraufhin auch ich mit dem Finger über die Verzierung an einer Säule fahre und die Zuckerkrümel unter den Fingerspitzen spüre. Perlenschnüre, die so fein ziseliert sind, dass man meint, ein Faden würde durch diese Marmorperlen hindurchlaufen.

Am Ende, als wir an der Treppe der Giganten stehen, muss sich der Venezianer noch kurz über den Wüstling Napoleon aufregen, Venedigs Todfeind, den der Venezianer immer den *kleinen Straßenräuber mit Bauchschmerzen* nennt. Er zeigt auf eine Nische an der Treppe der Giganten, hier hat eine Skulptur des Dogen Cristoforo Moro gestanden, zusammen mit dem Markuslöwen – bis die Skulpturengruppe samt dem siebenundsechzigsten Dogen Venedigs von Napoleon geköpft wurde.

Später, als wir den Markusplatz überqueren, fühle ich mich, als hätte ich eine Zeitreise gemacht. Stumm und ergriffen laufen wir nebeneinanderher, bis der Venezianer plötzlich mitten auf dem Platz stehen bleibt, die Arme ausbreitet und sagt: Weißt du, ein ganzes Leben reicht nicht aus, um das hier alles wertzuschätzen.

Es bedarf nur eines Blinzelns, bis wir wieder in der Wirklichkeit aufschlagen, mitten in einer russischen Reisegruppe, die aus lauter Männern mit kahl geschorenen Köpfen besteht, die alle aussehen, als seien sie einem sibirischen Straflager entkommen. Ein Reiseführer scheucht sie mit kehligen Lauten Richtung Markusdom, wo die Besucher wie Vieh durch Gatter getrieben werden. Sogar das Gold der Mosaiken sieht mit einem Mal verblasst aus.

Wie Papierschiffchen treiben wir in dem Menschenstrom weiter Richtung Calle Larga XXII Marzo, vorbei an dem Universum aus Chanel-Louis-Vuitton-Burberry-Dior-Boutiquen, aus denen kichernde Chinesinnen mit riesigen Einkaufstüten fallen.

Von zehn Uhr morgens bis neun Uhr abends fühlt es sich in Venedig immer so an, als sei man in einen Sommerschlussverkauf geraten, der das ganze Jahr über anhält. Und in dem die Venezianer genauso wenig überleben können wie Tiger im abgeholzten Tropenwald.

Was für einen Sinn hat es, sich an dem fein ziselierten Marmor zu erfreuen, wenn hier alles dafür getan wird, Venedig zu zerstören?, frage ich den Venezianer.

Oh Madonna, sagt er.

Ja, das ist doch alles absurd, sage ich.

Was ist absurd?, fragt er.

Sich an den Kapitellen des Dogenpalasts zu erfreuen, während der Meeresspiegel steigt und Venedig in kleinen Stücken verkauft wird, sage ich.

Und was sollte deiner Meinung nach geschehen? Soll ich mich mit einem Pappschild vor das Rathaus setzen?, fragt er.

Mestre

Das mit dem Pappschild hat eine Gruppe von Venezianern hier schon vor langer Zeit praktiziert, als sie sich mit vor der Brust hängenden Schildern vor die Markuskirche gestellt haben, auf denen stand: *Zu verkaufen*. Interessenten konnten die letzten Venezianer auf eBay ersteigern.

Schließlich lautet die Maxime der venezianischen Stadtväter seit Jahrzehnten: Kasse machen. Warum also nicht gleich die letzten Venezianer im Paket verhökern? Auf eBay haben sie sich damit angepriesen, vielfach einsetzbar zu sein: für Werbespots, Maskenbälle, Kostümbälle im Rokokostil oder als Zimmerschmuck für die Anrichte.

Heute leben in Venedig nur noch etwas mehr als fünfzigtausend Venezianer. Vor zehn Jahren waren hier noch zehntausend Venezianer mehr. Jedes Jahr verliert Venedig tausend Einwohner. Einer davon ist Alberto, und wenn ich an ihn denke, könnte ich schon wieder heulen.

Ich rufe Alberto an, weil ich mein Versprechen einlösen will.

Wie geht es dir?, rufe ich in mein Handy und spüre wieder, wie falsch und betont munter ich klinge.

Wie soll es mir schon gehen?, sagt Alberto. Wie es einem eben geht, der in Mestre wohnt.

Wann hast du Zeit für eine Runde im Boot?, frage ich. Soll ich dich an dem Piazzale Roma abholen oder woanders?

Alberto schnauft und macht eine lange Pause, bis er antwortet. Eine Pause, wie man sie macht, bevor man sich zu einer schmerzlichen Feststellung durchringt.

Weißt du, Petra, sagt er, das Problem ist, dass ich keine drei Schritte mehr machen kann. Ich habe hier den Gebrauch meiner Beine vergessen. Seitdem ich in Mestre bin, sind meine Beine wie gelähmt. Ich muss Venedig jetzt vergessen, Petra.

Ti voglio sempre bene, sai, sagt er noch, ich mag dich noch immer, weißt du. Und dann legt er auf.

Kamen

Jedes Mal, wenn mir auf der Riva del Carbon Brautpaare entgegenkommen, die Bräute schwankend auf hohen Absätzen, die Bräutigame schwitzend in ihren Anzügen, denke ich daran, wie Alberto auf den Stufen der Fenice für uns sein *vincerò* sang, und muss schlucken.

Der Venezianer und ich heirateten in einem Alter, als andere schon zum dritten Mal geschieden waren. Das Einzige, was wir wussten, war, dass wir nicht in Venedig heiraten wollten. Auf dem Standesamt an der Riva del Carbon zu heiraten, zwischen englischen, russischen oder japanischen Brautpaaren, die ein *Venice Dream Wedding Package* gekauft haben, fanden wir pathetisch.

Wir wollten mehr en passant heiraten, im Grunde war das Ganze ja nichts anderes als eine Formalität, zwei Unterschriften, fertig.

New York wäre eine gute Idee, fand ich. Wir heiraten im *Civil something,* schlug ich vor, nur wir beide, mit einem usbekischen Hotdog-Verkäufer und einem pakistanischen Taxifahrer als Trauzeugen. Aber dann fiel mir ein, dass meine Mutter sicher traurig wäre, wenn ich als einzige Tochter einfach so in New York heiraten würde, mit usbekischen Hotdog-Verkäufern.

Also beschlossen wir, in München zu heiraten, dann könnte ich auch meine Mutter einladen, wäre keine schlechte Idee. Außerdem heiratet man ja eigentlich da, wo die Braut herkommt. Und praktisch komme ich ja aus München. Jedenfalls war das mein letzter Wohnsitz, bevor der Venezianer in mein Leben trat. Und da gibt es ein schönes Standesamt in Schwabing, in einer säulengeschmückten Villa.

Aber an dem Tag im Juni, an dem wir gerne heiraten wollen, wäre nur noch ein Termin um halb neun morgens frei. Ich sah uns schon mit meiner Mutter und zwei Trauzeugen um Viertel vor neun frisch getraut auf der Straße stehen und nicht wissen, wohin: zum Mittagessen zu früh, frühstücken nach der Hochzeit wäre auch irgendwie blöd.

Wir dachten an die schönen Seen im bayerischen Voralpenland, warum nicht am Starnberger See heiraten? Es stellte sich heraus, dass die ganze Welt am Starnberger See heiraten wollte, sämtliche Standesämter von Pöcking bis Tutzing waren ausgebucht. Dann fiel uns der Schliersee ein. Der ist authentischer als der neureiche Starnberger See, fanden wir, im Internet sah ich ein Foto vom Standesamt, sehr hübsch, holzvertäfelt und mit Lüftlmalerei und Geranien, die sich vom Balkon ranken.

Aber da hatte meine Mutter schon zu bedenken gegeben, dass ich auch Tante Ruth einladen müsste: Sie ist schließlich deine Patentante. Und wenn ich Tante Ruth einlade, muss ich auch meine Cousine Monika einladen, und wenn ich Tante Ruth und meine Cousine Monika einlade, muss ich auch meine Tante Gisela einladen, die Logistik verkomplizierte sich zunehmend, ich fragte mich, wie ich sie alle vom Flughafen München zum Schliersee bringen könnte, meine Mutter, meine Tanten, meine Cousine.

Der Venezianer sagte: Ich heirate dich überall, in New York, in Polen, im Ruhrgebiet. Wo du willst. Wann du willst.

Und ich sagte: Spinnst du, im Ruhrgebiet? Bloß nicht.

Und der Venezianer sagte: *Spinnsichnicht.*

Als ich meine Mutter anrief, um ihr die frohe Nachricht zu überbringen, dass wir beschlossen haben, im Ruhrgebiet zu heiraten, sagte sie: Ich wasche mir gerade die Haare, ich kann jetzt nicht reden.

Die nächsten Wochen waren wir damit beschäftigt, Dokumente für unsere Hochzeit herbeizuschaffen, Geburtsurkunden und Meldebescheinigungen in doppelter Ausführung und von amtlich zugelassenen Übersetzern übersetzt. Als unser Aufgebot im venezianischen Rathaus hing, ging ich hin und machte ein Foto. *Atto di pubblicazione di matrimonio,* stand da und: *Gli sposi intendono contrarre in Kamen,* auf einem Tipp-Ex-Streifen, weil sich wohl jemand bei »Kamen« vertippt hatte. Der Venezianer war *Lo Sposo,* und ich war *La Sposa* und *cittadina germanica* dazu, was ich etwas übertrieben fand, *tedesca* hätte ja wohl gereicht.

Eine Dolmetscherin brauchten wir auch noch. Denn obwohl der Venezianer sogar das Wort *Kreisverwaltungsreferat* fehlerfrei aussprechen konnte, was sich anhörte wie *Drei Chinesen mit dem Kontrabass,* schrieb das Gesetz einen Dolmetscher vor, damit der Venezianer nicht gegen seinen Willen verheiratet werden konnte.

Wegen meines deutschen Wohnsitzes in München musste die Prüfung unserer Heiratsabsichten ebenda erfolgen. Die Dolmetscherin, die uns vor dem Waschbeton des Münchner Kreisverwaltungsreferats erwartete, war blond, hatte Huskyaugen, roch leicht nach Knoblauch und klang wie Carmela Corleone, weil sie ihr Italienisch auf Sizilien gelernt hatte. Wir liefen durch endlose Gänge, in denen Ukrainer, Rumänen und Pakistaner auf ihre Aufenthaltsgenehmigung warteten. Ich trug unsere Dokumente in einer Klarsichthülle mit mir. Wir mussten Nummern ziehen und warten, und die Dolmetscherin fragte uns, warum wir nicht in Venedig heiraten wollten, schließlich träume doch die ganze Welt davon, in Venedig zu heiraten, sie stellte sich das rasend romantisch vor, vor allem die Gondelfahrt zum Standesamt.

Tatsächlich ist der Venezianer nur ein einziges Mal mit mir in einer Gondel gefahren, nachts, zusammen mit Hamburger Freunden von Rialto bis nach San Marco, in der

Hoffnung, dass uns niemand sehen würde: In einer Gondel erwischt zu werden wie ordinäre Touristen, ist für Venezianer das Peinlichste, was sie sich vorstellen können.

Für sie ist die Fortbewegung auf dem Wasser kein Freizeitvergnügen, sondern eine Notwendigkeit, und der Venezianer an meiner Seite ist stolz darauf, schon mit vierzehn eine *batella,* eine größere Transportgondel, durch die ganze Lagune zum Festland gerudert zu haben, um seinem Bruder beim Umzug zu helfen, der nach Mailand zog. Als Junge ruderte er auch bei den *outriggers* mit, den Auslegerbooten. Er gab sogar die Kommandos. Aus Sentimentalität hat er sich neulich eine alte Standarte der *outriggers* gekauft.

Ich weiß noch genau, wie es mich beeindruckte, in der Gondel lautlos durch die Nacht zu gleiten, kein anderes Geräusch war zu hören, nur das Eintauchen des Ruders und das *Oeee,* das der Gondoliere vor jeder Ecke ausrief. Daran dachte ich, als wir das Büro im Kreisverwaltungsamt betraten und bei einem Beamten im karierten Hemd mit Ärmelschonern vorstellig wurden. Ich traute meinen Augen nicht, es war schon so lange her, dass ich das letzte Mal einem deutschen Verwaltungsbeamten gegenübergestanden hatte, ich fasste es nicht, dass er tatsächlich Ärmelschoner trug, wie ein Beamter des Königlich Bayerischen Amtsgerichts. In der Hand hielt er ein Lineal, mit dem er unterstrich, welche der erforderlichen Dokumente wir vorlegen konnten.

Nach fünf Minuten standen wir wieder vor der Tür, weil wir bei seiner Prüfung durchgefallen waren. Der Venezianer hatte kein Ehefähigkeitszeugnis mitgebracht. Wir hatten es für überflüssig gehalten, er war schließlich Witwer und hatte zwei Söhne, da würde er seine Ehefähigkeit ja wohl schon unter Beweis gestellt haben. Aber davon ließ sich der Ärmelschonerträger nicht beeindrucken, auch nicht davon, dass wir extra aus Venedig angereist waren.

Wochen später legten wir endlich alle unsere Papiere zur Prüfung vor und durften heiraten. Als wir in einer weißen, von Schimmeln gezogenen Kutsche vor dem Waschbeton des Kamener Rathauses vorfuhren, bejubelt von fünfundvierzig engsten Verwandten, waren wir so etwas wie das britische Königspaar: Meine Tante Gisela hatte sich in den Kopf gesetzt, uns zur Hochzeit die Kutschfahrt zum Rathaus zu schenken, was im Ruhrgebiet für erhebliches Aufsehen sorgte.

Für noch mehr Aufsehen sorgte allerdings Joachim Król, einer unserer Hochzeitsgäste, meine Tante Elisabeth wurde fast ohnmächtig, als sie ihn sah: Schließlich verkörperte er mit seinem Kommissar Brunetti die überzeugendste Ruhrgebiet-meets-Venedig-Verbindung. Ich sorgte dafür, dass ihr eine Autogrammkarte zugeschickt wurde, die später einen Ehrenplatz auf ihrem Nachttisch bekam.

Ich trug ein weißes, mit Perlen besticktes Kleid, von dem ich mir vorgenommen hatte, es nach der Hochzeit als Cocktailkleid zu tragen. Außerdem hatte ich neununddreißig Fieber, weil ich in den Tagen vor der Hochzeit Bauch-Beine-Po-Gymnastik unter einer Klimaanlage gemacht und mir eine Bronchitis geholt hatte. Vor dem Rathaus stehend gab mir Tante Gisela eine Handvoll Paracetamol, die das Fieber senken sollte. Kaum hatte ich sie geschluckt, spürte ich, dass ich leicht zu schwitzen anfing. Als ich am Ende der Trauungszeremonie die Hochzeitsurkunde unterschrieb, litt ich unter einem derartigen Schweißausbruch, dass ich auf den Fotos aussehe, als käme ich nicht aus dem Standesamt, sondern aus der Sauna.

Aus Hamburg waren Freundinnen angereist, sie hatten sich bonbonrosa Kleider gekauft, sie sangen und tanzten und warfen Blumen auf uns. Am nächsten Tag stand im *Hellweger Anzeiger*: »Petra Reski hat ihren Italiener geheiratet, der aussieht wie George Clooney.« Der Taxifahrer, der uns zum Bahnhof brachte, fragte: Sind Sie das Paar, das gestern geheiratet hat? Dass zwei, die in Venedig wohnen, auf die Idee gekommen waren, im Ruhrgebiet zu heiraten, konnte niemand fassen.

In Venedig feierten wir weiter, mit achtzig engsten Freunden und Verwandten, die aus Istanbul, Paris, Kamen, Warschau, Hamburg, Singapur, Mogliano Veneto, Verona, Barcelona, Düsseldorf, San Donà di Piave, Berlin, Mailand, Palermo, Köln, Bielefeld, München und San Pietro di Castello angereist waren. Und der Venezianer und ich lachten darüber, dass ausgerechnet wir, die niemals heiraten wollten, nichts anderes machten, als zehn Tage lang unsere Hochzeit zu feiern.

Das weiße Cocktailkleid hängt immer noch in meinem Schrank, ich traue mich nicht, es wieder anzuziehen, weil es dann entweiht würde.

Tramontate, stelle! All'alba vincerò!

Hawaii

Vor mir läuft eine Frau, die nichts anderes trägt als ein Badetuch. Neben ihr ein Mann, ebenfalls im Badetuch. Wahrscheinlich sind sie direkt vom Strand in Jesolo im Ausflugsboot nach Venedig gefahren.

Aber gut, wir hier in Venedig sind schwer zu beeindrucken. Wir haben Leute gesehen, die neben der Rialtobrücke einen kleinen Gaskocher aus ihrem Rucksack packten und es sich zum Mittagessen gemütlich machten. Wir haben Frauen gesehen, die im Flamingo-Schwimmreifen ins Vaporetto steigen wollten. Wir haben keine Miene verzogen, als Touristen unter der Rialtobrücke hindurch durch den Canal Grande schwammen – nachdem sie am Ufer in Badehosen längere Dehn- und Streckübungen erledigt hatten. Und von der Rialtobrücke zu springen, ist seit Jahren zu einem Sport geworden, was einen Franzosen das Leben gekostet hat, der auf ein Wassertaxi fiel, dessen Fahrer dabei ebenfalls schwer verletzt wurde.

Ich frage mich nur, ob dieses Badetuch bei diesen Temperaturen nicht vielleicht etwas zu warm ist? Okay, wir sind daran gewöhnt, dass die meisten Menschen, die Venedig besuchen, dies in Funktionskleidung tun, also was man eben so trägt, wenn man gerade den Keller ausmistet oder von Aufräumarbeiten nach einem Tornado nach Hause kommt und auf den nächsten Großeinsatz des Technischen Hilfswerks wartet. Aber das Badetuch ist neu.

Einmal haben sogar wir uns als Touristen verkleidet, für eine Geburtstagsparty; für das beste Kostüm war ein Preis ausgelobt. Ich hatte mir mit meinen Radlerhosen, der umgekehrt aufgesetzten Baseballmütze und der Küchenschürze mit aufgedruckten Dessous und Strapsen bereits gute Chancen ausgerechnet, ein befreundeter Galerist beeindruckte mit einem Feinrippunterhemd in Bermudashorts, und Ulrich Tukur präsentierte sich in Anzug und einem, wie ich vermute, Original-Dreißigerjahre-Hawaiihemd mit Krawatte und elastischen Hosenträgern.

Aber wir alle mussten uns geschlagen geben, als Alberto mit seiner Frau auftrat: Alberto in Kniebundhosen mit weißen Kniestrümpfen, seine Frau in Dreiviertelhose mit Fotoapparat vor der Brust, beide mit Strohhüten, Pilotenbrillen und fluoreszierenden Hemden, die Schwindel auslösten, wenn man auf sie blickte. Alberto trug obendrein noch eine Papiergirlande um den Hals, die entfernt an einen hawaiianischen Blumenkranz erinnern sollte, der, wie Alberto uns mitteilte, als Geste der Wertschätzung gelte und auf Hawaii früher allen Touristen am Flughafen umgehängt wurde, heute jedoch nur noch Prominenten, weil man für die Millionen von Touristen nicht mehr genug Blumen hat.

Dass der hawaiianische Blumenkranz auch zum Opfer des Massentourismus wurde, hat bei uns in Venedig sofort solidarische Gefühle ausgelöst.

Veniceland

An Alberto denke ich auch, als ich durch die Nacht Richtung des sestiere Castello laufe, bis kurz vor San Pietro di Castello, wo er bis vor Kurzem wohnte.

Ich bin inzwischen fast so sesshaft geworden wie einst die alten Venezianerinnen, die ihr *sestiere* in ihrem ganzen Leben nie verließen und kein einziges Mal einen Fuß auf den Markusplatz gesetzt haben. Wann war ich das letzte Mal in der Gegend um Santa Croce oder bei Santa Marta? Jahre her. Nach Castello gehe ich nur, wenn ich ins Krankenhaus muss. Aber in das östliche Ende von Castello komme ich nur selten.

Es ist Spätsommer, und der Gang von San Marco nach Castello beschreibt Venedigs Zustand besser als jede soziologische Studie: In den Gassen hinter dem Markusplatz glitzert es wie in Las Vegas, die Pizzerien sind voll besetzt, vor den Take-aways winden sich lange Schlangen, auf den Tischen stehen riesige Gläser mit Spritz, und auf einer Markise steht *mangia, bevi e taci*: iss, trink und schweig. Besser kann man Venedigs Tourismuskonzept nicht zusammenfassen.

Je weiter ich komme, desto mehr neue Lokale entdecke ich, die Fondamenta de l'Osmarin hat sich in ein einziges Freiluftrestaurant verwandelt. Wo früher Eisenwarengeschäfte, Drogerien und Papierhandlungen waren, werden heute Crêpes, Pizza und Kebab Halal verkauft.

Als ich an den Tischen vorbeigehe, fällt mein Blick auf den Palazzo Priuli am anderen Ufer des Kanals. Wäre der Venezianer an meiner Seite hier, würde er die Restaurants und Take-aways gar nicht wahrnehmen, er würde nur das

Maßwerk der ungewöhnlichen Spitzbogenfenster an der Ecke des Palazzos rühmen, die aussehen wie Lochstickerei aus Marmor – und deren Anblick auch mich tröstet, als sich mir die Kellner aus Bangladesch mit der Speisekarte in der Hand in den Weg werfen und versuchen, mir ihre Spaghetti auf Englisch anzudrehen.

Der Venezianer würde jetzt was von *trecento* und *quattrocento* murmeln, was ich immer umständlich umrechnen muss, weil ich nie begreifen werde, dass in der Kunstgeschichte etwas mit vierhundert bezeichnet wird, obwohl es eigentlich das 15. Jahrhundert ist. Unter den Spitzbogenfenstern hängt ein rotes Banner, das verkündet, dass sich der gotische Palazzo Priuli in ein Vier-Sterne-Hotel verwandelt hat.

Je weiter ich mich vom Markusplatz entferne, desto weniger Menschen sind unterwegs. Es ist erst früher Abend, aber wie immer im Spätsommer ist der Himmel schon nachtschwarz. Am Campo San Francesco macht ein Mann mit seinem Hund eine Runde. Der Hund pinkelt an den Säulengang, dessen Säulen in der Dunkelheit aussehen, als hätte man ihnen Socken angezogen: Unten leuchtet weißer Marmor, oben sind die Säulen mit dunklem Ocker verputzt, so wie der Übergang, den sie stützen. Der Campo wirkt wie ein Bühnenbild, der Auftritt des Mannes mit dem Hund wie der erste Akt eines bürgerlichen Trauerspiels.

Am Campo de la Celestia befindet sich eine Abteilung des Stadtarchivs, die aussieht, als sei sie seit Jahrhunderten nicht mehr betreten worden. Vor einiger Zeit ging die Meldung durch die Zeitung, dass das Archiv *Stücke verlieren* würde, weil Putz und Mauersteine nach einem Sturm von der Fassade gefallen sind.

Etwas weiter sieht es aus wie eine Filmkulisse von *Wenn die Gondeln Trauer tragen* – war da nicht am Ende des

Kanals ein Mädchen im roten Mantel? Ich bewege mich wie im Traum – aus dem ich erst aufwache, als mein Telefon klingelt, weil man sich Sorgen macht, ob ich mich vielleicht verlaufen haben könnte. Denn obwohl ich seit Jahrzehnten in Venedig lebe, bin ich immer noch Deutsche, *xe tedesca,* was aus venezianischer Sicht gewisse Zweifel an meinem Orientierungssinn rechtfertigt.

Ich bin verabredet, um zu bereden, wie wir die Wiederwahl des Bürgermeisters verhindern können, obwohl wir befürchten, dass wir sie gar nicht abwenden können.

Dass der venezianische Bürgermeister wiedergewählt werden wird, obwohl die Venezianer ihn hassen, ist eine simple Rechenaufgabe, die selbst Menschen verstehen, die wie ich unter Dyskalkulie leiden, also ewig brauchen, um 7 x 8 auszurechnen: Entscheidend für die Wahl des Bürgermeisters sind die Stimmen des Festlands, und dort leben viermal mehr Wähler als in Venedig. Aber: Die Hoffnung stirbt zuletzt.

Und deshalb schließe ich mich in dieser Nacht der kleinen Gruppe von Aufständischen an, Verschwörern, die von einem Putsch träumen: ein tätowiertes Mädchen mit Undercut, ein Mann, der so tief gebräunt ist, dass er aussieht wie ein Inder, ein durch und durch tätowierter Verwaltungsangestellter, der Gastgeber unseres Treffens, der auch tätowiert ist, und ich. Bei dem indisch anmutenden Venezianer kann ich nicht feststellen, ob er ebenfalls tätowiert ist, weil er so dunkel ist.

Bald darauf sitzen wir im bleichen Neonlicht vor einer Schneelandschaft in Öl, einem falschen Rokokogobelin und einem Wäscheständer, schlagen nach Mücken und reden von Aktionen, Überraschungsangriffen und möglichen Allianzen. Inzwischen gibt es mehr als dreißig Bürgerinitiativen in der Stadt, die alle versuchen, Venedigs Schicksal zu wenden. Das Problem ist nur, dass die einen die anderen nicht leiden können, weshalb es mit der Zusammenarbeit so eine Sache ist, obwohl alle das gleiche Ziel verfolgen.

Der Mieter der Wohnung, in der unser konspiratives Treffen stattfindet, ist ein Venezianer, der seine Wohnung an Touristen untervermietet, weil er sich die Miete der Wohnung sonst nicht leisten könnte.

Sagt er.

Ich finde es komisch, dass einer, der gegen die Vertreibung der Venezianer kämpft, sich genau genommen selbst vertreibt, womit ich aber hier am Tisch die Einzige bin, die darin einen Widerspruch sieht. Und schon wieder geht es mir hier um das Prinzip.

Auf jeden Fall ist für den Abend noch die Ankunft eines kirgisischen Paars vorgesehen, mit dem er hin und wieder über WhatsApp kommuniziert, auf Deutsch.

Ziemlich viel Zeit vergeht damit, über die ruhmreichen Aktionen der letzten Jahre zu sprechen, weshalb das Treffen hier am Tisch vor dem Wäscheständer von einer Aura von Veteranentreffen durchweht wird, als darüber gesprochen wird, wie die letzten rebellischen Venezianer Venedig spektakulär symbolisch zu Grabe getragen haben, ein Leichenzug, der es bis in die Sendungen von CBS und Al Jazeera schaffte.

Eine andere Bürgerinitiative kam auf die nicht minder spektakuläre Idee, bei der Eröffnung der Opernsaison Papierflieger auf das Publikum der Fenice herabregnen zu lassen, auf denen stand: *Schluss mit den Hotels, wir wollen Wohnungen!* Und: *Kein neuer Kanal für die Kreuzfahrtschiffe.* Und: *Befreien wir Venedig von Korruption und Vetternwirtschaft!*

Aber davon darf hier keine Rede sein, denn die Aktion mit den Papierfliegern wurde von der Konkurrenz organisiert, einer nunmehr erfolgreicheren Bürgerinitiative. In Venedig gibt es jetzt fast mehr Bürgerinitiativen als Einwohner.

Und als wir noch fünftausend Venezianer mehr als heute waren, haben wir mit Rollkoffern vor dem Rathaus dagegen demonstriert, dass Venedig zu einer Art Pompeji verkommt: Also lauter beeindruckende Kulturdenkmäler, aber kein Funke von Leben. Der Hashtag #VENEXODUS sollte klarmachen, dass Venedig ohne Venezianer tot ist.

Wir haben *Veniceland* ausgerufen, mit *Mi no vado via* angekündigt, dass wir uns nicht vertreiben lassen, und Banner an unsere Fenster gehängt, auf denen stand: *Venedig ist kein Hotel!* Oder: *Venedig will respektiert werden!* Oder *Residenti Resistenti,* wofür ich mich entschieden habe, weil es so schön klingt – sich auf Deutsch aber nur unzureichend übersetzen lässt: *Bockige Bewohner* respektiert zwar den Stabreim, nicht aber unsere Widerstandskraft: Demonstrationen, Aufmärsche und kleine, feine Seeschlachten gegen die Kreuzfahrtschiffe.

Nicht, dass sich durch all das etwas geändert hätte. Aber Kapitulation steht nicht zur Debatte.

Auf dem Tisch mit einer Wachstuchdecke steht ein Topf mit Kartoffelchips. Wir trinken Mineralwasser mit und ohne Kohlensäure, essen die Chips und stöhnen auf, wenn der Name des Bürgermeisters fällt.

Der Bürgermeister, der keiner Partei angehört, wird von den Venezianern abgelehnt wie keiner seiner ebenfalls abgelehnten Vorgänger. Er ist Unternehmer und hat den Ausverkauf Venedigs in schwindelerregender Geschwindigkeit vorangetrieben, wodurch er selbst seine geschäftstüchtigen Vorgänger übertraf. Als Unternehmer betreibt er auch seine Politik: ein politisches Chamäleon, rechts für die Rechten, links für die Linken. Er twittert wie Trump, wird schnell ausfällig und hat Interessenkonflikte wie Berlusconi. Die einen hassen ihn, weil er Venedig als Unternehmen betrachtet, aus dem es gilt, so viel Geld wie möglich herauszupressen. Die anderen ertragen ihn nicht, weil er sein Wahlkampfversprechen gebrochen hat, die Venezianer über ihren Wunsch nach Autonomie abstimmen zu lassen – während er sich stolz als »Festlandsvenezianer« bezeichnet: von Venedig aus betrachtet so etwas wie ein rundes Quadrat oder trockenes Wasser. Denn der Bürgermeister von Venedig wohnt nicht in Venedig, auch nicht in der sogenannten Metropolitanstadt Venedig, sondern in einer Villa in Mogliano Veneto in der Provinz Treviso.

Dass *un campagnolo*, ein Landei, Venedig regiert, empfinden viele Venezianer als ultimative Erniedrigung. Einer, der nicht ihren Alltag mit ihnen teilt, der nicht weiß, wie es ist, wenn die Hochwassersirenen gellen und man schnell rennen muss, um im Erdgeschoss alles in Sicherheit zu bringen, der nicht weiß, wie bitter es ist, wenn die Kinder Venedig verlassen müssen, weil sie keine Arbeit in der Stadt finden, die nicht mit dem Tourismus zu tun hat, der nicht weiß, wie es ist, wenn man sich durch die millionste Reisegruppe in der Gasse quälen muss. Einer, der nichts von venezianischer Geschichte versteht und nichts vom venezianischen Rhythmus im Lauf der Gezeiten.

Denn nicht die Stimmen der Venezianer sind für die Wahl des venezianischen Bürgermeisters entscheidend, sondern die der Bewohner des Festlands: von Mestre, Marghera, Favaro, Campalto, Chirignago-Zelarino. Die nicht unter dem Massentourismus leiden, sondern an ihm verdienen.

Und damit ist der Bürgermeister nicht nur Bürgermeister von Venedig, sondern auch der ehemaligen Provinz Venedig, der sogenannten Metropolitanstadt Venedig: *sindaco metropolitano*, was mich immer an die orthodoxen Metropoliten erinnert, die mit dem Rücken zur Gemeinde predigen.

Auf dem Festland der Metropolitanstadt leben sechzehnmal mehr Menschen als in Venedig, die diesen venezianischen Metropoliten schon aus dem Grunde anbeten, weil er alles dafür tut, damit der Tagestourismus Venedig auch weiterhin ungehindert überfluten kann. Auf Airbnb und booking.com verkaufen sich selbst Dörfer wie Musile di Piave oder San Stino di Livenza als Venedig.

Auf der Wachstuchdecke liegt die *Nuova,* eine der beiden venezianischen Tageszeitungen. Es geht darum, dass es immer weniger Anlegestellen für Boote gibt. Der Wellengang durch die Massen von Wassertaxis und Ausflugsbooten ist für kleine venezianische Boote mörderisch geworden, und wir Aufständischen regen uns darüber auf, dass wir Venezianer in den Verordnungen der Stadtverwaltung penetrant *diportisti* genannt werden, was so viel heißt wie Freizeitkapitäne: eine Beleidigung für die Venezianer, für die ein Boot kein Freizeitvergnügen ist, sondern eine Lebensform, und das seit Jahrhunderten.

Gerade erst hat ein Venezianer gegen ein Strafmandat geklagt, das ihm die Gemeindepolizei verpasste, weil er an der Friedhofsinsel San Michele angelegt hat, um auf das Grab seiner Frau Blumen zu legen. Er hat die Klage verloren.

Dass der Sieg des verabscheuten Bürgermeisters dennoch so gut wie sicher sei, liege erstens daran, dass es keine ernst zu nehmenden Gegenkandidaten gebe. Meint das Mädchen mit dem Undercut.

Und zweitens sei ihm der Sieg sicher, weil er letztlich allen passe, die an Venedig verdienen, und da sei es egal, ob einer rechts oder links, rot oder grün ist. Meint unser Gastgeber, der gerade wieder eine WhatsApp an die Kirgisen schickt, die immer noch irgendwo um Vicenza kreisen.

Wir alle hier am Tisch wissen, dass der Bürgermeister genau wie seine Vorgänger auch dem fundamentalistischen Glauben an den Massentourismus wie ein Gotteskrieger anhängt: Wer nicht daran glaubt, wird geköpft.

Für ihn ist Venedig die Gans, die goldene Eier legt, sagt der indische Venezianer, und der volltätowierte Verwaltungsangestellte stimmt ihm zu. Goldene Eier nicht nur für die Multis, für Kreuzfahrtgesellschaften und Airbnb, sondern auch für den Bürgermeister persönlich.

Luigi Brugnaro hat sein Amt als Besitzer eines vierzig Hektar großen Grundstücks in Porto Marghera angetreten, das er dem italienischen Staat für fünf Millionen Euro abgekauft hat – ein Spottpreis für das mit Giftmüll belastete, aber strategisch gut gelegene Areal – wie sich während seiner Amtszeit herausstellt, als er das Grundstück für mindestens zweihundert Millionen Euro einem chinesischen Investor verkaufen will, der beabsichtigt, dort zu bauen. Als das Geschäft wegen des offensichtlichen Interessenkonflikts scheitert, bricht Brugnaro in Tränen aus: Nichts als Altruismus verberge sich hinter dem Verkauf, sagt er, als er schluchzend den Ratssaal verlässt.

Oder die von Sansovino erbaute Scuola Grande della Misericordia, die der Bürgermeister dank seiner guten Beziehungen bis zum Jahr 2051 umsonst pachten konnte, im Gegenzug für die elf Millionen Euro, die er seinen eigenen Angaben nach für die Renovierung ausgegeben habe und wohl schon längst wieder reingeholt hat, indem er die Scuola für Events vermietet. In Venedig weiß jeder alles von jedem. Auch ohne die *Nuova* oder den *Gazzettino*.

Und deshalb ist auch klar, dass die Nächstenliebe, die der Bürgermeister als die einzige Motivation für seine Geschäfte anführt, wie auch seine noble Geste, sein Gehalt ehrenamtlichen Vereinen zur Verfügung zu stellen, weniger edelmütig ist, als es klingt, angesichts der Tatsache, dass sich der Umsatz seines Unternehmens seit seinem Amtsantritt fast verdoppelt hat.

Venedig legt auch ganz allgemein für das Veneto goldene Eier, das sich neuerdings *The Land of Venice* nennt, was wir alle hier am Tisch absurd finden. Venedig mag alles sein, aber definitiv kein *Land*. Ein Paradox, so logisch wie süßes Salz, aber dringend notwendig, um auf dem Markt des *emotionalen Tourismus* wettbewerbsfähig zu sein.

Der Markt, der Markt, der Markt.

Vom Festland und vom Markt aus gesehen ist Venedig nichts anderes als eine Schatztruhe, die es zu plündern gilt, so lange es geht. Allein zahlenmäßig ist unser Kampf aussichtslos. David gegen Goliath. Aber: Wir Widerständler wollen mit der Fahne in der Hand sterben, so wie die Partisanen.

Das kirgisische Paar hat sich bei Vicenza verfahren, erfahren wir über WhatsApp. Die Kartoffelchips sind aufgegessen. Das Wasser ist ausgetrunken. Die Mücken sind immer noch da. Das nächste Treffen ist organisiert. Wir sind alle etwas müde, stehen im Flur und lachen gequält über den vor der Tür stehenden Pappgondoliere, der von einer der vielen Spaßguerilla-Aktionen der letzten Venezianer übrig geblieben ist. Es ist eine Fotowand, hinter die man sich stellen, das Gesicht rausstrecken und sich fotografieren lassen kann: *Be a Venetian! Take a shot!*

Die Aktion war eigentlich dafür gedacht, die Disneyfizierung Venedigs anzuprangern. Aber außer den Venezianern hat niemand die Botschaft verstanden. Die Touristen fanden die Idee super und drängelten sich hinter der Wand für ein Erinnerungsfoto.

In diesen Augenblick der Depression schlägt eine weitere WhatsApp-Nachricht wie eine Bombe ein: Der italienische Staatsrat hat eine erneute Volksabstimmung über die Autonomie Venedigs und damit die Loslösung vom Festland als legitim erklärt. Schlagartig sind wir alle elektrisiert. Denn schließlich war diese Volksabstimmung eines der Wahlversprechen, die der Bürgermeister nicht eingehalten hat. Hoffnung flackert auf, dass Venedig endlich der Zwangsehe mit dem Festland entkommt. Schon vier Mal haben die Venezianer vergeblich versucht, die Autonomie zu erstreiten.

Meine Eltern haben sich auch scheiden lassen, und für mich als Kind war es gut, sagt der tätowierte Gastgeber und tippt noch schnell eine Nachricht an die Kirgisen.

Es folgt eine lange Diskussion darüber, wie man das Ziel des Referendums nennen soll: Nein, nicht Trennung, auch nicht Teilung, sondern Autonomie. Denn schließlich haben sich die Zeiten geändert, und jetzt sind es nicht mehr nur die Venezianer, die über ihr Schicksal selbst bestimmen wollen, sondern auch die Bewohner von Mestre. Die es nicht mehr ertragen, immer nur als die armen Verwandten von Venedig betrachtet zu werden. Ein Mestre, das mit Hotelsilos in eine Schlafstadt verwandelt wurde, deren Straßen abends den Dealern und den Prostituierten gehören.

Und während wir wieder Hoffnung auf eine Zukunft in Venedig schöpfen und die Gläser vom Tisch räumen, geht die Tür auf, und zwei Amerikaner kommen herein, die ein Zimmer gemietet haben und sich jetzt nach ihrem Verdauungsspaziergang zur Ruhe legen wollen.

Buonasera, sagen wir im Chor und ordnen noch schnell die Tische so an, dass es hier fast so aussieht wie in dem Frühstücksraum eines Hotels.

Die Amerikaner lächeln uns so freundlich zu, wie man es macht, wenn man zufällig in eine Betriebsversammlung von Hotelangestellten geraten ist, die sich über ungerechte Arbeitszeiten empören.

Wir sind schon fertig, beeilt sich der Vermieter zu sagen.

Hi, oh, no problem, sagen die Amerikaner und verschwinden in ihrem Zimmer.

Später essen wir in einer Bar ein paar Cicchetti, geröstete Weißbrotscheiben mit Stockfischmus, und sind immer noch ganz entflammt von der Aussicht auf das Referendum. Ein

Hoffnungsschimmer am Horizont! Unsere letzte Chance! Free Venice!

In der Zwischenzeit sind auch die Kirgisen an dem Piazzale Roma angekommen. Während sie per WhatsApp durch Venedig geleitet werden, laufe ich durch die Nacht zurück Richtung San Marco.

Es ist Vollmond, und auf dem Campo Santa Maria Formosa wird Tango getanzt, was mich an die Frau aus meinem Lieblingsschuhladen in der Salizada San Lio erinnert, eine schöne, hochgewachsene Frau mit weißen Haaren, die ich einmal auf dem Campo San Giacomo dall'Orio Tango tanzen sah, geheimnisvoll und entrückt zugleich. Seitdem habe ich immer das Gefühl, in ihrem Schaufenster Tangotanzschuhe zu sehen.

Der Venezianer ruft mich an und fragt, ob ich mich mit ihm an der Rialtobrücke treffen will. Weil ich das Vollmondlicht für mich allein haben will, gehe ich nicht den kürzeren Weg über San Lio, weil in den Gassen inzwischen ein Take-away am anderen klebt und man sich selbst nachts durch Reisegruppen kämpfen muss.

Ich mache einen Umweg über den um diese Zeit menschenleeren Campo Santi Giovanni e Paolo, vorbei am Krankenhaus, dessen Eingang aussieht wie der eines Palasts aus Tausendundeiner Nacht. *Quattrocento,* würde der Venezianer sagen. Gleißend weißer Marmor, der Perspektive vortäuscht, zwei venezianische Löwen bewachen vor himmelblauem Hintergrund den Eingang.

Ich erzähle dem Venezianer von der bevorstehenden Volksabstimmung über die Autonomie Venedigs. Ungläubig sagt er: Na, dann hoffen wir mal, dass es dieses Mal klappt!

Teatro Goldoni

Das Problem bei unserer Volksabstimmung ist allerdings, dass uns das Volk abhandengekommen ist. Die Stadt Venedig hat noch etwas mehr als fünfzigtausend Einwohner, und einschließlich aller anderen Inselbewohner leben neunundsiebzigtausend Menschen auf dem Wasser, hundertachtzigtausend hingegen auf dem Festland – das verwaltungstechnisch als Venedig zugehörig betrachtet wird. Mehr als das Doppelte. Die – auf den ersten Blick – alle kein Interesse daran haben, bei dem Referendum für die Autonomie zu stimmen.

Aber: Resignieren ist keine Option. Sagen wir uns. Und stürzen uns kopfüber in unsere *mission impossible.* Denn bis dahin waren die Fronten immer klar gewesen. Die herrschenden Parteien hatten die Linie vorgegeben: Wer links wählt, verteidigt den Glaubenssatz vom Großraum Venedig, als hinge sein Leben davon ab. Wer rechts wählt, ebenfalls. Was nicht wundert, angesichts der Tatsache, dass das große Geschäft mit Venedig nicht möglich ist ohne die stillschweigende große Koalition, das bewährte Geschäftsmodell der italienischen Politik, auch genannt: *l'inciucio,* das Kuscheln zwischen Linken und Rechten. Diesem Kuscheln ist es zu verdanken, dass in den letzten Jahrzehnten bereits vier Mal gegen die Autonomie Venedigs gestimmt wurde.

Aber plötzlich ist es so, als hätte jemand einen Defibrillator auf Venedigs Herz gesetzt. In all den Jahren in Venedig habe ich die Venezianer noch nie so enthusiastisch, so elektrisiert erlebt, mit einem Mal ist die Stimmung anders.

Ob es an diesem Bürgermeister liegt, der das Selbstbestimmungsrecht der Venezianer mit Füßen getreten hat?

Oder daran, dass Venedig unter den Füßen von dreiunddreißig Millionen Venedigliebhabern verschwunden ist?

Auf jeden Fall herrscht in Venedig plötzlich eine Stimmung, die an den Weihnachtsfrieden von 1914 erinnert, als deutsche, französische und britische Soldaten inmitten eines erbarmungslosen Stellungskrieges spontan einen vorübergehenden Waffenstillstand schlossen. Und im Niemandsland zusammen Weihnachten feierten.

So ungefähr fühlt es sich für uns an, als wir uns im Herbst 2019 in Gemeindesälen, Hinterzimmern von Bars und aufgelassenen Kirchen treffen, um unseren Feldzug vorzubereiten. In diesen Wochen der Referendumskampagne brennt die Luft in Venedig, Diskussionsveranstaltungen verwandeln sich in Volksversammlungen, plötzlich sind wir keine Altkommunisten mehr, keine Viva-San-Marco-Nostalgiker, keine Fünfsterne-Anhänger, Che-Guevara-Wiedergänger, enttäuschte Parteikader der demokratischen Partei, Nichtwähler, Salvinifans oder Berlusconijünger, wir sind nur noch Venezianer. Die ihre Stadt verteidigen – gegen eine faktische Einheitspartei, die die Interessen der Lobbys präsentiert. Die Phalanx von rechts bis links – vom Initiator des Ausverkaufs, Massimo Cacciari, und seinen beiden Amtsnachfolgern über den Forza-Italia-Politiker Brunetta und den Unternehmer-Bürgermeister Luigi Brugnaro bis hin zur rechtsextremen Splittergruppe *Veneto nazionale* – ruft unisono die Venezianer dazu auf, sich ihrer Stimme zu enthalten. So viel zum Demokratieverständnis venezianischer Politiker.

Die lokalen Medien *Gazzettino* und *La Nuova* schließen sich wie gewohnt den Politikern an und warnen in großen Lettern vor uns »Separatisten«, was gefährlich nach Bombenlegern und uneinsichtigen Nostalgikern klingt – und denen die »Unionisten« gegenüberstehen, die eine Einheit verteidigen, die keine ist.

Wir drucken Handzettel, Banner und Sticker, von den Balkons der Palazzi am Canal Grande hängen Fahnen mit gigantischen *Sì*: Sag Ja zur Veränderung, aus *Siamo* Venezia wird SìAmo Venezia, ein *Ja aus Liebe zu Venedig*. Auch an unserem Balkon hängt ein großes »Ja, wir stimmen für die Autonomie« – bis Bürgermeister Brugnaro Gemeindepolizisten in Mannschaftsstärke losschickt, um die Banner mit dem »Sì« zu entfernen. Daraufhin hängen die Venezianer weiße Bettlaken raus. Mit »Sì«.

Die Frage um das *Sì* oder *No* zur Volksabstimmung spaltet Familien und Freundschaften. Der Venezianer und ich sitzen beim Abendessen mit einem seiner alten Freunde. Der war früher mal in der KPI und blickt heute sehr abgeklärt auf seine einstigen Parteigenossen. Beiläufig fragen wir den Freund, der ein Haus auf Sant'Erasmo hat und stets im Boot in der Lagune unterwegs ist, ob er für *Sì* oder *No* stimmen wird. Weil er sich für den Schutz der Lagune engagiert und sich stets über die Seilschaften der Linken aufregt, vor allem, wenn sie einem alten Parteifreund der KPI-Sektion Venedig, der seit Jahrzehnten im Europaparlament überwintert, dabei behilflich sind, mit einem Stahlkonzern das Megaprojekt »Duferco« zu entwickeln, eine Anlegestelle für Kreuzfahrtschiffe am Rand der Lagune. Denn die werde dazu führen, wie unser Freund in empörten Leserbriefen an die *Nuova* schreibt, dass der Lagunengrund noch mal ausgegraben und Heerscharen von Kreuzfahrttouristen die Lagune auf Motorbooten durchpflügen und ihr damit den Todesstoß versetzen würden. Also gehen wir ganz selbstverständlich von einem *Sì* aus. Und deshalb trifft uns fast der Schlag, als er sagt, dass er für *No* stimmen werde.

Er habe immer schon für *No* gestimmt, und anders als viele ehemalige Parteigenossen sei er kein Fähnchen im Wind und wolle auch dieses Mal daran festhalten.

Als wir ihn erstaunt nach dem Warum fragen, hält er uns einen Vortrag darüber, dass er immer schon für Inklusion gewesen sei, für Einbeziehung, was so klingt, als wären Mestre und Marghera, Favaro, Campalto und Chirignago-Zelarino schwerbehinderte Gemeinden, die nicht alleine stehen oder gehen können, und wir Separatisten danach trachteten, den schwerbehinderten Gemeinden ein Beinchen zu stellen. Er wirft uns vor, den Spaltpilz und damit Unfrieden in die Union zu tragen.

Der Venezianer und ich schauen uns verwundert an und versuchen, die *crema fritta* zu rühmen, eine vom Aussterben bedrohte venezianische Nachspeise, die der Venezianer schon als Kind bei seiner Tante Angelina gegessen hat, die diese *crema* beim Bäcker in der Frezzeria gekauft, in zwei Hälften geschnitten und ganz langsam in Butter gebraten hat. Jedes Mal habe er sich den Mund verbrannt, und jedes Mal habe ihn Zia Angelina umsonst ermahnt, sagt der Venezianer, fast mit Tränen in den Augenwinkeln. Unser Freund aber lässt sich auch durch diesen wenig verhüllten Appell an sein venezianisches Herz nicht rühren und hält an seinem *No* fest.

Der Venezianer meines Herzens will seinen Freund aber noch nicht verloren geben und setzt mit großer Eloquenz zu einem letzten Appell an die Vernunft an. Warum zum Teufel an dieser Zwangsehe festgehalten werde, sei doch offensichtlich: Wären Venedig und Mestre autonome Gemeinden, könnten die Wähler ihre Politiker besser kontrollieren. Venedig könnte bei der Europäischen Union einen Spezialstatus beantragen, der der Stadt aufgrund der Insellage zustünde, nicht aber, wenn es zusammen mit dem Festland regiert wird. Mestre würde weniger Steuern bezahlen, könnte ein eigenes Wirtschaftskonzept entwickeln und Gelder bei der Region Veneto beantragen, die ihm als Anhängsel Venedigs nicht zustehen. Eigentlich eine Win-win-Situation für alle. Außer für die Politiker.

Der Freund zuckt mit den Schultern. Und isst nicht mal seine *crema fritta* zu Ende. Die sei zwar ausgezeichnet, läge ihm aber zu lange im Magen.

Ungeachtet solcher gelegentlicher Rückschläge kämpfen wir weiter. Wie viele andere Autonomisten auch mache ich mit Handzetteln bewaffnet in Venedig die Runde. Niemand ist vor mir und meinem Sendungsbewusstsein sicher, ich verteile meine Flugblätter überall, beim Friseur, in der Apotheke, im Pilatesstudio, am Rialtomarkt, ich werfe sie meiner Schneiderin in den Briefkasten und halte an der Kasse im Supermarkt Kundgebungen ab. Als ich in meiner Lieblingsbar Flugblätter hinterlegen will, werde ich rausgeschmissen, worauf ich beschließe, keinen Fuß mehr in sie zu setzen. Ich bedränge den Müllmann mit unseren Pamphleten, nötige sie den Gondolieri vom Gondelanleger Santa Maria del Giglio auf und streite mich mit einem Gondoliere am Anleger in der Calle Fiubera, der ungerührt zugibt, nur zum Arbeiten von Campalto nach Venedig zu kommen, weshalb ihn Venedigs Schicksal nicht interessiere.

Okay, ich gebe zu, dass es meiner Überzeugungsarbeit gelegentlich etwas an Diplomatie mangelt, aber wie soll man diplomatisch reagieren, wenn einer kaltschnäuzig zugibt, nur darauf erpicht zu sein, mit Venedig Geld zu verdienen – und wir reden hier von einem Geschäftsmodell, das in guten Zeiten tausend Euro täglich einbringt?

Als ich wie jedes Jahr im November zur Festa della Madonna della Salute pilgere und Kerzen kaufen will, habe ich meine Flugblätter schon verteilt, versuche aber den beiden jungen Bärtigen vom Stand links vor der Kirche dennoch klarzumachen, dass wir nicht leichten Herzens das Ende der schweren Pestwellen feiern können, solange Venedig und Mestre nicht endlich über ihr Schicksal selbst bestimmen können.

Die beiden Kerzenverkäufer blicken mich ratlos an. Sie leben auf dem Festland in Favaro und haben noch nichts vom Referendum gehört und erst recht nicht davon, welchen Vorteil die vierundzwanzigtausend Einwohner von Favaro (fast die Hälfte der Einwohnerzahl von Venedig!) daraus zögen, wenn sie nicht mehr zu Venedig gehören würden. Am nächsten Tag komme ich wieder, mit zwei Flugblättern in der Hand, und die beiden Bärtigen freuen sich, dass ich an sie gedacht habe. Aber wahrscheinlich freuen sie sich vor allem darüber, dass ich ihnen noch mal einen Schwung ihrer teuren Kerzen abkaufe.

Auf dem Weg nach Hause will ich noch kurz einen Gondoliere auf der Brücke vor unserem Haus agitieren und ihm ein Flugblatt in die Hand drücken, aber es stellt sich heraus, dass er nicht wahlberechtigt ist. Auch er wohnt nicht in Venedig, sondern in Quarto d'Altino, einem etwa zwanzig Kilometer entfernten Nest von achttausend Einwohnern, von dem Wikipedia weiß: »Quarto d'Altino ist aufgrund seiner Lage als Vorort von Venedig ein sehr beliebter Touristenort. Die Gemeinde wird daher oft, besonders von Bussen, als Basis für einen Ausflug in die Lagunenstadt Venedig genutzt.«

Und genau das ist unser Problem. Fast jedes Dorf in Venetien rühmt sich der Nähe zu Venedig, aber darüber rede ich nicht mit dem Gondoliere, der sich jetzt darüber beklagt, dass es seine Kinder waren, die ihn überzeugt hätten, die Wohnung im *sestiere* Cannaregio zu verkaufen und nach Quarto d'Altino zu ziehen.

Und während er sich darüber wundert, warum ich – eine Fremde, *una forèsta,* mich für das Schicksal Venedig einsetze, was ihn, wie er mir beteuert, außerordentlich berühre, weil er im Herzen immer noch Venezianer sei, auch wenn er in der Diaspora lebe, fährt unter der Brücke ein Gondoliere vorbei, den ich kenne. Er gehört zu der alten Garde von Gondolieri, die das Hochwasser schon Tage vorher riechen und auf Venezianisch jeden anblaffen, der beim Einsteigen die Gondel ins Schwanken bringt: Typ Goldenes-Herz-unter-rauer-Schale.

Bei dem Versuch, ihm ein paar Flugblätter in seine Gondel zu werfen, verliere ich fast das Gleichgewicht. Ein Flugblatt fällt ins Wasser, die anderen fängt der Gondoliere auf, der sofort schreit, dass er selbstverständlich mit *Sì* stimmen werde, im Unterschied zu dem neben mir auf der Brücke stehenden Fahnenflüchtigen, der sich verdammt noch mal schämen solle, zu einem Landei geworden zu sein, einem *campagnolo* wie alle, die stolz darauf seien, sich in Quarto d'Altino oder Zelarino-irgendwas ihre Scheiß-Villen gebaut zu haben, die mit ihren Säulen und Erkerchen wie Hochzeitstorten aussähen.

Immer mehr Autonomisten schließen sich uns Aufständischen an: Schriftsteller, Intellektuelle, Künstler, der Kulturschutzbund Italia Nostra, der Handwerksverband und immer mehr Abweichler der demokratischen Partei. Der als lebende Legende hochverehrte Adriano Celentano solidarisiert sich mit uns. Er hat Venedig immer schon verteidigt, zuletzt mit flammenden Aufrufen gegen die Kreuzfahrtschiffe: »Die venezianischen Bürgermeister folgten aufeinander – nicht um Venedig zu regieren, sondern um die Stadt untergehen zu lassen«, schrieb er und sang: »Bis die Stadtverwaltung von Venedig diese Monster nicht verbietet/diese schwimmenden Giganten/Schiffe des Grauens wie Mietskasernen/die die Lagune zerstören/ Sie reden sich ein, dass diese Giganten Wohlstand bringen/ Wen juckt es, wenn die Schiffe nach und nach unsere Geschichte klauen« – und das schon Jahre, bevor das Kreuzfahrtschiff MSC Opera im Hafen von Venedig die Kontrolle verlor, den Kai und ein Flusskreuzfahrtschiff rammte.

Beppe Grillo unterstützt uns auch und veröffentlicht auf seinem Blog den Text eines Venezianers, der auf den in Venedig herrschenden demokratischen Notstand hinweist: »Deshalb hat Venedig de facto keine politische Vertretung, der Bürgermeister muss notwendigerweise die Interessen seiner Wähler bedienen, und die befinden sich auf dem Festland. So werden den Venezianern die elementarsten demokratischen Rechte vorenthalten. Und das, ohne zu bedenken, dass Mestre nicht nur eine andere Stadt, sondern auch eine andere Welt darstellt. Venedig und Mestre sind zwei völlig verschiedene Kulturen, die eine rollt auf Gummi, die andere schwimmt auf dem Wasser. Für einen Venezianer, der seine Raum-Zeit-Dimension in Schritten und Bootslängen bemisst, kommt ein Umzug nach Mestre dem eines Indianers gleich, der gezwungen ist, seine Prärie zu verlassen, um in die Bronx zu ziehen.«

Weil ich bei »Indianer« und »Bronx« sofort wieder an Alberto denken muss, beschließe ich, ihn anzurufen. Um zu hören, was er von unserer Referendumskampagne hält. Auch wenn er jetzt in Mestre wohnt, kann ich mir nicht vorstellen, dass er plötzlich ins andere Lager übergelaufen sein sollte. In ein paar Tagen wollen wir in Mestre im Teatro Corso über das Referendum informieren. Dazu möchte ich Alberto einladen. Und seine Frau auch. Also wähle ich seine Nummer. Und höre nur ein »Diese Nummer ist vorübergehend nicht erreichbar«.

Während wir letzten Indianer unermüdlich Überzeugungsarbeit leisten, beschwört die Phalanx unserer Gegner die Apokalypse für den Fall, dass das *Sì* siegen sollte: Die Tickets für die Busse würden teurer, die Steuern für den Müll auch – also Heuschreckenplage, Zombie-Apokalypse und weitere satanische Vergehen an unbefleckten Festlandsbewohnern. Die in der Mehrheit ehemalige Venezianer sind, deren größte Angst darin besteht, im Personalausweis als Bewohner von Favaro ausgewiesen zu werden, ohne das magische Venezia vor dem Favaro. Also nicht mehr etwas Besonderes zu sein, sondern einer von vielen. Wir haben es hier mit einer handfesten kollektiven Identitätskrise zu tun.

Mit der werde ich auch in meiner Lieblingsparfümerie konfrontiert, als ich, nachdem ich meine Flugblätter verteilt und mir mein Lieblingsparfüm *Fille en aiguilles* gekauft habe, eine animierte Diskussion mit einer Kundin führe, die in Favaro wohnt und mit gezücktem Schwert die »Union« verteidigt.

Weil Psychologen zur Behandlung von Identitätskrisen immer ein empathisches Gespräch beziehungsweise Wertschätzung empfehlen, frage ich die Dame, ob sie mir bitte nur einen winzigen Vorteil nennen könnte, den wir aus dieser »Union« mit dem Festland gezogen hätten – einen nur, weil mir nach dreißig Jahren in Venedig kein einziger einfällt, aber es kann ja sein, dass mein Blick durch die dreiunddreißig Millionen Besucher und die dazugehörigen Kreuzfahrtschiffe verstellt wurde, sodass mir dieser Vorteil entgangen ist.

Aber *niente,* sie ist nicht in der Lage, mir nur einen winzigen Vorteil zu nennen, nur Angst vor etwas, was sie nicht kennt.

Und Angst kann ich im Grunde gut verstehen, sage ich, denn Angst haben wir auch, vor allem für den Fall, dass in Venedig alles so weitergeht, wie wir es kennen, nämlich mit dem Ausverkauf Venedigs und der Venezianer: Bislang hat die Stadt pro Jahr rund tausend Einwohner verloren, aber jetzt dreht sich die Spirale immer schneller.

Aber falls sie sich immer noch als Venezianerin fühlen würde, sage ich zu der Dame, dann könnte sie doch mit einem *Sì* zur Rettung ihrer Heimatstadt beitragen, worauf sie mir einen Blick wie ein Flammenschwert zuwirft. Was mich dazu ermuntert, die Parfümerie mit den Worten *Hasta la victoria siempre* zu verlassen: Immer bis zum Sieg!

Zwei Tage später erzählen mir die Verkäuferinnen hinter vorgehaltener Hand, dass die Dame zwar in Favaro wohne, aber in Venedig ein Airbnb betreibe, von dem sie sehr gut lebe.

Um Geld zu machen, wird auf alles die Marke Venedig draufgeklebt, auf Mestre und Chirignago-Zelarino, sogar auf die Strände von Bibione, die jetzt »Venice Sands« heißen.

Sie töten Venedig, um die Reliquien als Ikonen des Festlands zu verkaufen, stellte eine venezianische Historikerin treffend fest – eine Erfahrung, die auch zwei Japanerinnen machen mussten, die glaubten, ein Hotelzimmer in Venedig gebucht zu haben, indes in Mestre in einem der Plattenbauhotels aufwachten und bei ihrer Reklamation erfuhren, dass alles korrekt abgelaufen war.

Kurz vor dem Tag der Volksabstimmung verbietet uns der Bürgermeister, Gemeindesäle für Veranstaltungen für das Referendum zu nutzen, offenbar sind wir für ihn und die venezianische Einheitspartei so gefährlich wie Dissidenten für die chinesische KP. Also mieten wir das Theater Goldoni für eine Podiumsdiskussion. Für dreitausend Euro, gespendet von entschlossenen Venezianern.

Am Nachmittag gehe ich mit einem leicht mulmigen Gefühl ins Theater. In der Nacht habe ich von einem komplett leeren Theatersaal geträumt. Wir haben zwar Handzettel und Plakate gedruckt und empfinden es bereits als Sieg, dass wir das Plakat mit dem »*Sì o No*« sogar im Schaukasten des Theaters aufhängen dürfen, sind aber nicht sicher, ob wir wirklich die Mehrheit der Venezianer informieren konnten, die größtenteils Ü50 sind, also nicht wirklich netzaffin, sondern eher fernsehsüchtig.

Die Direktorin des Theaters sitzt so apathisch im Parkett, als würde jetzt gleich das alljährliche Krippenspiel der

Pfarrgemeinde aufgeführt. Ein Techniker stellt gelangweilt ein paar Stühle auf die Bühne, links für die beiden Verteidiger des *Sì*, rechts für die des *No*, die Mikrofone werden getestet, ich versinke ebenfalls in den Sesseln des Parketts und mache mich auf das Schlimmste gefasst.

Dann geht die Tür auf. Und die Leute rennen ins Theater, als würde es hier gleich Geldscheine regnen. Schon eine halbe Stunde vor Beginn der Diskussion ist das Theater vom Parkett einschließlich der letzten Ränge bis auf den letzten Platz besetzt. Und der Zulauf hört nicht auf, zweihundert Leute stehen im Foyer und draußen vor dem Eingang, weshalb ein Lautsprecher installiert wird, der die Diskussion ins Foyer und in die Gasse vor dem Theater überträgt.

Von den oberen Rängen wird ein riesiges Manifest mit *Sì* ausgerollt, und der Schriftsteller Antonio Scurati liest eine Passage aus seinem dystopischen Roman *La seconda mezzanotte* vor, der im Jahr 2092 spielt: Venedig wird nach einer verheerenden Flut von einem chinesischen Multi als ein perverses Las Vegas europäischer Dekadenz wieder aufgebaut – was wir hier weniger dystopisch als realistisch empfinden.

Abgesehen von einer Ecke im Theater, die sich als Fankurve des *No* entpuppt, zählt die überwältigende Mehrheit des Publikums zu den Unterstützern des *Sì*. Als einer der beiden Vertreter des *No* sagt: Also ich sehe im Grunde gar keine Unterschiede zwischen Venezianern und Mestrinern, kommt es fast zu einer Revolte.

In der Fankurve des *No* sitzende ehemalige Venezianer rufen, dass sie niemals wieder nach Venedig zurückkehren würden. Eine andere Dame wirft Venedig sogar vor, sie weggeschickt zu haben, wobei sie klingt wie ein trauriges Kind, das von verantwortungslosen Eltern in der Wildnis ausgesetzt wurde. Worauf ich den Eindruck nicht loswerde, an einer gruppentherapeutischen Sitzung teilzunehmen.

Am nächsten Tag berichten die venezianischen Zeitungen mit Erstaunen, ja fast mit Entsetzen über das voll besetzte Goldoni-Theater, die Rede ist von Spalten und Trennen und Zerstückeln, die Anhänger des *Sì* stehen quasi im Verdacht, rituell das Blut geopferter Jungfrauen vom Festland zu trinken.

Am nächsten Morgen kommt keine Tageszeitung ohne den Verweis aus, dass das Theater Goldoni in Venedig aus den Nähten zu platzen drohte, während in Mestre nur eine Handvoll Zuhörer eine zeitgleiche Podiumsdiskussion über das Referendum besuchte.

Am Wahltag regnet es. Die Bürgerinitiative Gruppo 25 aprile schickt Wahlbeobachter in die Wahlbüros. Venedig ist, demokratietechnisch gesehen, Burkina Faso. Tatsächlich bekommen wir mit, wie man versucht, einige Wahlbüros früher zu schließen, »weil ja eh niemand mehr kommt«.

Zu Verkündigung des Wahlergebnisses treffen wir uns in einer Osteria in San Marco, die am nächsten Tag von den parteienhörigen venezianischen Tageszeitungen zum »Hauptquartier der Separatisten« erklärt wird.

Im gesamten Gemeindegebiet der Kommune Venedig siegt das *Sì* mit 66,11 Prozent der Stimmen. In Venedig selbst stimmen sogar 83,45 Prozent aller Wähler für die Loslösung vom Festland. Und als Stimmen der direkt Betroffenen (vom Overtourism, vom Ausverkauf der Kulturgüter, von der Airbnb-Pest und der Hochwasserplage) sind diese 83,45 Prozent praktisch ein Plebiszit für die Loslösung.

Interessant ist auch das Ergebnis von Mestre, wo man ebenfalls unter Airbnb und den soeben erbauten Billighotel-Silos leidet: Selbst hier gewinnt das *Sì* mit 51,25 Prozent.

Alles gut? Im Prinzip ja, wenn es hier in Venedig mit rechten Dingen zugehen würde. Schon am nächsten Tag wird das Ergebnis von den journalistischen Lakaien der

Einheitspartei (man muss es leider so sagen, auch wenn es mich als Journalistin schmerzt) zum Flop erklärt, weil die Wahlbeteiligung niedrig war.

Die ist in Italien allerdings immer niedrig und rechtfertigt nicht das Triumphgeheul der Lokalpolitiker und der mit ihnen verbandelten Presse. In Venedig lag die Wahlbeteiligung bei dreißig Prozent, in der ganzen Kommune bei etwas mehr als zwanzig Prozent. Aber von einem Flop zu sprechen scheint doch etwas gewagt, vor allem, wenn man bedenkt, dass der jetzige Bürgermeister bei der Stichwahl 2015 lediglich von fünfundzwanzig Prozent aller Wähler gewählt wurde.

Obwohl die italienische Verfassung für ein konsultatives Referendum gar kein Quorum vorsieht, beschloss die Region Venetien vor der Stimmabgabe ad hoc ein Fünfzig-Prozent-Quorum und erklärte die Abstimmung für ungültig. Dagegen klagen nun die Venezianer, die das Referendum unterstützt haben – und kündigen an, zur Not bis zum Europäischen Gerichtshof für Menschenrechte zu gehen. Hinzu kommt, dass die drei Ex-Bürgermeister zusammen mit dem jetzigen Bürgermeister die Bürger kurz vor der Stimmabgabe zur Stimmenthaltung aufgefordert haben – also sie wie Untertanen behandelt zu haben, wie man es eigentlich nur von diktatorischen Regimes kennt.

Die Tatsache, dass wir die 83,45 Prozent trotz Medienterrors, der Bombardierung der Bürger mit Fake News, trotz Täuschungsmanövern, Betrügereien und anderen Tiefpunkten erreicht haben, ist allein schon ein Wunder.

Und, ja, für uns ist dieses Sì erst der Anfang. Zwei Tage nach dem Referendum trauen die Venezianer ihren Augen nicht, als Adriano Celentano, die lebende Legende, plötzlich auf Rai 2 zu ihnen spricht, ja einen nicht enden wollenden Monolog hält: *Vor zwei Tagen wurde in Venedig ein Referendum mit einem kranken Quorum abgehalten. Der*

Bürgermeister von Venedig, Brugnaro, hat zusammen mit seinem Vorgänger Massimo Cacciari und dessen beiden Nachfolgern – die alle vier zusammen die wahren Väter des Ausverkaufs von Venedig sind – die venezianischen Bürger dazu aufgerufen, sich beim Referendum der Stimme zu enthalten. Und so kam es zu einem kranken Quorum. Aber die noch größere Schuld liegt nicht bei Cacciari, Brugnaro & Co., sondern bei den Venezianern. Warum merkt ihr nicht, dass ihr in einer Falle steckt? Und das, obwohl Cacciari ziemlich deutlich war, als er sein berühmtes Manifest »Venedig privatisieren« veröffentlichte. Venedig steht heute zum Verkauf. Die Palazzi, die Inseln, die Kunstwerke – und in nicht allzu ferner Zukunft, liebe Venezianer, werdet auch ihr verkauft, falls ihr nicht endlich die Augen öffnet.

Venedig ist eines der sieben Weltwunder, das wie keine andere Stadt den Herausforderungen des Klimawandels ausgesetzt ist. Es wäre eigentlich der ideale Standort für eine internationale Umweltschutzinstitution. Tatsächlich aber, aufgrund der mangelnden Teilnahme der Venezianer am Referendum, riskiert Venedig unterzugehen unter den Füßen von dreiunddreißig Millionen Touristen pro Jahr.

Und was die verbliebenen wenigen Venezianer wollen, ist eine eigene Stadtverwaltung – ohne sie mit sechs anderen Dörfern teilen zu müssen. Denn es ist klar, dass in Venedig nicht die Venezianer bestimmen, sondern die benachbarten Dörfer, Marghera, Campalto, Mestre. Was also tun? Es ist das fünfte Referendum, das die Venezianer verlieren. Das sie verlieren, weil sie nicht wählen. Weil sie sich dazu überreden ließen, sich der Stimme zu enthalten.

Aber ich bin überzeugt, dass es noch eine andere Wahl geben wird. Ich weiß nicht, wann, aber sie wird kommen. Ich bin überzeugt, dass Venedig das nächste Mal eine eigene Stadtverwaltung haben wird, eine freie, unabhängige, nicht eine, die mit sechs Dörfern geteilt wird.

Celentanos Ohrfeige tut weh. Sie brennt so sehr, dass Bürgermeister Brugnaro sich in unendlicher Großherzigkeit überschlägt und Celentano nach Venedig einlädt: Ich habe Celentano über Familienmitglieder kontaktiert, ich hoffe, bald mit ihm zu sprechen.

Mit einem Mal will der Bürgermeister auch nichts mehr davon wissen, die Venezianer zur Stimmenthaltung aufgerufen zu haben: Die Menschen haben ihren eigenen Kopf. Das ist der Wert der Demokratie.

Sagt er.

Campo Santi Giovanni e Paolo

Im Grunde sind wir letzten Venezianer so gut wie tot. Und deshalb liegen ziemlich viele Tote an einem kalten Märzmorgen vor dem Krankenhaus in Castello auf dem Pflaster, die *Nuova* spricht von eintausend, aber wir waren mindestens doppelt so viele, auf jeden Fall so viele, dass fast der gesamte Campo Santi Giovanni e Paolo mit Leichen übersät ist.

Der Flashmob läuft unter dem Hashtag #*Issomorti,* was auf Venezianisch so viel heißt wie: *Verflucht seist du und alle deine Vorfahren,* was jemand in ein Megafon ruft, auf einer kleinen Trittbrettleiter stehend. Das Megafon scheppert, man versteht eigentlich nur ein heiseres Krächzen, aber das ist im Grunde auch egal – wir alle hier wissen, dass die Regionalregierung des Veneto gemeint ist, die beschlossen hat, das Krankenhaus von Venedig entsprechend der sinkenden Einwohnerzahl zu verkleinern: Also weniger Betten, weniger Spezialisten, weniger Pflegedienste, weil hier letztlich nur noch ein paar widerborstige Venezianer ausharren, die nicht einsehen wollen, dass ihre Stadt schon längst zum Freizeitpark erklärt wurde. Und den Venedigbesuchern ist nur zu wünschen, dass sie es einrichten können, ihren Herzanfall woanders zu erledigen.

Auf dem Festland, irgendwo zwischen Mestre und Zelarino, wurde ein neues Krankenhaus gebaut, das aussieht wie eine notgelandete Raumstation. Es heißt – *nomen est omen – Ospedale dell'angelo,* Krankenhaus des Engels, aber ob uns die Engel im Notfall noch helfen können, bezweifeln wir; das Krankenhaus ist von Venedig aus so weit weg wie der Mond. Also schreiben wir Nachrufe auf uns selbst und fotografieren uns, wie wir nach einem Herzanfall den letzten Atemzug auf dem Vaporetto aushauchen, uns beim Ausrutschen auf Möwenkacke auf dem Markusplatz das Genick brechen, beim Putzen von der Leiter fallen, als Wasserleiche mit Muscheln und Tang im Haar enden – oder auf dem Bett aufgebahrt werden, mit gefalteten Händen samt Rosenkranz und Blumenstrauß auf der Brust. Und darunter steht: Wenn es das städtische Krankenhaus noch gegeben hätte, würden sie noch leben.

Mein Foto zeigt mich leicht verfremdet mit geschlossenen Augen. Bildunterschrift: *Die Ärmste wurde von einer Gruppe Kreuzfahrttouristen in der Calle della Mandola zu Tode gequetscht. Um des heldenhaften Lebens der letzten Venezianer zu gedenken, wurde ihre Leiche einbalsamiert.*

#Issomorti. Verflucht seist du und deine Vorfahren.

Nach unserer Aktion wird die Verkleinerung des venezianischen Krankenhauses gestoppt.

Vorerst.

Ospedale Civile

Als ich nach unserem Flashmob vom Campo Santi Giovanni e Paolo nach Hause gehe, sehe ich eine schwarze Katze mit buschigem Schwanz um die Ecke streifen, worauf ich, wie in Italien üblich, den Zeigefinger und den kleinen Finger spreize, als Blitzableiter gegen den bösen Blick. Die Katze schlüpft in den Seiteneingang des Krankenhauses. Die Katzen des venezianischen Krankenhauses gehören zu Venedig wie die Mohren auf dem Uhrenturm. Ihnen werden Fotoausstellungen und Facebook-Seiten gewidmet. Manche werden sogar beim Namen genannt: Principessa, Perla, Ranocchio, Dora, Pallina, Tosca. Eine Katze namens Teo war berühmt dafür, beruhigend auf die Patienten der psychiatrischen Abteilung einzuwirken, und als vor Jahren mal jemand auf die Idee kam, die Katzenkolonie aus dem Krankenhaus zu entfernen, erwirkte eine erfolgreiche Petition ein Bleiberecht für die Katzen.

Das alles weiß ich allerdings noch nicht, als ich eines Tages ins Krankenhaus eingeliefert werde und eine dicke, schwarz-weiße Katze bemerke, die aus einem Fenster zu springen scheint, bis ihr jemand die Tür öffnet und sie sich elegant durch den Türspalt in den Kreuzgang drängelt.

In Deutschland habe ich noch nie eine Katze im Krankenhaus gesehen. Aber hier tröstet mich ihr Anblick. Als ich in Venedig ankam, gab es noch viele wilde Katzen, die sich einen *campiello,* einen alten Lagerschuppen oder einen verlassenen Innenhof erobert hatten und dort auf die *gattara* warteten, ihre Katzenmutter, alte Venezianerinnen, die sie fütterten. Heute sieht man nur noch gelegentlich Katzen mit Halsband durch die Gassen streifen, fette Hauskatzen beim Verdauungsspaziergang.

Nur hier im Krankenhaus ist es noch wie früher, ständig biegt eine Katze um die Ecke, sie sitzen in den Kreuzgängen, liegen in der Sonne auf marmornen Brunnen in den Innenhöfen und ignorieren die Wasserschildkröten in dem Springbrunnen.

Das venezianische Krankenhaus befindet sich in den Gebäuden zweier ehemaliger Klöster und des Bruderschaftshauses der Scuola Grande di San Marco. Wenn man zur Blutabnahme muss, durchquert man die Frührenaissance. Aber das Erste, was ich im venezianischen Krankenhaus sehe, sind nicht die zierlichen Renaissancesäulen der Eingangshalle, sondern die Katzen.

Überhaupt ist das venezianische Krankenhaus der einzige Ort in Venedig, an dem man sich noch wie in einer normalen Stadt fühlt: Hier wird Venezianisch gesprochen, über die Flure laufen Familien, die ihre Verwandten besuchen und schwere Taschen mit sauberer Wäsche schleppen, keine einzige Reisegruppe weit und breit, niemand hockt auf dem Boden, um eine Pizza zu verspeisen, niemand posiert für Instagram, keine Selfiestange schiebt sich ins Bild.

Eine amerikanische Freundin sagt, dass sie sich lieber ausfliegen lassen würde, bevor sie sich in dem venezianischen Krankenhaus behandeln ließe. Okay, das entspricht hier vielleicht nicht dem Standard einer Mayo-Klinik, und die Katzen sind für Amerikaner sicher gewöhnungsbedürftig, aber was, wenn man sich nicht mehr ausfliegen lassen kann?

Ich bin hier, weil irgendwas in mir nicht mehr funktioniert. Ich bin von einer Reportage auf Sizilien zurückgekehrt und kann mich vor Schmerzen nicht mehr bewegen. Im Hotel in Palermo wird ein Arzt gerufen, aber am Sonntag ist nur ein Militärarzt von der *aeronautica* im Dienst, ein Mann, der aussieht wie einem Foto der Zwanzigerjahre entsprungen, im sepiafarbenen Anzug mit Fliege, Weste und Einstecktuch. Er tastet meinen Rücken ab, um zu diagnostizieren, dass nichts gebrochen ist, und erklärt mir, dass diese Rückenschmerzen auch von zu brutalem Sex, von *sesso violento* resultieren könnten.

Aber zu Sex, ob brutal oder nicht, bin ich gar nicht mehr in der Lage, sage ich. Und der Aeronautica-Arzt stellt mir wortlos eine Rechnung über hundert Euro aus.

Am Morgen meiner Rückkehr nach Venedig bringt mich der Venezianer ins Krankenhaus. Eine befreundete Ärztin untersucht mich und weist mich gleich ein, was ein Glücksfall ist und ein Privileg zugleich, denn so muss ich nicht Stunden in der Notaufnahme warten. Im Rollstuhl werde ich davongeschoben, über verwinkelte Gänge, und das Einzige, woran ich mich erinnere, sind die Katzen und ein Schild, auf dem *degenze* steht, was für mich wie *degenerare* klingt, wahrscheinlich heißt *degenze* also so viel wie Ableben, weshalb ich anfange zu heulen, weil ich auf die Station für die Dahinscheidenden eingeliefert werde, für die hoffnungslosen Fälle, für die in den letzten Zügen.

Wenn man Pech hat, blickt man vom Krankenbett direkt auf die Zypressen von San Michele, Venedigs Toteninsel liegt direkt gegenüber vom Krankenhaus. Aber vielleicht ist dieser Ausblick gar kein Unglück, sondern eher ein Trost.

Ich teile ein Zimmer mit drei alten Venezianerinnen, die von allen hier geduzt werden. *Come andemo?*, schreit eine Krankenschwester einer der alten Damen auf Venezianisch zu, ich finde dieses Duzen der Alten schrecklich, habe aber keine Kraft, um zu protestieren, weil mich jeder Atemzug schmerzt.

Das Bett gegenüber ist von einer Dame mit spitzer Nase belegt, die alles in ihrer Schublade hortet, die *grissini* vom

Abendessen und die eingeschweißten *brioche* vom Frühstück, und manchmal bietet sie mir etwas davon an.

Neben mir liegt eine alte Dame, die jeden Nachmittag von ihren vier Schwestern besucht wird, die sich lautstark unterhalten und mich immer fragen: Sind wir zu laut oder leisten wir Ihnen Gesellschaft? Und dann muss ich lachen, und mir tut mein Bauch weh.

Hinten rechts am Fenster liegt Nereide, sie ist vierundneunzig und halb tot, sie atmet kaum noch und wenn, dann nur stoßweise. Dreimal am Tag kommt ihre *badante,* wie die privaten Pflegerinnen hier genannt werden.

Manchmal weint Nereide. Und dann schreit ihre *badante*: Nereide, du musst mehr trinken, sonst hast du kein Wasser mehr, das du verweinen kannst!

Nur abends, wenn ihre Nichte sie besucht, weint Nereide nicht, dann ist sie auch nicht mehr schwerhörig, dann hört sie sogar, wenn die Nichte mit ihr flüstert.

Die *badante* ist Moldawierin, sie spricht Italienisch mit hartem russischem Akzent und kommt, um Nereide die Windeln zu wechseln, sie zu füttern und sie im Rollstuhl durch einen der Kreuzgänge zu fahren. Weil es in Venedig sehr viele alte Leute gibt und die jungen Venezianer fast alle auf dem Festland wohnen, gibt es hier sehr viele *badanti,* Moldawierinnen oder Rumäninnen, die von den wenigen verbliebenen Venezianerinnen im Vaporetto immer misstrauisch beäugt werden, wenn sie Russisch oder Rumänisch miteinander sprechen, weil man sie für potenzielle Erbschleicherinnen hält: War nicht heute erst im *Gazzettino* die Rede von drei Pflegerinnen, die eine Vierundneunzigjährige um siebenhunderttausend Euro erleichtert haben?

Wenn die Dame im Bett neben mir von ihren Freundinnen besucht wird, blicken auch sie voller Argwohn auf die Moldawierin, bis die Dame mit der spitzen Nase ihnen versichert: *È buona, è buona!*

Die Moldawierin ist leicht bucklig, hat stumpfes Haar und tiefe Furchen im Gesicht. Sie kämmt Nereide das Haar und cremt ihr die Hände ein und beobachtet die Krankenschwestern so misstrauisch, als befürchte sie, dass die ihr sorgsam gepflegtes Werk zerstören könnten.

Nereide weint, bis ihr die Tränen in breiten Bächen die Wangen herunterlaufen, und die Moldawierin sagt: Es ist ja nicht so, dass alles gut wäre, nur weil man jung ist, ich bin dreißig und habe auch meine Probleme.

Wenn die Freundinnen der Dame im Bett neben mir nach Hause gehen, streichen sie mir immer freundlich über meinen Arm und wünschen mir alles Gute, was mich jedes Mal ebenfalls in Tränen ausbrechen lässt.

Die Ärzte untersuchen mich und sind ratlos. Ab und zu werde ich im Rollstuhl zu Untersuchungen geschoben, aufgrund meines Namens glauben manche Pfleger, dass ich kein Italienisch spreche, und sagen: *Du gehen hier*. Und ich sage: Sie können auch normal mit mir sprechen, ich lebe schon seit zwanzig Jahren in Italien.

Ich werde so oft geröntgt, dass mich die beiden Plakate an der Wand hinter dem Röntgengerät bis in den Schlaf verfolgen, rechts hängt ein bläulich-grün verblichenes Plakat vom Mount Rushmore Memorial mit den Köpfen der vier amerikanischen Präsidenten Washington, Jefferson, Roosevelt und Lincoln, unten steht: *South Dakota*. Links hängt ein Aztekentempel mit dem Schriftzug *Mexico*. Ich frage mich, wer so sadistisch veranlagt ist, diese beiden deprimierenden Plakate hier aufzuhängen. Hat sie jemand im Müll gefunden und aufgehängt, weil sich dahinter Stockflecken auf der Wand befinden? Oder war ein Röntgenarzt so stolz auf seine Reise, dass niemand wagte, sie zu beseitigen?

Unser Bad befindet sich auf dem Flur, die alten Damen und ich müssen es uns mit den Männern teilen, die ebenfalls alle sehr alt sind. Nachts liege ich wach und höre einen der Männer brüllen, er schreit, als hätte er dem Tod ins Auge geblickt. Und dann ist wieder Stille. Und wenn man glaubt, dass er jetzt gestorben ist, fängt er wieder an zu schreien, und man wünscht sich, dass er jetzt endlich wirklich stirbt.

Nach dem Vierbettzimmer mit den alten Damen steige ich auf: Ich werde auf eine andere Station verlegt, in ein Zweibettzimmer, das ich mit einer Frau aus der Gemeinde Cavallino teile. Immerhin gibt es hier eine Dusche auf dem Zimmer, wenn auch nur mit kaltem Wasser.

Diese Station liegt direkt an einem der Kreuzgänge, durch den die Katzen streichen, wo ich später auch sitze, in der Sonne, mit einem Infusionsständer, der Schwierigkeiten hat, über die Pflastersteine zu rollen.

Auf dieser Station wird das Essen gemeinsam eingenommen, wir Patienten sitzen zusammen an einem großen Tisch, weshalb hier eine Atmosphäre wie in einer Wohngemeinschaft herrscht: Lebensgeschichten werden erzählt, Geständnisse geteilt. Im Grunde fehlt uns nur der Wein auf dem Tisch, sagt ein Mann, und ein anderer erzählt davon, wie gut es ihm geht, seitdem er nicht mehr trinkt.

Ich halte mich an einem *grissino* fest, essen kann ich nichts, nicht mal das Apfelmus, das ich mag, weil es mich an meine Kindheit erinnert. Die Frau, mit der ich das Zimmer teile, ist Fleischerin. Neben ihrer Fleischerei betreibt sie einen Imbiss auf einem Campingplatz in Cavallino, und als sie erfährt, dass ich Deutsche bin, erzählt sie mir die Geschichte von dem Riesenschnitzel, das die Deutschen auf dem Campingplatz in einer dafür extra angefertigten meterlangen Riesenpfanne gebraten hätten.

Sie waren sehr gut organisiert, die Deutschen, sagt sie. Und prompt halluziniere ich im Fieberwahn von Riesenschnitzeln, ich rieche sie, ich schmecke sie, ein Königreich für ein Wiener Schnitzel.

Kurz danach werde ich wieder auf eine andere Station verlegt, in ein Einzelzimmer mit eigenem Badezimmer und funktionierender Dusche, und fühle mich wie eine Königin. Eine Freundin schenkt mir eine winzige Orchidee im Topf, die auf meinem Nachttisch gegen die Tristesse kämpft und mein bester Freund wird. Weil ich nichts essen kann, wird beschlossen, mich künstlich zu ernähren, ein sadistisch veranlagter Anästhesist jagt mir eine Kanüle in den Hals, und als ich schreie, sagt er: Wir sind hier nicht in der Karibik. Und ich Idiotin antworte auch noch darauf und sage: Die Karibik interessiert mich nicht.

Mein ganzes Denken kreist um das Essen, am Telefon gebe ich Rezepte für Hühnersuppe mit Ingwer durch, und wenn mich der Venezianer besucht, lasse ich mir erzählen, was er am Abend zuvor gegessen hat, wir erörtern die Zubereitung von *baccalà mantecato,* Stockfischcreme, *rigorosamente* ohne Knoblauch, ganz leicht, gut aufgeschlagen mit etwas Milch. Oder *masenete,* winzige Krebse, die ganz gebraten und mitsamt der Schale verspeist werden und die die Touristen niemals essen würden, wie sie auch vor den Tintenfischeiern zurückschrecken, *latte di seppia,* die weiß und weich sind und schmecken wie Eiweiß, das ins Meer getunkt wurde, alles Dinge, die es immer seltener in den venezianischen Restaurants gibt, weil die meisten sich an den Touristengeschmack angepasst haben und nichts mehr anbieten, was den Touristen fremd sein könnte.

Weil der Höhepunkt meines Tages in der Einnahme der täglichen Vitamintablette besteht, die nach Orangen schmeckt, halluziniere ich von Spaghetti mit Tomatensoße und Basilikum, mein absolutes Lieblingsgericht, und wenn ich die Augen schließe, spüre ich die Bissfestigkeit der Spaghetti *al dente* zwischen den Zähnen.

Als ich meiner Mutter sage, dass ich künstlich ernährt werde, sagt sie: Du übertreibst immer.

Meine Tante bedauert, dass ich nicht in einem vernünftigen Krankenhaus in Deutschland bin, meine amerikanische Freundin bringt mir die *Vogue* und *Amica* und auch sonst alle Frauenzeitschriften, von denen sie meint, dass sie zu meiner Heilung beitragen könnten, und versucht, mich zu überzeugen, mich nach Deutschland verlegen zu lassen, einen Flug könnte ich doch überstehen. Ich aber bin mit dem Tropf verkabelt und voller Vertrauen in meinen venezianischen Arzt, außerdem bin ich hier zu Hause, und wenn ich aus dem Fenster schaue, sehe ich die Kuppeln von San Marco in der Ferne.

Der andere Höhepunkt neben der täglichen Vitamintablette besteht im Besuch meiner venezianischen Freundinnen. Patrizia, die Frau des Kommandanten, erzählt von ihren Ferien in Apulien, wo sie zu Hause ist, weshalb sie in Venedig immer das apulische Meer vermisst, das nicht so trüb ist wie die Adria. Und natürlich besucht mich auch meine Freundin Marisa, mit der ich mir seit Jahrzehnten die *capanna*, die Badekabine am Lido, teile. Marisa ist kastanienbraun und erzählt mir das Neueste aus unserer Badekabinengesellschaft, und wenn ich die Augen schließe, sehe ich mich am Lido schwimmen, und das Meer ist kein bisschen trüb, sondern klar und still und ohne eine einzige Qualle.

Manchmal kommt mich auch Renzo besuchen, der Quotenmann unserer *capanna*, der mir alle Neuigkeiten aus der venezianischen Lokalpolitik erzählt, weshalb wir uns etwas aufregen, und wenn mich meine deutschen Freundinnen Petra und Katharina besuchen, rede ich auch mit ihnen über das Essen. Ich bin wie besessen – im Traum ist mir eine Mokkatorte erschienen, Buttercreme mit Kaffee, eigentlich hasse ich Butter, seitdem ich denken kann, bis heute esse ich keine Butter auf Brot, aber Buttercreme könnte ich löffelweise essen, Buttercreme, so wie sie meine Mutter bis heute macht und bei jedem Geburtstag sagt: Das war das letzte Mal, dass ich die Buttercremetorte gemacht habe, ich schaffe es nicht mehr.

Langsam werden die Werte in meinem Blut besser, ich bete darum, bald entlassen zu werden, lieber Gott, mach, schließlich ist mein neues Buch gerade erschienen, ich will wieder am Leben teilnehmen.

Nach einem Monat wird mein Gebet erhört. Als der Arzt mir die freudige Nachricht mitteilt, dass ich entlassen werde, reiße ich das Fenster auf, um mein Glück und die Morgenluft einzuatmen: Plötzlich höre ich unten Stimmen, ich stelle mich auf die Zehenspitzen und sehe junge, in schwarze Anzüge gekleidete Männer, die einen weißen Sarg durch den Hof rollen.

Der Venezianer meines Lebens holt mich ab, ich bin ziemlich wacklig und habe Angst, dass die Orchidee zerdrückt wird, weshalb ich sie in der Hand trage und mich etwas wie der Auftragsmörder Léon der Profi fühle, dessen einziger Freund eine wurzellose Topfpflanze war. Wir fahren im Boot über den Canal Grande, wo alles ist wie immer, niemand hier verschwendet einen Gedanken daran, krank werden zu können, nachts dem Tod ins Auge blicken zu müssen und zu schreien, alle sitzen in der Sonne und trinken Spritz und machen Selfies von sich und den *Spaghetti alle vongole*, und als ich endlich zu Hause bin, fange ich an zu weinen und kann nicht mehr aufhören.

Zwei Tage später fahre ich auf dem Weg zum Flughafen am Krankenhaus vorbei und bekreuzige mich.

San Michele

Lange Zeit ist die Friedhofsinsel San Michele auch für mich ein Ort, den ich nur besuche, wenn Freundinnen nach Venedig kommen. Während wir nach den Gräbern der Berühmtheiten suchen, also Strawinsky und Ezra Pound, Josef Brodsky oder Sergei Djagilew, auf dessen Grabstein vom Regen durchnässte Ballettschuhe liegen, fegen die Venezianer die Gräber ihrer Lieben und legen Blumen ab, und ich fühle mich etwas voyeuristisch, wenn wir ihnen bei ihrer Trauer zusehen.

Als ich mit dem Venezianer meines Lebens die Friedhofsinsel zum ersten Mal und einzigen Mal besuche, wirken auch wir wie Touristen. Wir laufen über die kiesbestreuten Wege, an den Zypressen vorbei, den einzigen Bäumen, die er als Venezianer kennt: Totenbäume, sagt er, weil Zypressen für ihn keine Symbole des Südens sind, sondern der Vergänglichkeit. Für ihn ist San Michele der Ort, an dem sein Leben vor mir begraben ist, mit einer Frau, die jung starb und die in seinem Gesicht das melancholische Lächeln hinterlassen hat, das ich so liebe.

Er lächelt, als ich ihn auf die impertinenten Engel aufmerksam mache, die sich mit bemerkenswerter Oberweite über die Toten beugen, wobei ihnen die Träger der Flatterkleider verrutschen. Er lächelt, wenn mich die Inschriften der Kindergräber bewegen und ich ihm von meiner Mutter erzähle, die ihr ganzes Leben damit verbracht hat, mindestens einmal in der Woche das Grab meines Vaters zu besuchen, meine Mutter, die damals kein Einzelgrab für meinen Vater wollte, obwohl sie erst siebenundzwanzig Jahre alt war. Genau wie mein Vater, als er starb.

Als Kind hoffte ich inständig, dass mein Vater mich sehen könnte, wenn ich vor seinem Grab stand und auf den Grabstein blickte, mit dem eingravierten *zu früh* und der Grubenlampe daneben. Noch heute habe ich den leicht säuerlichen Geruch des abgestandenen Blumenwassers in der Nase, meine Aufgabe war, die verblühten Astern und Chrysanthemen zum Abfall zu tragen und Wasser zu holen, während meine Mutter das Grab von Blättern und Unkraut befreite und Vogeldreck vom Grabstein wischte.

Vor mir war niemand in Venedig, es werden nur die nach mir sein. Unsere Enkel, die kleinen Venezianer, mit denen ich einmal an Allerheiligen den Friedhof besuche, weil ich ein Lichtermeer erwarte, so wie ich es als Kind kannte, wenn es an Allerheiligen und Allerseelen nach flüssigem Wachs roch und ich die Seelen flackernd in den Himmel aufsteigen sah. Aber schon als wir in den Blumengeschäften an den Fondamente Nove, der Uferpromenade gegenüber San Michele, nach Grablichtern suchen, werden wir enttäuscht: Es gibt nur Plastikblumen und elektrische Grablichter. Resigniert kaufen wir eine elektrische Kerze und setzen mit dem Vaporetto auf die Insel über. Am Eingang lassen wir uns den Schlüssel für unsere Kapelle geben, die Familienkapelle, deren Lage mir der Friedhofswächter in den Plan einzeichnen muss, weil ich sie nicht mehr gefunden hätte. Es ist Jahre her, dass ich das letzte Mal hier war.

Venedig ist von dem Tag an ein anderer Ort für mich, als meine ersten Freunde auf San Michele begraben werden. Aber davon sage ich unseren kleinen Venezianern nichts. Für sie ist dieser Ausflug ein Abenteuer, sie haben noch nie einen Friedhof besucht und waren noch nie auf San Michele. Sie sind enttäuscht, als hier nicht das von mir versprochene Lichtermeer leuchtet, sondern nur ein paar elektrische Grablichter flackernd glimmen, deren

Batterien zur Neige gehen. Die Kinder blicken etwas ratlos zu mir hoch, wenn mich Grabinschriften zu Tränen rühren, Grabinschriften, die Familiendramen offenbaren, von Kindstod und Eltern, die an gebrochenen Herzen starben, Inschriften, die uns Liebesgeschichten bezeugen und Geschichten von Wiedergeburten, wenn neben dem Datum der Geburt das von der Ankunft in Venedig eingraviert ist.

Wir versuchen, den Friedhofsplan zu entziffern wie eine Schatzkarte: an den Gräbern der Militärs vorbei über die Hauptallee am Brunnen links – oder zeigt der Pfeil nicht nach rechts?

Wir sind keine Friedhofsbesucher mehr, sondern Schatzsucher, die Geistern ausweichen. Totengeistern, die ihren Besitz bewachen, um uns herum flackern Totenlichter, bis uns die Schatzkarte, dieser geheime Lageplan, endlich zu unserer Kapelle führt.

Sie sieht aus wie ein kleiner Tempel. Die Kinder machen einen Schritt zurück und sehen überrascht, dass ihr Name in großen Lettern über der Tür steht. Wir schließen die Tür auf und finden eine mumifizierte Topfblume, eine zersprungene Porzellanvase und trockene Blätter. Die Kinder blicken auf die Bilder der Toten in den Medaillons und suchen nach Ähnlichkeiten. Und nach Platz für die Alpenveilchen, die sie für die Toten mitgebracht haben.

Ich entdecke in einer Ecke einen kleinen Besen, fange an, die Kapelle auszufegen, und schicke die Kinder zum Wasserholen, so wie es meine Mutter einst mit mir gemacht hat. Schwitzend schrubbe ich den Boden der Kapelle, die Kinder bringen die Scherben und die mumifizierte Topfpflanze zum Abfall. Am Ende knipsen sie die elektrische Kerze an und stellen ihre Alpenveilchen in die Kapelle, mit einem kleinen Brief, den der Junge für seine andere Großmutter geschrieben hat, die schon so jung starb.

Als wir gehen wollen, bittet er mich noch, seinen Brief laut vorzulesen, vielleicht, weil er glaubt, dass ihr Geist sonst seine Botschaft nicht hört. Also räuspere ich mich und lese mit belegter Stimme vor, dass er, wenn er in den Himmel blickt, immer an sie denkt, weil sie sich in einen Stern verwandelt hat, einen Stern, der immer auf ihn strahlt. Als ich fertig bin mit dem Vorlesen, fange ich an, hektisch nach einem Taschentuch zu suchen, und die Kinder blicken erstaunt zu mir rüber.

Wir laufen weiter über den Friedhof, auf der Suche nach dem Grab meines Freundes Gaston, vorbei an den Gräbern, die nach Konfessionen aufgeteilt sind, katholisch, evangelisch, griechisch-orthodox, vorbei an monumentalen Grabkapellen mit goldenen Mosaiken. Vor Kurzem hat ein französischer Unternehmer für mehr als dreihunderttausend Euro die Kapelle der Familie Salviati für sich ersteigert, das Familiengrab der Muranoglas-Dynastie, ein Juwel des Jugendstils, ein VIP-Grab, wie die Zeitungen schreiben, was sich für uns so anfühlt, als würden wir nicht nur aus den Wohnungen, sondern jetzt auch noch vom Friedhof vertrieben. Denn eigentlich kann nicht jeder einfach so auf San Michele begraben werden, nur Bewohner von Venedig und ihre Verwandten, selbst für einen Nobelpreisträger wie Josef Brodsky war das Grab auf San Michele ein ziemliches Problem, weil er in New York verstorben war und es ewig gedauert hat, bis die Genehmigung für seine Beerdigung da war, erstellt von der *polizia mortuaria,* der venezianischen Totenpolizei, die darüber bestimmt, wer hier wo die letzte Ruhe findet.

Aber den kleinen Venezianern, die gerade erst ihr Familiengrab entdeckt haben, verschweige ich das. Und wer weiß, vielleicht gelingt es unseren Enkeln ja, Venedig diesem Teufelskreis zu entreißen, der Stadt wieder echtes Leben einzuhauchen, ihre Einzigartigkeit zu wahren, ihre herausragende Rolle für die Herausforderungen der Zukunft zu retten, die Abwärtsspirale zu unterbrechen, in der die Stadt ihrem Ende entgegentaumelt.

Ich will diese Hoffnung nicht aufgeben.

Der Friedhofswärter hat die Lage des Grabes von Gaston mit einem Kreuz im Friedhofsplan eingezeichnet, auf den wir jetzt wieder wie auf eine Schatzkarte starren. Wir laufen an den weißen Kreuzen der französischen Piloten aus dem Ersten Weltkrieg vorbei, vorbei an Grabkapellen, die aussehen wie gotische Palazzi, und an den Gräbern mit emaillierten Fotos der Toten. Jeder hat hier einen Namen, glücklicherweise hat sich die kostengünstige Bestattung in einem anonymen Grabfeld ungeachtet der Wirtschaftskrise in Venedig noch nicht durchgesetzt, eine Beisetzung, die man im Ruhrgebiet kurzerhand als »Der kommt unter den Baum« bezeichnet. Aber auch das verschweige ich den beiden kleinen Venezianern.

Venezianerinnen mit Handfegern und Plastikblumen in der Hand ziehen an uns vorbei. Am Brunnen die Gabelung rechts oder links? Ist da nicht eine Stimme, die zu uns spricht? Die sagt: Geh bis nach Norden zu dem Wasserfall, an der Eule vorbei, die den Weg vor der Gabelung bewacht, bis du zu der Brücke kommst, von der aus du nach Osten gehen musst, wenn du Glück hast und keiner vor dir da war, könnte der Schatz dort verborgen sein?

Bald darauf stehen wir am Grab von Gaston. Vor einer Grabplatte aus weißem istrischem Marmor.

Gaston Salvatore gehörte zu meinen ersten Freunden in Venedig. Ich lernte ihn kennen, weil ich ihn angerufen und um ein Interview gebeten hatte. Er war sehr freundlich und lud mich zu sich ein in seine Wohnung, die sich wie ein Schiffsbug in das Markusbecken drängte. Mit Fenstern wie Bullaugen. Gaston war verschwenderisch großzügig und geistreich, leicht entflammbar und stets erzürnt über die

Vulgarität der Gesellschaft, die er überall witterte. Er kannte alle und jeden in Venedig, überschüttete jeden Gast mit Aphorismen und Prosecco, mit endlosen Essgelagen und schneidenden Sentenzen, die ihn manche Freundschaft kosteten.

Anfangs lernte ich in Venedig vor allem andere Ausländer kennen, in Venedig kurzerhand *foresti* genannt – und das hat weniger mit Nationalitäten zu tun als mit einem Geisteszustand. *Foresti* sind im Grunde alle, die nicht in Venedig wohnen, folglich auch Festlandsbewohner, auch wenn diese für das Einwohnermeldeamt als Venezianer gelten. Gleichzeitig gibt es *foresti,* die als Venezianer gelten, obwohl sie nicht in Venedig wohnen, weil sie als *veneziani non per anagrafe, ma per l'anima* wahrgenommen werden, Venezianer nicht für das Einwohnermeldeamt, aber für die Seele. Praktisch Herzensvenezianer. Ein Etikett, das nicht leicht vergeben wird, denn es gibt auch Venezianer, die zwar laut Einwohnermeldeamt Venezianer sind – aber nicht mit der Seele, wie man hier sagt. In dieser Stadt, die tausend Jahre lang eine freie und unabhängige Republik war, hat sich eine spezielle Kultur entwickelt, die bis heute als *venezianità* wahrgenommen wird: ein unabhängiger Geist, der sich von niemandem dominieren lässt, nicht mal von der Kirche. Wir sind erst Venezianer und erst danach Christen, hieß es einst.

Deshalb bleiben die Venezianer meist unter sich, sie kennen sich aus der Schule und dem Kindergarten, sie wissen, wer wen mit wem betrogen hat, wer sein Geld bei welchem Geschäft verloren hat und wem sie vertrauen können. Durchziehende *foresti* nehmen sie nur am Rande wahr. Die Venezianer sind seit Jahrhunderten daran gewöhnt, dass sich Menschen in ihre Stadt schockverlieben und beschließen, sich hier niederzulassen. Praktisch ein weitverbreitetes Krankheitsbild. Die Venezianer wissen aber auch, dass diese Liebe selten von Dauer ist. Deshalb halten sie sich so lange zurück, bis sie merken, dass dieser Ausländer es ernst meint mit seiner Liebe zu Venedig. Erst dann nehmen sie ihn wahr, so wie mein Tabakmann mich in der Bar al Teatro.

Bis die Haltung zu Venedig nicht geklärt ist, schauen die Venezianer immer mit einer gewissen Nachsicht auf Nicht-Venezianer. Und erklären ihnen geduldig, dass die Plätze in Venedig nicht *piazza* heißen, sondern *campi,* weil die Piazza nur die eine ist, Piazza San Marco. Oder dass die wichtigen Eingänge zu den Palazzi nur die zum Wasser sind, nie die in den Gassen. Dieses Reiseführerwissen teilen sie mit dir – mehr aber auch nicht. So als befürchteten sie, Intimes über Familienmitglieder auszuplaudern.

Erst wenn ihnen klar ist, dass man unbestritten auf ihrer Seite steht und damit wirklich wert ist, eingeweiht zu werden, fangen sie an, die Geheimnisse Venedigs zu enthüllen. Stets mit einem gewissen Stolz und gleichzeitig mit dem Bedauern, der Stadt beim Niedergang zusehen zu müssen. Wie Eltern, die geniert über eine drogenabhängige Tochter reden, deren Zustand niemandem verborgen geblieben ist: Eine Tochter, die bis gestern umschwärmter Mittelpunkt aller war, schön wie die Sonne, bis sie leider, leider in falsche Gesellschaft geriet, weshalb sie bis heute an der Nadel hängt und keine Therapie sie retten kann.

Gaston sagte einmal: Venedig ist zu mir immer freundlich gewesen, aus dem einfachen Grunde, weil ich hiergeblieben bin. Wenn du lange genug hier bist, müssen die Leute mit einem fertigwerden. Sie sagen *architetto* zu mir, weil sie eigentlich nicht wissen, was ich mache. Aber das macht nichts. Hier hat jeder einen Namen, es ist ein bisschen wie in einem Dorf: Venedig ist ein freundlicher Ort, wo die Säugetiere sterben. Die Steine von Venedig überleben uns auf alle Fälle.

Zu meinen ersten Freunden in Venedig zählen auch zwei Maler, an denen immer ein Rest Farbe klebt: Der englische Maler Geoffrey, der bis heute auf der Giudecca rauschende Partys feiert, und sein Freund, der trinkfeste holländische Maler Ysbrandt. Geoffrey sagte: Manche Künstler leben in so schrecklichen Städten wie New York, in der Hoffnung, dort Karriere zu machen. Und wenn sie alt sind und keine Karriere gemacht haben, ziehen sie nach Venedig. Ich bin gleich mit zweiundzwanzig nach Venedig gezogen. Und Ysbrandt sagte: Ich kann nur in Venedig leben. Nur hier fühle ich mich wie im Schoß meiner Mutter.

Geoffrey spricht bis heute Italienisch mit schwerem englischem Akzent. Nur Venezianisch spricht er akzentfrei.

Auf einer von Geoffreys Partys tauchte eines Tages auch Ulrich Tukur auf. Ich sprach ihn an und sagte: Guten Abend, sind Sie nicht Ulrich Mühe? Es war wie verhext, den ganzen Abend lang wurde ich den Ulrich Mühe nicht los: Auch für Sie noch ein Glas Wein, Herr Mühe? Und wie kamen Sie auf die Idee, nach Venedig zu ziehen, Herr Mühe?

Trotz der vorübergehenden Verstärkung von Herrn Tukur und seiner Frau Katharina ist die deutsche Kolonie bis heute klein und versprengt. Die englische Kolonie und erst recht die französische sind nicht nur größer, sondern vor allem besser organisiert als die deutsche. Die deutsche findet sich nur anlässlich der jährlich im September stattfindenden *Regata storica* zusammen, zum Empfang des deutschen Studienzentrums auf dessen wunderbarer Terrasse mit Blick auf den Canal Grande. Auf dem *pupparini, mascarete, caorline, gondoline* miteinander wetteifern – venezianische Ruderboote, die ich, wenn ich nicht einen Blick in das Programmheft der *Regata storica* werfen könnte, bis heute nicht auseinanderhalten kann.

Hier war es auch, wo ich Gaston zum letzten Mal sah, mit wehendem Haar und einem Glas Wein in der Hand. Da hatten sich unsere Wege schon lange getrennt, ohne einen nennenswerten Anlass, einfach so.

Die Kinder sind stolz darauf, bei dieser außergewöhnlichen Schnitzeljagd endlich sein Grab zu finden. Sie fragen mich, ob dieser Freund krank war, bevor er starb, weil es sie tröstet, wenn man krank ist und dann stirbt und nicht einfach so stirbt, ohne Angaben von Gründen. Sie wollen wissen, was der Freund gemacht hat im Leben, ich sage: Er war Schriftsteller.

Und dann fragen sie, was er geschrieben hat, Dramen, sage ich. Okay, sagen sie und klingen wenig überzeugt, weshalb ich mich beeile anzufügen, dass er auch Gedichte geschrieben hat, wobei ich nicht weiß, ob sie heute überhaupt noch Gedichte lesen in der Schule, aber die beiden kleinen Venezianer sagen wieder: okay.

Wenn es nicht so kompliziert wäre, könnte ich ihnen sagen, dass seine Lebenshaltung die eines *poète maudit* war, der sich dem Pantheon der Avantgarde zugehörig fühlte, sich am Rand und gleichzeitig an der Spitze der Gesellschaft wähnte und der erst nach seinem Tod seine Verwundbarkeit offenbarte, indem er eine kirchliche Trauerfeier verfügte.

Das Erste, was wir in jenem kalten Winterlicht vor der Chiesa dei Gesuati stehend feststellten, war, dass unter den Trauergästen niemand war, der sich nicht mindestens einmal mit Gaston überworfen hätte.

Seine Verwandten waren aus Chile angereist, seine Schwester samt Neffen und Nichten, die, als wir sie umarmten, um ihn weinten – was ihn, der sich stets bemüht hatte, sich von allem zu distanzieren, was auch nur von fern an Familie, Verwandtschaft oder irgendwie geartete Zugehörigkeit erinnerte, plötzlich überraschend empfindsam wirken ließ. Sogar der Pfarrer fand warme Worte für den *poète maudit,* seine Trauerrede klang, als hielte er ihn für einen alten Vertrauten, der lediglich unter dem kleinen Makel litt, an keine andere Religion zu glauben als an die der Kunst.

Freunde hatten beschlossen, in der Kirche Gastons Gedichte zu rezitieren, denn schließlich hatte er der Literatur stets einen höheren Wert als dem Leben selbst eingeräumt. Während in der Kirche seine Gedichte wie bei einem Hochamt rezitiert wurden, blickte ich auf das Blatt, auf dem ich mir ein paar Notizen für eine kurze Trauerrede gemacht hatte – eine Trauerrede, die eigentlich gar nicht vorgesehen war, die ich aber dennoch halten durfte und bei der ich daran erinnerte, was Gaston einmal bei einem seiner opulenten Abendessen gesagt hatte, nämlich, dass es besser wäre, *nicht* zu überleben. Weil man sonst nichts anderes machen müsste, als danach ausstehende Rechnungen zu bezahlen.

Ich erinnerte an sein Bonmot von Venedig als freundlichem Ort, wo die Säugetiere sterben. Wir Säugetiere, sagte ich, wir Bewohner dieses Dorfes, wir weinen um dich. Uns wird deine Ironie fehlen, deine Großzügigkeit, deine Gastfreundschaft, auch deine Verrücktheiten, deine Delirien und deine Provokationen. Deine Art, uns zum Lachen zu bringen. Und uns wütend zu machen. Du warst ein verhinderter Maler. Du wolltest die Welt mit deinen Worten malen. Du warst einzig. Du wirst uns fehlen.

Die letzten Worte konnte aber niemand mehr verstehen, weil mir vor lauter Tränen die Stimme versagte. Ich wette, dass Gaston über mich, meine Tränen und meine Trauerrede gespottet hätte. Vielleicht, nein ganz bestimmt hätte er den Vergleich mit dem Maler als zu banal von sich gewiesen, womöglich zu Recht. Vielleicht hätte er gesagt: *Das Leben ist eine Bühne, aber das Stück ist schlecht besetzt.* Einer dieser Oscar-Wilde-Aphorismen mit Widerhaken. Obwohl er Wilde im Grunde auch für überschätzt hielt.

Ich weiß noch, wie wir nach seiner Beerdigung auf San Michele über die Gräber zurück zum Vaporetto liefen und ungläubig hörten, wie seine Familie bewegende Geschichten über Gastons Liebe zu den Neffen erzählte, die er mit Geschenken überschüttete – kaum hatte ein Neffe ein zartes Interesse für Malerei bekundet, habe Gaston in ihm einen zukünftigen Picasso gesehen und ihn mit Ölfarben und Staffeleien überhäuft – es war, als offenbarte sich uns mit einem Mal eine Liebe, die Gaston uns wie eine Schwäche verborgen hatte.

Daran denke ich jedes Mal, wenn ich über den Friedhof gehe, zu seinem Grab, von dem aus man fast auf die Lagune blicken kann. Auf dieses Grün, das es nur hier gibt.

Das Grün der Lagune, in das die Asche meiner Freundin Petra verstreut wurde. Ich erinnere mich noch genau daran, wie wir uns am Rand von San Michele an dem schmiedeeisernen Tor vor dem marmornen Anleger versammelt haben. Plötzlich sah ich in der Ferne Petra auf uns zulaufen, ich erkannte ihren schlaksigen Gang in ihrer jüngsten Tochter.

Auf einem Tisch stand Petras Bild, daneben die Urne. Als wir uns in die Liste der Trauergäste eintrugen, lasen wir auf dem Etikett der Urne, dass sie biologisch abbaubar war. Petra hätte darüber sicher gelacht. Zumal die Urne nicht in die Lagune geworfen werden durfte, sondern aufgeschraubt werden musste, um die Asche ins Wasser zu streuen. Weiße, feine Asche, die der Sommerwind verwehte.

Wenn ich an Petra denke, sehe ich sie immer in einem venezianischen Fischerboot sitzen, im Abendlicht in der Lagune, mit einer supercoolen Sonnenbrille auf der Nase. So eine Sonnenbrille für Außerirdische, wie sie nur Frauen tragen können, die von einem anderen Stern kommen. So wie Greta Garbo, die in *Ninotschka* einen Lachkrampf kriegt. Oder wie Marlene Dietrich, die Hühnersuppe kocht. So eine Frau war sie.

Petra war schön und lustig, schnoddrige Berlinerin durch und durch, und das blieb sie auch nach vielen Jahren in Venedig. Sie war meine einzige deutsche Freundin hier, wir lernten uns an einem Nachmittag bei Gaston kennen, da lebten wir beide erst seit wenigen Jahren in Venedig. Ich weiß noch, dass sie Schwarz trug, so ein Punk-Schwarz, die blonden Haare streng nach hinten gekämmt, und dazu Springerstiefel mit Nieten, ein Look, der mich sofort für sie einnahm. Genau wie ihr Lachen. Dieses Ninotschka-Lachen.

Petra war venezianische Lagune und Prenzlauer Berg zugleich, allerdings nicht dieser gentrifizierte Prenzlberg von heute, voller Lofts und Latte macchiato, sondern der Prenzlberg, der noch nach Braunkohle und den Abgasen der Zweitakter roch. Sie war kurz vor dem Mauerfall von Berlin nach Venedig gezogen – zusammen mit ihrem venezianischen Mann, dem Bühnenbildner und Regisseur Ezio Toffolutti. Für mich war Theater damals ein Ort, wo man erzogen werden soll, ein Ort, wo Wuppertaler Zahnarztgattinnen andere Theaterabonnenten mit Häkelkäppchen auf dem Kopf zu schockieren versuchten. Dank Petra verstand ich, dass Theater Freiheit und Wildheit und Lebenswahrheit sein kann.

Theater war für sie das Leben: Sie war praktisch an der Volksbühne Berlin aufgewachsen, was zur Folge hatte, dass sie mit Monumenten wie Heiner Müller auf Du und Du und im Grunde mit der gesamten Garde des deutschen Theaterlebens befreundet war. In Venedig arbeitete sie als Übersetzerin – nicht zuletzt von Stücken von Carlo Goldoni und Carlo Gozzi. Kette rauchen und Alexandriner übersetzen, das war Petra. Vielleicht hat sie auch gar nicht Kette geraucht, aber egal. Auf jeden Fall hat sie Gozzis märchenhafte Tragödie *La Zobeide* ins Deutsche übertragen und als Dramaturgin dafür gesorgt, dass Gozzi wieder in seine

Geburtsstadt Venedig zurückkehren konnte: Nicht nur ins venezianische Theater Malibran, das mit Gozzis *Liebe zu den drei Orangen* nach jahrzehntelanger Schließung wiedereröffnet wurde, sondern auch in das Teatro Verde auf San Giorgio, wo die *Liebe zu den drei Orangen* als Märchenstück von Edoardo Sanguineti welturaufführt wurde.

Ich erinnere mich noch daran, wie sich damals der schwarze Nachthimmel über dem Teatro Verde spannte und wie wir lachten, als in Alexandrinern über Big Brother, die Bulimie und den Rinderwahnsinn gelästert wurde. Wir lachten, weil wir endlich mal nicht erzogen werden sollten und niemandem bei der Suche nach seinem authentischen Selbst zusehen mussten. Wir lachten über *il Re Silvio,* dem der Thron am Hintern festgewachsen war, ein tragbarer Herrschersitz, auf den er sich alle zwei Schritte fallen ließ, wir lachten, weil der dicke strumpfbehoste Prinz Tartaglia an Melancholie und Verstopfung litt und weil die Bühne zu Beginn des ersten Akts mit Müll bedeckt war wie der Markusplatz am frühen Abend.

Daran habe ich gedacht, als wir neulich am Teatro Verde vorbeigefahren sind und sich der Nachthimmel wieder über uns spannte und ein Fisch in unser Boot gesprungen ist. Eine kleine Dorade. Wir haben darüber gelacht, und ich habe darin ein Zeichen des Himmels sehen wollen. Am liebsten hätte ich Petra danach angerufen und ihr davon erzählt. Aber dann fiel mir ein, dass das nicht mehr möglich ist.

Ihre Asche hinterließ weiße Schlieren auf dem grünen Wasser der Lagune. Darüber trieben Rosenblätter, die das Beerdigungsinstitut in kleinen Strohkörbchen bereitgestellt hatte. Eine Berliner Freundin hatte einen Blumenkranz mitgebracht, den durfte sie aber auch nicht in die Lagune werfen, weshalb sie eine Blüte nach der anderen vom Kranz pflückte und ins Wasser warf. Was ich komisch fand, war, dass man tonnenweise Beton für ein Flutsperrwerk in der Lagune versenken darf, aber keine Blumenkränze.

Als ich mit den Kindern nach dem Besuch von San Michele wieder auf die Fondamente Nove übersetze und wir Richtung Campo Santi Giovanni e Paolo laufen, fragt mich unser Enkel, ob er, falls er zufällig morgen sterben würde, auch hier in der Familienkapelle auf San Michele begraben würde.

Ja, sage ich.

Und er sagt: Ah, okay.

Piazza San Marco

Als ich damals im August nach Petras Beerdigung wieder nach Venedig zurückfuhr, wehte Schirokko über die Lagune, und das Wasser schwappte über die Fondamente Nove. Inzwischen bleiben wir selbst im Hochsommer nicht mehr vom Hochwasser verschont.

Deshalb stehen unsere Gummistiefel auch im Sommer neben der Haustür – als Zeichen der Beschwörung. Inzwischen sind wir der Überzeugung, dass wir überschwemmt werden, sobald wir die Gummistiefel in den Schrank räumen. Und das nicht mehr nur im November und März, den klassischen Hochwassermonaten, sondern auch Anfang Juni oder im August oder Dezember, weshalb der Venezianer an meiner Seite immer sagt: *Non c'è più religione!* Es gibt keine Gewissheiten mehr, nicht mal dem Hochwasser kann man mehr trauen.

Meine Gummistiefel sind nicht die üblichen Kanalarbeiter-Gummistiefel, sondern Reitstiefel. Sie sind höher, haben aber den Nachteil, keine Profilsohle zu haben. Aber: Man kann nicht alles haben. Man kann nicht in Gummistiefeln gut aussehen und gleichzeitig standfest sein. Besonders der weiße istrische Marmor ist spiegelglatt, wenn er nass ist.

Das ermuntert mich, dem Venezianer gegenüber ein paar kritische Anmerkungen zum venezianischen Pflasterstein zu machen, dem Trachyt, der meiner Erfahrung nach kaum noch eingesetzt wird, wenn man den Boden in den Gassen ausbessert. Auf Trachyt kann ich laufen, sage ich, besonders, wenn er diese kleinen, eingemeißelten Löcher hat. Den gibt es hier aber kaum mehr, weil sie inzwischen einfach Zementplatten einsetzen, fertig.

Aber da habe ich vergessen, dass sich der Venezianer an meiner Seite ja besser auskennt, weshalb er mich freundlich darauf aufmerksam macht, dass diese Platten kein Zement sind, sondern hauchdünne Trachytplatten, die wie Zement aussehen, weil sie industriell geschnitten werden.

Allein, wie er das Wort industriell ausspricht, macht mir klar, dass es für ihn dabei um mehr geht als um einen Pflasterstein. Er erklärt, dass es früher für die *masegni,* wie die venezianischen Pflastersteine aus Trachyt heißen, eigene Handwerker gegeben habe, *masegnieri,* die aus Chioggia kamen und die auch die Oberfläche der Trachytsteine bearbeitet hätten, in die sie kleine Löcher meißelten. Heute hingegen gieße man Zement zwischen die Trachytsteine, falls man die nicht gleich ganz herausreiße und verkaufe, weil hier alles verhökert würde: Trachytsteine, istrischer Marmor, ganze Brücken und Brunnen.

Und den Rest besorgen schwachsinnige Ausschreibungen, die möglich machen, dass eine Firma aus Neapel, die womöglich der Camorra gehört, die Ausschreibung gewinnt und dann industriell gefertigte Trachytplatten verlegt. Der Rest geht unter in Flüchen und Verwünschungen, aus denen immer wieder Worte wie *Chioggiotti, tradizioni,* und *spaccatello* (hier musste ich googeln, es heißt so viel wie Schotter) und *ditte di appalto di Napoli* auftauchen, und was sollen die Neapolitaner schon über venezianische *masegni* wissen.

Erst vor Kurzem sei die Gasse vor unserem Palazzo nicht mit den üblichen schweren Trachytsteinen auf Schotter ausgebessert worden, sondern eben mit diesen hauchdünnen Trachytplatten, die allein auf Sand verlegt wurden.

Auf Sand!, ruft er aus. Auf Sand, den das nächste Hochwasser wegspült! Die Gier hat Venedigs Traditionen aufgefressen!

Alles versinkt in Verwünschungen, einem reißenden Strom, aus dem immer wieder die Worte *Zement* und *Gier* auftauchen, eine Gier, die heute mehr Schaden in Venedig anrichte als Napoleon bei der Unterwerfung der Republik. Napoleon ist in Venedig der Inbegriff der Niedertracht, der blinden Zerstörungswut, der Unterjochung – und wenn er angeführt wird, wird es ernst.

Auf jeden Fall wird mir von diesem Moment an klar, dass die Venezianer an ihren *masegni* wie an nächsten Verwandten hängen. Seitdem kann ich meinen Fuß nie mehr einfach so auf einen Pflasterstein setzen, ohne die Meißelspuren der Geschichte unter den Sohlen zu spüren: Das sind nicht einfach Pflastersteine und Beton in den Ritzen der Pflastersteine, das ist Venedigs Aufstieg und Fall.

Dass sich die Dinge geändert haben, kann ich allein an der Höhe meiner Gummistiefel ablesen: Als ich nach Venedig zog, kaufte ich mir normale Gummistiefel, dann die besagten Reitstiefel, die heute für die meisten Hochwasser allerdings auch zu kurz sind. Jetzt trage ich oft Anglerstiefel, die bis zum Schritt reichen. Aber bald werden auch die zu kurz sein: In den Tagen nach dem apokalyptischen Hochwasser im November 2019 konnte man sich nur noch in bis zur Brust reichenden Anglerhosen fortbewegen.

Im Laufe der Jahre sind wir hier alle zu Hochwasserspezialisten mutiert. Wir wissen, dass der Wasserstand von Stadtviertel zu Stadtviertel, von Gasse zu Gasse und von Haus zu Haus unterschiedlich ist – der Markusplatz steht bereits bei einem Gezeitenpegel von achtzig Zentimetern unter Wasser. Außerhalb von Venedig versteht kein Mensch die Bedeutung der Zahlen, mit denen wir in Venedig um uns werfen: *Uno quaranta! Uno cinquanta!* Neulich habe ich das – ebenerdige! – Künstleratelier eines Freundes besucht, und noch bevor ich seine Arbeiten eines Blickes würdigte, lautete meine erste Frage: Wie hoch liegst du hier?

Und der Freund antworte: *uno cinquanta!* Was außerordentlich gut ist, denn es bedeutet, dass dieses ebenerdige Atelier besonders hoch liegt und erst ab einem Hochwasser über einen Meter fünfzig unter Wasser steht.

Aber außer uns Venezianern wissen die wenigsten, dass uns das Wasser bei einem Hochwasser von einem Meter fünfzig nicht bis zum Hals steht, sondern nur bis zum Oberschenkel – was aber auch nichts Gutes ahnen lässt, wenn es als minimaler Wert angekündigt wird. Ab einem Meter sechzig wird der Notstand ausgerufen. Und die Venezianer können die Schäden, die das Hochwasser verursacht hat, geltend machen. Wozu es bis zu jenem zwölften November 2019 nie kam: Kurz vor der Ein-Meter-sechzig-Marke hörte das Hochwasser bislang immer wie von Zauberhand auf zu steigen. Weshalb die Venezianer überzeugt sind, dass das Hochwasser jedes Mal runtergelogen würde.

Wie alle Venezianer hasse ich es, wenn man das Hochwasser lustig findet. Die Venezianer kriegen Wutanfälle, wenn sie sehen, dass jemand nicht begreift, wie man sich während des Hochwassers zu benehmen hat. Denn zum Hochwasser-Knigge gehört: Im Wasser langsam laufen, ohne zu planschen oder Bugwellen zu verursachen – mit Rücksicht auf die anderen Passanten, die vielleicht nicht ganz so hohe Gummistiefel tragen. Und wer auf den Hochwasserbänken stehen bleibt, um zu fotografieren, riskiert, von den Venezianern ganz gemein heruntergeschubst zu werden, weil er den Verkehr unnötig aufhält.

Wir haben uns daran gewöhnt, dass die Touristen kichernd durch das Wasser laufen, mit Mülltüten, die sie sich über die Schuhe ziehen und beim Laufen festhalten. Womit wir jedoch Schwierigkeiten haben, ist, dabei tatenlos zuzusehen, wenn ein paar Irre im Wasser planschen. Ich weiß noch, wie ich einmal konsterniert dabei zusah, wie sich mehrere junge Männer in Badehosen am Markusplatz lachend von den Hochwasserbänken ins Wasser fallen ließen. Am liebsten wäre ich hin und hätte einen von ihnen unter Wasser gedrückt, aber da stand schon einer von den Gemeindepolizisten vor mir, als hätte er meine Gedanken gelesen, und forderte mich auf, wieder zurückzugehen – angesichts des schnell steigenden Wasserspiegels war der Markusplatz gesperrt worden.

Das Internet ist voll von Videos, in denen Touristen im Hochwasser schwimmen (kein Witz, einmal sah ich eine Frau im Bikini brustschwimmen in der Frezzeria, einer schmalen Gasse) – umso größer ist unsere Schadenfreude, wenn eine höhere Instanz dafür sorgt, uns Gerechtigkeit erfahren zu lassen, etwa wenn ein mit Vergnügen Bugwellen verursachender Tourist nicht sieht, wo das Ufer endet und wo der Kanal beginnt.

Und ja, es ist wahrscheinlich nur eine Frage der Zeit, bis Airbnb Extra-Hochwasser-Pakete bereitstellt für Prime-Kunden, die schon alles gesehen haben – außer Wasser unter dem Bett: Zehn Prozent Rabatt und ein paar Gummistiefel gratis. Denn schließlich empfiehlt selbst die venezianische Stadtverwaltung das Hochwasser als besondere Attraktion, wenn sie schreibt: »Das Hochwasser ist nicht gefährlich, es stellt in der überwältigenden Mehrheit sowohl für die Venezianer als auch für die Touristen lediglich eine begrenzte Unannehmlichkeit dar. Es handelt sich nur darum, sich ein paar Stunden lang zu gedulden, bis das Wasser wieder abgeflossen ist. Den Neugierigen empfehlen wir den Kauf eines Paars Gummistiefel, die es ermöglichen, die Stadt auf bestimmt ungewöhnliche Weise zu erleben.«

Acqua granda

Schon im Frühjahr 2019 stand die halbe Stadt unter Wasser, ein ungewöhnliches Hochwasser im April, wobei am erstaunlichsten war, dass dieses Hochwasser in der Lagune zum ersten Mal höher war als im offenen Meer. Das hatte es noch nie gegeben – und in Venedig wussten alle, dass dieses ungewöhnliche Hochwasser den Anfang vom Ende bedeutete: Eine abnormale Welle war vom Wind in die Lagune gedrückt worden – und floss nicht mehr ab. Aber was ein halbes Jahr später geschehen sollte, sah niemand voraus.

Nie werde ich diese Nacht vergessen. Und das, obwohl ich in dreißig Jahren in Venedig schon etliche Hochwasser erlebt habe. Ich kenne die Stille, die sich bei Hochwasser ausbreitet und die dir wie ein kalter Hauch in das Herz kriecht. Wenn man keine Manöver der Müllboote mehr hört, kein Schreien der Bootsleute, keine Taxiboote, keine Gondolieri – nichts. Wenn selbst die Möwen verstummen.

Aber in dieser Nacht ist es anders. Das spüren wir schon Stunden zuvor, als mir der Venezianer aus dem Vaporetto ein Video schickt: Das Ufer am Fuß der Rialtobrücke steht bereits um kurz vor acht unter Wasser, obwohl der Höchststand des Hochwassers erst für elf Uhr angesagt ist.

Venezianer verlassen sich nicht allein auf die Voraussagen des Gezeitenzentrums der Stadt oder auf Apps mit albernen Namen wie *Hi!Tide Venezia*. Sie haben ihre eigenen Wasserstandsanzeiger: Wenn das Ufer am Fuß der Rialtobrücke überflutet ist, hat das Hochwasser einen Stand von einem Meter zehn erreicht. Was ein schlechtes

Zeichen ist, wenn der Höchststand erst drei Stunden später erreicht werden soll.

Meine analoge Art, den Hochwasserstand zu bemessen, ist, auf den istrischen Marmor der Fundamente der Palazzi unseres Kanals zu blicken: Wenn der unter Wasser steht, ist auch unser Erdgeschoss überflutet. Aber an dem Abend des fatalen zwölften November 2019 ist es für diese Art der Messung schon zu dunkel. Auf der App sind die Voraussagen für das Hochwasser rot markiert, weil sie zwischen einem Meter vierzig und einem Meter fünfzig liegen.

Wir alle sind nervös, seit drei Tagen herrscht Hochwasser, erst für den Morgen wurde ein außergewöhnliches Hochwasser von mehr als einem Meter vierzig angekündigt, das sich nur deshalb auf etwas mehr als einen Meter zwanzig beschränkt, weil der Wind dreht. Seit Tagen dringt das Sirren der Hochwassersirene in unser Ohr wie ein sich langsam steigernder Tinnitus. Der sich zuletzt vier Mal steigert, vier Töne in Abfolge bedeuten höchste Alarmstufe: mehr als ein Meter vierzig Hochwasser, eine *marea eccezionale,* ein außergewöhnliches Hochwasser, die höchste Steigerungsform. Ab einem Meter vierzig steht Venedig nahezu komplett unter Wasser.

Das Hochwasser wird von einem Punkt an der Spitze der Saluteinsel gemessen, der als Normalnull festgelegt wurde. Venedig liegt im Schnitt einen Meter über dem Meeresspiegel, daher bedeutet ein Meter vierzig Wasser bis zum Knie – und höher, wenn man auf dem Markusplatz steht, der die tiefste Stelle in Venedig darstellt und deshalb schon bei einem geringen Wasserstand von weniger als einem Meter überflutet ist.

Aber die Sturmflut, die nachts um elf über Venedig hinwegzieht, sieht niemand voraus, weder das Gezeitenzentrum noch das Meeresforschungsinstitut des nationalen Forschungsrats. In zehn Minuten steigt das Wasser um zehn Zentimeter, Hochwassersirenen heulen, Alarmanlagen kreischen, Boote kentern. Wassertaxis treiben in enge Gassen, ein tonnenschweres Vaporetto fliegt auf das Ufer an der Riva degli Schiavoni, und die Via Garibaldi verwandelt sich in einen reißenden Strom. Brusthohe Wellen rollen über den Markusplatz, und in der Pfarrkirche von San Moisé treiben die Kirchenbänke durch das Wasser. Erst zehn Minuten vor dem Höchststand um elf Uhr schickt das Gezeitenzentrum eine SMS mit der Prognose von einem Meter neunzig: so nützlich wie ein Warnsignal eine Sekunde vor dem Auffahrunfall.

Fassungslos sehen wir, wie das Meer Venedig vereinnahmt. Das Wasser steht meterhoch vor den Schaufenstern der Luxusboutiquen der Calle Larga XXII Marzo, überwindet alle Hochwassersperren, dringt in die Luxushotels vom Gritti bis zum Danieli ein und überflutet die Hallen.

Die Sturmflut drückt das höchste Hochwasser seit fünfzig Jahren in die Stadt, ein Meter siebenundachtzig, nur sieben Zentimeter niedriger als die Sintflut von 1966, auch *Acqua granda* genannt, dem mit ein Meter vierundneunzig höchsten je in Venedig verzeichneten Hochwasser. In einem Marmorpfeiler unweit von unserem Haus ist der Wasserstand vom zwölften November 2019 jetzt als zweite Kerbe unter dem Pegelstand von 1966 eingraviert. Wenig später verkündet das Meeresforschungsinstitut, dass wir noch Glück im Unglück hatten: Wenn die Sturmflut mit dem astronomischen Gezeitengipfel übereingestimmt hätte, wäre ein Hochwasser von zwei Meter zehn möglich gewesen.

Während die Venezianer in den Tagen danach damit beschäftigt sind, ihre Wohnungen, Restaurants und Geschäfte mit Süßwasser abzuwaschen, Steckdosen zu reparieren, verdorbene Ware, kaputte Waschmaschinen, Kühlschränke und durchnässte Matratzen wegzuwerfen, Heizungen und Aufzüge wieder instand zu setzen, zieht nahezu die gesamte politische Klasse Italiens in Gummistiefeln über den Markusplatz.

Die Venezianer trauen ihren Augen nicht. Politiker, die seit Jahren keinen Fuß mehr nach Venedig gesetzt haben, sind zum Schaulaufen auf dem Markusplatz angereist. Umringt von Heerscharen von Kameramännern und Fotografen, beteuern aktuelle und ehemalige Ministerpräsidenten, Regionalpräsidenten und Gemeinderäte, Ex-Minister und Oppositionsführer ihren tiefen Glauben in das seit 2003 im Bau befindliche, aber immer noch unvollendete Flutsperrwerk Mose: Es muss dringend fertiggestellt werden!

Bürgermeister Luigi Brugnaro gesteht zur besten Sendezeit, unter den Säulenreihen des Dogenpalasts dem Sturmwind trotzend, über Mose nichts zu wissen, aber daran zu glauben. Was für einen Bürgermeister, der zu dem Zeitpunkt seit fast fünf Jahren im Amt ist, eine einigermaßen erstaunliche Aussage ist. Verantwortlich für die Apokalypse, die über Venedig hinweggerollt ist, sei jedoch vor allem der Klimawandel.

Jetzt kann man dem Klimawandel einiges vorwerfen, nicht aber, die Lagune tiefer gegraben zu haben und sie als zu nutzende Verkehrsfläche zu betrachten statt als fragiles Ökosystem.

Wir können nicht fassen, dass diese italienischen Politiker tatsächlich die Stirn haben, sich inmitten der größten Hochwasserkatastrophe Venedigs seit dreiundfünfzig Jahren allen Ernstes zu einem Fototermin vor den Dogenpalast zu stellen.

Dass sie diesen Mut haben, sagt einiges über Venedig und viel über Italien aus. Offenbar kalkulieren die Politiker ein, dass außer den Venezianern niemand die wahren Ursachen für das Hochwasser kennt. Und für eine Politikerklasse, die Menschen nach Wählerstimmenpotenzial berechnen, stellen rund fünfzigtausend Venezianer lediglich eine *quantité négligeable* dar. Zumal die in diesen Tagen nach der Katastrophe vor allem damit beschäftigt sind, ihre Existenz zu retten. Also ist von ihnen nicht zu befürchten, dass sie die Politiker wie Craxi einst mit Geldmünzen bewerfen oder als Hanswurst verhöhnen könnten wie Berlusconi. Und was sind schon rund fünfzigtausend Venezianer gegen sechzig Millionen Italiener, die keine Ahnung davon haben, dass der entscheidende Grund für dieses Hochwasser die Zerstörung der venezianischen Lagune ist?

In Fernsehberichten eifert man um die schönsten Bilder von der Katastrophe. Schon komisch, denke ich, wenn man nichts anderes sieht als das schöne Spiegelbild der Goldmosaiken des Markusdoms und Touristen in Wegwerfstiefeln, die den Gezeiten tapfer die Stirn bieten oder sich in Badehosen lachend von den Hochwasserstegen ins Wasser fallen lassen.

Keine Spur von den zerstörten Uferbefestigungen der Inseln oder von den vor der Giudecca gekenterten Schiffen, nichts von den Marmorsäulen, die an der Riva degli Schiavoni kreuz und quer herumliegen, als hätte ein Riese Kegeln gespielt. Nichts von dem Zeitungskiosk, den das Hochwasser in den Giudecca-Kanal geschwemmt hat. Nichts von den venezianischen Kindern, die nicht zur Schule gehen können, nichts vom venezianischen Alltag.

Nichts davon, dass die Menschen in den wenigen verbliebenen Werkstätten zu retten versuchen, was noch zu retten ist, Arbeitsmaterial, Lagerbestände. Nichts davon, dass in den Restaurants die Kühlzellen überflutet und Tonnen von Lebensmitteln vernichtet wurden. Alles muss mühevoll mit Süßwasser abgewaschen werden. Auf Knien rutschend versuchen die Venezianer, ihre Existenz zu retten.

Einer davon ist der Venezianer an meiner Seite.

Aber glauben Sie jetzt nicht, dass diese Apokalypse seine Liebe zu Venedig getrübt hätte. Im Gegenteil.

In der Zeit nach dem zwölften November 2019, als bis Weihnachten praktisch der Ausnahmezustand herrscht, weil sich eine Hochwasserperiode an die nächste anschließt und er jeden Tag zu den Baustellen, Werkstätten und Geschäften läuft, um zu sehen, ob alles hochgestellt, abgestützt und in Sicherheit gebracht wurde, schickt er mir ein Foto vom Canal Grande.

Darauf steht: Hast du gesehen, wie schön das Licht heute ist?

Resistere, resistere, resistere

Wir hier in Venedig sind die Kanarienvögel für die Welt, sagt meine Freundin Jane Da Mosto, die mit ihrem gemeinnützigen Verein *We are here Venice* seit Jahren für eine Renaturierung der Lagune kämpft.

Für mich als Bergmannstochter ist es eigenartig, ausgerechnet hier in Venedig an jene Geschichte erinnert zu werden, die mich als Kind im Ruhrgebiet so tief beeindruckt hat, dass ich sie mein Leben lang nicht vergessen habe. In meiner Familie waren alle Männer Bergmänner, und ich weiß noch, wie sie lachten, als sie uns Kindern die Geschichte von den Kanarienvögeln erzählten, die zur Warnung vor Giftgasen im Bergwerk verwendet worden seien, weil sie von der Stange fielen, wenn sie Kohlenmonoxid einatmeten. Als Kind habe ich diese Geschichte nicht geglaubt. Jetzt sind wir hier in Venedig die Kanarienvögel. Und wenn wir wegen des Klimawandels von der Stange fallen, dann ist es wohl auch für die Welt zu spät.

In den Wochen nach der Sintflut vom November 2019 ist Venedig in aller Munde. Ursula von der Leyen spricht von Venedig, als es um den Klimaschutz und den Green Deal der EU geht. Als sie »Wir sehen Venedig unter Wasser« sagt, hoffen wir, dass sich die Europäische Union endlich für das Schicksal Venedigs interessieren würde, für den Kanarienvogel der Welt.

Aber kaum ist das Wasser wieder abgeflossen, ist alles wieder beim Alten – und Venedig wird weiter benutzt: mal als Metapher für die Liebe, mal als Memento mori für die Sterblichkeit, mal als Meldezeichen für die Bedrohung, die vom Klimawandel ausgeht.

Venedig wird als Verkaufsargument für aus dem Internet zusammengestoppelte Venedig-Krimis benutzt, in denen sich die Salutekirche auf der Giudecca befindet und Kreuzfahrtschiffe in den Canal Grande einfahren, und als *unique selling point* für Kreuzfahrtgesellschaften, die mit Venedig Geld verdienen – aber außer Müll, Feinstaub und Verwüstung nichts hinterlassen.

Bleibt für Venedig nichts anderes, als benutzt zu werden?, frage ich den Venezianer, weil ich gerade entdeckt habe, dass in unserem Palazzo eine weitere Wohnung in ein Airbnb verwandelt wurde, weshalb ich wieder mal Venedigs Schicksal beklage, aus der Zeit gefallen zu sein, mit einer glorreichen Vergangenheit, die in kleinen Stücken verkauft wird. Hier wird Tag für Tag das historische Gedächtnis Venedigs zerstört, sage ich niedergeschlagen, die Stadt wird als Freilichtmuseum betrieben, das morgens geöffnet und abends geschlossen werden kann, ohne echtes Leben. In Venedig zu wohnen und zu arbeiten soll unmöglich gemacht werden.

Dass Venedig den Falschen in die Hände gefallen sei, den Parasiten, die seit Jahrhunderten versuchten, die Stadt aufzufressen, sei nur eine vorübergehende Phase, meint der Venezianer. Denn anders als ich denkt er nicht in Jahrzehnten, sondern in Jahrhunderten. Die Stadt hinke nicht der Gegenwart hinterher, sondern schreite ihr voran.

Venedig ist die Moderne, sagt er. Falls man sie richtig versteht. Schließlich sei Venedig schon eine Stadt der Nachhaltigkeit gewesen, als es das Wort noch gar nicht gab. Alles kann man hier zu Fuß erledigen, sagt er, Venedig ist eine Stadt des menschlichen Maßes, in jeder Hinsicht, was die Entfernungen betrifft und die menschlichen Beziehungen auch.

Und ja, er hat recht, sage ich mir, Venedig fordert dich und deine Sinne heraus. Es ist ein Gegenentwurf zur Wirklichkeit, so wie wir sie kennen. Venedig entzieht sich der Vereinheitlichung der Welt. Venedig ist unangepasst. Venedig ist eine Provokation. Die es zu unterwerfen gilt. Mit Gewalt.

Allein, dass die Feinde Venedigs es immer noch nicht geschafft haben, die Stadt zu zerstören, sei bereits ein Beweis für Venedigs Widerstandskraft, sagt der Venezianer, also für Resilienz, auch so ein Modewort, das heute jeder im Munde führt, während diese Widerstandskraft von Venedig schon seit Jahrhunderten praktiziert wird.

Resistere, resistere, resistere, sagt er.

Und natürlich, er hat recht, wir müssen weiter Widerstand leisten.

Bocca di Porto di Lido

Manchmal wünsche ich mir meine Unschuld zurück. Jenen Blick, den ich hatte, als ich nach Venedig zog. Als alles neu und schön und romantisch war und ich die Zeichen noch nicht lesen konnte. Als ich noch glaubte, dass die Geschichte voran- und nicht zurückschreitet und Venedigs Gesundheitszustand sich bessern würde. Dass die gichtigen Glieder bald glatt gezogen und die Stadt sich aufrecht halten würde. Ohne jede Mühe.

Aber wenn ich die zerbrochenen Marmorstufen sehe, die in den Kanal geglitten sind, wenn ich die Algen und Muscheln sehe, die an den ausgehöhlten Fundamenten nagen, kann mich die Romantik nicht mehr trösten.

Seitdem ich Boot fahre, ist die Strecke Richtung Bocca di Porto di Lido meine Lieblingsstrecke. Auf dem Weg liegt Albertos Insel San Pietro di Castello, und jedes Mal, wenn ich die Insel passiere, zieht es mir beim Gedanken an ihn das Herz zusammen. Im Schatten des Campanile sitzen einige ältere Herren, aber Alberto ist nicht mehr dabei.

Die Bocca di Porto di Lido übt eine morbide Anziehungskraft auf mich aus, hier befindet sich eine der drei Öffnungen der Lagune zum Meer, wo eines der drei Flutsperrwerke gegen das Hochwasser gebaut wird. Wenn ich mich gruseln will, fahre ich hierhin, zu dieser riesigen Betoninsel, die in die Mitte der Lagunenöffnung gesetzt wurde: Durch diese gigantische künstliche Insel und die dazugehörigen Stahlbetonmauern wurde die Öffnung zum Meer verengt. Wenn ich mich mit dem Boot nähere, sehe ich die Trutzburg schon aus der Ferne wie ein Mausoleum aus dem Wasser ragen, ein Monster aus Stahlbeton, jedes

Mal habe ich das Gefühl, an der Berliner Mauer vorbeizufahren.

Manchmal sehe ich Männer mit Sicherheitshelmen und neongelben Sicherheitswesten über die Mauer tippeln und in einem unterirdischen Tunnel im Lagunengrund verschwinden. Kurz danach kann ich in den venezianischen Tageszeitungen nachlesen, was sich an den Schleusentoren wieder verklemmt hat, welche Ventile nicht funktionieren und auf welches Jahr sich die Eröffnung des Jahrhundertprojekts verschieben wird.

Alberto war es, der mir schon vor Jahrzehnten erklärt hat, was man durch den Bau des Flutsperrwerks Mose in der Lagune angerichtet hat: Er hat mir eine Boje gezeigt, die praktisch horizontal im Wasser lag, gezogen von der Strömung. Denn durch die Verengung der Lagunenöffnung dank dieser Monsterinsel und der Stahlbetonmauern wurde die Fließgeschwindigkeit des Wassers erhöht. Und um das zu verstehen, braucht man kein Messgerät, nur ein Boot: Der Kanal ist sehr tief ausgegraben, mit riesigen, langsam heranrollenden Wogen, und wenn sich die Flut in die Lagune drückt, fühlt es sich an dieser Stelle so an, als sei das Boot nur ein Stück Treibholz am Kap der Guten Hoffnung.

Seitdem durch den Bau von Mose die Öffnungen der Lagune zum Meer verengt und betoniert wurden, schießt das Wasser bei Flut schneller rein und fließt langsamer wieder ab. Mit diesem Megaprojekt ist also genau das Gegenteil von dem erreicht worden, was die Venezianer sich erhofft haben: Nicht weniger, sondern mehr Hochwasser.

Ja, klar, der Klimawandel. Der Anstieg des Meeresspiegels. Das Abschmelzen der Polkappen. Venedig versinkt. Jeder glaubt, die Ursachen für das Hochwasser zu kennen. Die wenigsten aber wissen: Das Hochwasser in Venedig ist von Menschen gemacht. Die Lagune ist im Laufe der Jahrzehnte immer mehr ausgebaggert, der Kanal für die Öltanker immer tiefer gegraben worden, nicht zuletzt für die Kreuzfahrtschiffe. Und der Bau des Flutsperrwerks war der Gnadenstoß für die Lagune.

Das Flutsperrwerk Mose verspricht ein Wunder, nichts Geringeres als die Rettung Venedigs vor dem Hochwasser: Achtundsiebzig bewegliche, am Meeresgrund liegende Wassertore sollen in den drei Zugängen zum Meer bei einer großen Flut wie Dämme funktionieren: in der Bocca di Porto di Lido, in der Bocca di Malamocco zwischen dem Lido und Pellestrina und in der Bocca di Porto di Chioggia zwischen Pellestrina und Chioggia.

Wie oft habe ich mit Alberto darüber gelästert, dass man die Stirn hatte, das Flutsperrwerk ausgerechnet »Mose« zu nennen, nach dem Motto: Moses und die Venezianer auf der Flucht vor dem Hochwasser, und Gott hilft seinem Volk mit einem Wunder.

MO. S. E. ist das Akronym von *Modulo sperimentale elettromeccanico*: experimentelles elektromechanisches Probemodul. Die Betonung liegt auf: *Probemodul.* Das immer noch nicht fertig ist, nach drei Jahrzehnten. Logisch, weil: *Probe.* Aber schon das Wort *Modul* hätte jeden misstrauisch machen sollen, falls er auf die Idee gekommen wäre, das Wort im Lexikon der italienischen Sprache nachzuschlagen, wo steht: *austauschbares, komplexes Element innerhalb eines Gesamtsystems, eines Gerätes oder einer Maschine, das eine geschlossene Funktionseinheit bildet.*

Allein: *austauschbar.*

Bei dem Beton, der in der Lagune versenkt wurde, ist aber überhaupt nichts austauschbar. Wenn Chipstüten achtzig Jahre brauchen, bis sie verrottet sind, kann man sich ausrechnen, wie viele Jahrhunderte der Beton in der Lagune erhalten bleiben wird.

Alberto wäre vor Lachen fast aus dem Boot gefallen, als ich ihm erzählte, dass ich, als ich noch nicht lange in Venedig lebte und noch sehr deutsch war, die für den Bau des Flutsperrwerks verantwortliche Institution *Consorzio Venezia Nuova* für einen wissenschaftlichen Rat gehalten habe: *Konsortium Neues Venedig*, das klang in meinen Ohren außerordentlich vertrauenerweckend, dahinter müssen sich doch Wissenschaftler verbergen, dachte ich, und wer wenn nicht ein Wissenschaftler weiß, was man am besten gegen das Hochwasser macht?

Außerdem hatte ich auch immer wieder begeisterte Berichte von Journalisten über den Bau von Mose gelesen, allerdings konnte ich nicht wissen, dass sie vor allem von dem *Consorzio Venezia Nuova* informiert worden waren, weshalb die Journalisten, nachdem sie zu Recherchezwecken tolle Hubschrauberflüge über die Lagune gemacht und superraffinierte Zeichentrickfilme über das Funktionieren des Flutsperrwerks gesehen hatten, das Projekt als alternativlos gelobt hatten.

Erst Jahre später bekomme ich durch einen reinen Zufall mit, dass sich hinter dem schönen Namen *Consorzio Venezia Nuova* gar kein Amt verbirgt, wie ich blauäugig vermutet habe, kein unabhängiger wissenschaftlicher Rat, sondern ein Zusammenschluss privater norditalienischer Bauunternehmer, ein Monopol. Und was will ein Bauunternehmer? Er will möglichst viel Zement in der Lagune versenken. Und genau das war geschehen.

Als der Mega-Korruptionsskandal rund um diese Schleuse im Jahr 2014 endlich aufflog – der größte Korruptionsfall der Nachkriegszeit – und die für den Bau der Megaschleuse verantwortlichen Politiker verhaftet wurden, ließ sich der venezianische Generalstaatsanwalt bei der Pressekonferenz auch noch zu einer Lobpreisung dieses genialen Werks italienischer Ingenieurkunst hinreißen.

Ich saß im tiefgekühlten Saal der Staatsanwaltschaft bei der Pressekonferenz und wollte meinen Ohren nicht trauen. Ich konnte nicht glauben, dass dieser Mann, nachdem er fünfunddreißig Politiker verhaftet hatte – darunter Koryphäen wie unseren hochgeschätzten Bürgermeister und unseren Regionalpräsidenten –, dass dieser Generalstaatsanwalt, der die Beweise gerade noch »erdrückend« und die Verbrechen »schwerwiegend« genannt hatte – Kleinigkeiten wie Amtsmissbrauch, Bestechung, illegale Parteienfinanzierung und Geldwäsche, eine Milliarde nur an Schmiergeldern, Auslandskonten in der Schweiz und in San Marino –, wie dieser Mann sich vor der versammelten Weltpresse im Justizpalast nicht entblödete hervorzuheben, dass man bei Ermittlungen rund um Großprojekte besonders *vorsichtig* vorgehen müsse. Und dann allen Ernstes sagte, dass Mose ein Werk sei, das Italien zur Ehre gereiche.

Und genau das Gleiche sagt mir Jahre später der Bauleiter der Mose-Baustelle, wobei ich das bei ihm allerdings leichter nachvollziehen kann als bei einem Generalstaatsanwalt.

Weil der Heilsbringer Mose auch nach dreißig Jahren Planung und siebzehn Jahren Bauzeit immer noch nicht im Einsatz ist, obwohl gerade ein Jahrhunderthochwasser Venedig verwüstet hat, wird eine Transparenzoffensive gestartet: Eine Journalistengruppe nach der anderen wird in die Tunnel unter die Fluttore geschleust. Und ich bin dabei.

Mit Warnwesten und Sicherheitshelmen ausgerüstet, steigen wir, geführt vom Baustellenleiter, hinab, denn die Fahrstühle funktionieren noch nicht. Auf zwölf Komma siebzig Metern unter dem Meeresspiegel stehen wir in einem schier endlos anmutenden, tatsächlich aber etwas mehr als vierhundert Meter langen Tunnel unter den Fluttoren. Einer der Tunnel wurde vor ein paar Jahren bei einer Sturmflut überschwemmt, aber davon ist hier keine Rede, stattdessen klärt uns der Bauleiter darüber auf, dass es sich bei diesem Bauwerk um nichts Geringeres als um den Stolz des italienischen Ingenieurwesens handele.

Spätestens an dem Abend, als der Fernsehsender La7 – nicht genehmigte – Unterwasseraufnahmen von den Fluttoren zeigt, die unter Algen, Muscheln, Seepocken und Sand verschwunden sind und von denen eines aussieht wie eine halb geöffnete, verbeulte Blechbüchse, erweist sich die Transparenzoffensive als Bumerang. Weil schon zuvor Unterwasseraufnahmen von verrosteten Scharnieren kursierten, ist eine gewisse Nervosität nicht zu übersehen. Der Bauleiter zischt, dass es ja nur eine Gummiklappe sei, die da gefilmt worden sei, und außerdem kennt er das alles schon: die Sache mit dem minderwertigen Stahl für die Scharniere, die Geschichte mit der Schleusenkammer, durch die Schiffe auch bei geschlossenen Fluttoren in die Lagune gelangen sollen. Einer Schleusenkammer, die sich erstens als zu klein für Containerschiffe erwies und zweitens von der ersten Sturmflut weggespült wurde. Und ja, klar, da ist noch das Ding mit dem Absinken des Lagunenbodens unter dem Druck des Betons – in zwei Jahren so viel wie sonst in einem Jahrhundert: Am Anfang hätte er sich schnell gesenkt, jetzt aber hätte er sich wieder gesetzt, sekundiert die Pressesprecherin eilfertig dem Bauleiter. Und natürlich ganz zu schweigen von der Geschichte mit dem Hochwasser, das zugenommen hat, seitdem die Lagunenöffnungen vertieft und betoniert wurden: Wenn überhaupt, dann habe sich die Geschwindigkeit der Flut nur hier an der Lagunenöffnung ganz leicht erhöht, meint der Bauleiter, der auch die Frage nach der Erhöhung des Meeresspiegels persönlich nimmt und am Ende blafft: Wenn wir das hier nicht zu Ende bauen, verlieren wir alle das Gesicht! Eine Maschine, die fünf Komma fünf Milliarden Euro gekostet hat, wirft man nicht einfach weg!

Dabei ist die Sache mit dem steigenden Meeresspiegel keine Kleinigkeit: Denn ungeachtet der Tatsache, dass die Forscher des Weltklimarats schon zu der Zeit, als Mose lediglich auf dem Papier existierte, von einem Meeresspiegelanstieg zwischen optimistischen fünfzig und pessimistischen achtundachtzig Zentimetern bis Ende dieses Jahrhunderts warnten, haben die vom *Consorzio* bezahlten Wissenschaftler den Anstieg des Meeresspiegels beim Bau von Mose nach ihren Wünschen heruntergerechnet: auf zweiundzwanzig oder schlimmstenfalls einunddreißig Komma vier Zentimeter. Aber weil sich der Meeresspiegel nicht den Wünschen des *Consorzio* anpasst, sondern steigt, wie er will, bedeutet das, dass die Schleuse fast jeden Tag schließen müsste. Womit der Hafen, dem im Grunde die einzige Sorge galt, langfristig sinnlos geworden wäre.

Also konzentrieren wir uns weiter brav auf Kabelrollen und Röhren, auf Schläuche, Metallgitter und im Nichts endende Rohre, auf Betonwände und den kalt schimmernden Stahl der Scharniere und stellen fest: Aus der Nähe gesehen, sieht eine Baustelle unter Wasser auch nicht anders aus als jede andere Baustelle auf der Welt. Wir erfahren, dass jedes Fluttor zwanzig Meter breit und zwischen zwanzig und dreißig Metern lang ist, dass Luftschleusen und ein zweiter, parallel verlaufender Tunnel im Fall des Falles für Sicherheit sorgen sollen. Wir hören, wie Pressluft zischt, die bei Flut in die Fluttore geleitet werden soll, damit sie Auftrieb erhalten und sich, von besagten Scharnieren gehalten, aufrichten und das Hochwasser abhalten sollen. Pflichttreu notieren wir, dass die Fluttore im Ruhezustand mit Wasser gefüllt auf Betonkästen liegen sollen, die von zwölftausend in den Meeresgrund gerammten Pfählen aus Stahlbeton und Stahl gestützt werden, und dass das Ganze eigentlich ab einem Hochwasser von einem Meter zehn zum Einsatz kommen soll, möglicherweise aber auch erst ab einem Meter dreißig. Genaues aber weiß man noch nicht.

Der Zynismus, das größte Korruptionsprojekt der Geschichte Italiens »Mose« zu nennen, wird nur noch durch die Behauptung übertroffen, dass dieses Mose-Projekt politisch gewollt gewesen sei. Wobei verschwiegen wird, dass sowohl die Parteien als auch die Wissenschaftler von dem Geldsegen profitierten, den ihnen das *Consorzio Venezia Nuova* jahrzehntelang zukommen ließ.

Das Projekt Mose bekam deshalb den Zuschlag, weil es sich durch »Unsichtbarkeit« definierte – obwohl seine unsichtbaren Werke nur funktionieren, nachdem die sichtbaren die Lagune verwüstet haben: der zubetonierte Küstenstreifen an der Bocca di Porto di Malamocco, die Betonwände der Schleusenkammer, der Stahlbeton an der Punta Sabbioni und die Betoninsel in der Bocca di Porto di Lido.

Wer sich in den drei Jahrzehnten der Durchsetzung des Megaprojekts gegen Mose ausgesprochen hat, wurde in Grund und Boden geklagt: Journalisten, Bürgerinitiativen, der italienische Kulturschutzbund Italia Nostra, Ingenieure, die technische Irrtümer des Projekts öffentlich machten – alle.

Wer gegen das Projekt Mose war, wurde nicht nur verklagt, sondern auch verhöhnt. Der ehemalige venezianische Bürgermeister, der Sozialdemokrat Paolo Costa, verunglimpfte die Kritiker als »Krankenpfleger der Lagune«: Hydraulikingenieure, Marineingenieure, Architekturdozenten, Soziologen, ehemalige Stadträte, Gutachter für Umweltverträglichkeitsprüfungen. Sie alle haben ihr Leben dem Kampf gegen die Zerstörung der Lagune gewidmet. Der jahrzehntelangen Schlacht gegen Mose. Sie sind darüber alt geworden, aber nicht müde.

Es ist ein Projekt, das keinen wissenschaftlichen Wert hat, sagt Vincenzo Di Tella, ein Marineingenieur, den in Venedig alle kennen, weil er von Anfang an gegen Mose gekämpft hat. Wir treffen uns im Café des venezianischen Bahnhofs. Zwischen verwirrt herumflatternden Tauben, die den Ausgang nicht mehr finden, und Japanern mit Mundschutz (von Corona ist noch keine Spur) zeigt er mir ein Video von dem, was als das größte Problem von Mose betrachtet wird: die Resonanzfrequenz der Fluttore.

Resonanzfrequenz. Das Wort muss man sich auf der Zunge zergehen lassen. Was für normale Menschen wie Relativitätstheorie klingt, ist Venezianern vertraut. Ich will jetzt nicht sagen, dass jeder Venezianer aus dem Stand einen Vortrag über die Bedeutung der Resonanzfrequenz halten könnte, aber fast.

Und an dieser Stelle muss ich einen kleinen Exkurs über den Kampfgeist der Venezianer machen, die selbst im Winter in den zugigen Gemeindesälen Venedigs sitzen und sich über das System Mose und seine Schwachstellen informieren. Ich meine: Wo auf der Welt verbringt man den Abend in einem eiskalten Gemeindesaal, um einen Vortrag zu hören, der vor Begriffen aus der Schwingungslehre, der Ozeanografie und der Hydraulik strotzt?

Genau diese »Krankenpfleger der Lagune« sind es bis heute, die die Venezianer stets daran erinnern, dass die Lagune, diese Zone des Übergangs zwischen Meer und Land, mit Salzmarschen, Sandbänken, Kanälen und Untiefen, ein fragiles Ökosystem darstellt, das von der venezianischen Republik tausend Jahre lang wie ein Schatz gehütet wurde. Ein Biotop, das jahrhundertelang von Menschen erhalten wurde und nun von ihnen gefährdet wird.

Noch heute verdanken wir den Mose-Kritikern fundamentale Kenntnisse über die venezianische Lagune. Fragen Sie einen Venezianer nach den Schwächen von Mose, und er wird ihnen einen langen Vortrag halten – oder einen empörten Leserbrief an den *Gazzettino* schreiben, wenn der mal wieder einen einseitigen Bericht veröffentlicht hat, in dem Mose zu einem technischen Wunderwerk verklärt wurde.

Aber zurück zur Schwingungslehre und zur *Resonanzfrequenz* der Fluttore. Da sich die achtundsiebzig Fluttore einzeln bewegen, und sie, wenn sie schwingend auf die Wellen reagieren, ihrerseits Wellen auslösen, besteht die Gefahr, dass es zu einer Diskrepanz der Schwingungen der einzelnen Fluttore kommt. Die am Ende dazu führen könnte, dass die Fluttore aus ihren Verankerungen gerissen und bis auf den Markusplatz treiben würden, günstigstenfalls. Vielleicht zusammen mit einem Tsunami.

Auf dieses Risiko haben alle Experten hingewiesen, die als Gutachter für die Umweltverträglichkeitsprüfungen hinzugezogen wurden, darunter Koryphäen vom Massachusetts Institute of Technology, die von allen weiteren Studien bestätigt wurden und auch den Technikern des *Consorzio* bekannt waren – die diese Erkenntnisse allerdings geheim hielten.

Vincenzo Di Tella kann also heute mit Fug und Recht behaupten, dass das Projekt Mose auf einem »technischen Schwindel« beruhe, der die Schwingungen der Fluttore bagatellisiere, denn das *Consorzio* hat die Klage gegen ihn verloren. Bis heute weiß niemand, wie sich die Fluttore unter realen Bedingungen im Meer verhalten.

Das Risiko, dass das ganze System zusammenbreche, sei hoch, sagt Di Tella, der zuletzt für den italienischen Verbraucherschutzbund ein Gutachten über das Mose-Projekt abgegeben hat und deshalb erstmals Zugang zu den geheimen Akten des *Consorzio* erhielt.

Und Armando Danella, der während der Amtszeit von Bürgermeister Cacciari als Funktionär des venezianischen

Stadtrats zuständig war für die Einhaltung der Spezialgesetze für Venedig, die von allen Mose-Verantwortlichen mit den Füßen getreten wurden, sagt: Heute ist es kein Geheimnis mehr, dass das Mose-Projekt, das Venedig hundert Jahre lang schützen sollte, der Lagune mehr schadet als nützt. Der Klimawandel wird dem Projekt ein ruhmloses Ende bereiten.

Genau wie Vincenzo Di Tella auch ist Armando Danella ein älterer Herr, von dem man sich vorstellt, dass er seine Zeit damit verbringt, seinen Enkeln über das Haar zu streichen – und nicht, dass er seine Dachstube unweit des Rialtomarkts zu einem Dokumentationszentrum über die Sinnlosigkeit dieses »Jahrhundertprojekts« umfunktioniert hat, das gegen den Widerstand der Venezianer durchgedrückt wurde: Die Mansarde steckt voller Dokumente und Gutachten, Aktenbündeln, Hängeordnern und Dossiers, denn anders als der Ex-Bürgermeister Massimo Cacciari hat Danella seinen Kampf bis heute nicht aufgegeben. Einzig das Plakat mit dem Hai und dem »Das Mose-Projekt nützt nur dem, der es macht« fehlt, das überall hing, wo sich die Mose-Gegner trafen. Aber vielleicht habe ich es auch nur übersehen zwischen all den Beweismitteln.

Wissen Sie, man musste hier niemanden kaufen, um das Projekt durchzusetzen, sagt Danella, es gab viel subtilere Methoden der Beeinflussung. Etwa indem das *Consorzio* Arbeitsplätze schuf oder vernichtete, Aufträge vergab oder zurückzog, Karrieren vorantrieb oder verhinderte. Selbst venezianische Buchverlage lebten vom *Consorzio*.

Auf seinem Schreibtisch liegen die venezianischen Tageszeitungen, wie immer voll mit Meldungen über Mose: Alles, was jetzt berichtet wird, die Probleme mit den Scharnieren und mit den Ablagerungen auf den Fluttoren, haben wir schon vor dem Jahr 2006 kritisiert, sagt Danella, der die täglich neuen Vermutungen rund um die Fertigstellung des Flutsperrwerks nur belächeln kann, weshalb er feststellt: Wenn wir einen Wolkenkratzer bauen, können wir auch nicht darauf warten, ob er nach seiner Fertigstellung hält oder zusammenbricht.

So sieht es auch der weißhaarige Hydraulikingenieur Luigi D'Alpaos, der als Emeritus der Universität Padua ebenfalls zu der verhöhnten Gruppe der »Krankenpfleger der Lagune« gehört. Er hat nicht nur unzählige Aufsätze und Werke zur Hydrodynamik veröffentlicht, sondern auch mit feiner Ironie seine persönlichen Erfahrungen im Kampf um die Rettung der Lagune geschildert: Sein Buch *SOS Laguna* trägt den programmatischen Untertitel: *Retten wir Venedig vor seinen gierigen Unternehmern und vor seelenlosen Technikern und Politikern.*

Das Problem ist die Philosophie des Projekts, sagt der Hydraulikingenieur. Und damit ist eigentlich alles gesagt.

D'Alpaos' Büro in der Universität mutet mit der Holzvertäfelung und den antiken gedrechselten Schreibtischen wie aus der Zeit gefallen an: Es ist unverändert das seines Doktorvaters, mit dem zusammen D'Alpaos schon in den Siebzigerjahren nachwies, wie sich in der Lagune die Strömungsverhältnisse in Folge des Kanals für die Öltanker veränderten, was durch das Betonieren der Lagunenöffnungen für Mose noch verstärkt wurde.

Die Tiefe des Kanals ist nicht die Ursache für das Hochwasser, sagt D'Alpaos, die Tiefe erhöht aber die Fließgeschwindigkeit des Wassers.

Auslöser des Hochwassers sei zwar die Wetterlage, aber weil sich der zentrale Teil der Lagune wegen der Vertiefung der Kanäle in einen Meeresarm verwandelt habe, spielt die Verteilung der Strömung eine große Rolle: Das Hochwasser wird durch nichts gebremst und fließt immer schneller und immer wuchtiger in die Stadt. Wenn der Grund tiefer ist, hat der Wind eine andere Wirkung: In der Lagune mit ihren ursprünglichen vierzig bis siebzig Zentimetern Tiefe konnten keine Wellen entstehen, anders ist es heute mit der durchschnittlichen Tiefe von anderthalb Metern.

Anstatt wie ein hypnotisiertes Kaninchen auf die Fertigstellung des Flutsperrwerks zu starren, sollten jetzt endlich die Maßnahmen ergriffen werden, mit denen Venedig geschützt werden könnte: Mit kleinen Fluttoren in Kanälen, der Erhöhung der Grundmauern und dem Anheben der Stadt – Wissenschaftler haben bewiesen, dass es möglich wäre, Venedig durch das Pumpen von Meerwasser in den Untergrund schon in drei Jahren um sieben Zentimeter anzuheben – könnte Venedig bis ein Meter siebzig hochwasserfrei sein. All diese Alternativen seien schon im Jahr 2006 vorgeschlagen worden – ohne Erfolg: Bis heute wird einfach auf Sicht gefahren.

Die Politik hat sich den Interessengruppen gebeugt, sagt D'Alpaos und erinnert an die Tage in Rom, im Ministerratspräsidium, als die Büros voll waren von den Mitarbeitern des *Consorzio Venezia Nuova* und Ministerpräsident Romano Prodi im November 2006 überraschend erklärte, das – schon damals höchst umstrittene – Werk durchzusetzen: Auch heute noch glauben die meisten, dass Berlusconi für Mose verantwortlich war, sagt D'Alpaos, tatsächlich aber war es Prodi.

In Venedig erinnern wir uns alle an den Moment, als Berlusconi 2003 im Malamocco-Kanal den Grundstein legte, der, um dieses ruhmreichen Bauwerks zu gedenken, eine eigens vom venezianischen Patriarchen gesegnete Schriftrolle enthielt. Aber das war nur Show. Denn Geld für Mose gab Berlusconi nicht. Da musste erst Romano Prodi kommen. Mit Prodi kam das Geld und damit der Punkt, von dem aus es kein Zurück mehr gab.

Nach der Niederlage gegen Prodi hat Bürgermeister Cacciari angekündigt, dass er an das Jahrhundertbauwerk einen Gedenkstein mit der Inschrift »Dies ist das Werk, das die Venezianer nicht wollten« anbringen wollte. Und D'Alpaos fragte sich, ob das alles gewesen sein sollte: ein Gedenkstein als Protest? Mehr nicht? Denn schließlich hätte Bürgermeister Cacciari auch zurücktreten können, eine aufsehenerregende Geste als Protest gegen die Entscheidung für ein Projekt, das für Venedig nur weitere Zerstörung bedeuten würde. Er tat es nicht.

Mit dem Geld fing es an, und mit dem Geld wird es enden, meint D'Alpaos: Der Erhalt von Mose wird auf jährlich mindestens hundert Millionen Euro geschätzt. Die Kosten werden es sein, die Mose ins Grab bringen werden.

All diese Kritiker haben stets darauf hingewiesen, dass seit der Gründung Venedigs mit der Lagune Politik gemacht wurde und die Kultur des Festlands gegen die Kultur des Wassers kämpfte: Das Festland betrachtet das Wasser als ein zu beseitigendes Hindernis. Die Venezianer hingegen betrachten das Wasser als Verbindung: Das Wasser trennt nicht, sondern vereinigt.

Der jahrzehntelange Kampf der Kritiker gegen eine parteiübergreifende Lobby aus Politikern und Funktionären hat eine lange Geschichte, im Grunde hat dieser Kampf schon in der Renaissance begonnen, als es zu dem berühmten Disput zwischen dem Venezianer Cristoforo Sabbadino und Alvise Cornaro kam, sagt D'Alpaos. Die Mose-Kritiker wissen die venezianische Geschichte auf ihrer Seite: Cristoforo Sabbadino vertrat als Berater des Wassermagistrats die Interessen der Venezianer für den Schutz der Lagune, und Alvise Cornaro wollte als Statthalter der Agrarinteressen des Festlands Teile der Lagune trockenlegen.

Mit dem Siegeszug des Industriezeitalters im 19. Jahrhundert verwandelten die Österreicher Venedig dank des Baus der Eisenbahnbrücke in eine Halbinsel – und sorgten mit dem Bau der Strada Nuova dafür, dass in Cannaregio Kanäle trockengelegt wurden.

Bislang ist Mose vor allem ein Milliardengrab: ein gescheitertes Projekt, das sich hinter einem Bollwerk aus Verfügungen, Anordnungen, Gesetzesänderungen, Dekreten, Erlassen und Paragrafen verschanzt und von Milliarden befördert wird, die in private Taschen flossen. Darunter auch anderthalb Milliarden von der europäischen Investitionsbank.

Mose kostet mehr als acht Milliarden Euro: fünfeinhalb Milliarden für den Bau der Schleuse und zweieinhalb Milliarden für sogenannte »Ausgleichsarbeiten«. Zu denen auch in den Beton gefräste Sternbilder zählen, die, wenn ich mich mit dem Boot nähere, wie eine Botschaft von Außerirdischen anmuten: der Große und der Kleine Wagen, eine Mondsichel, Sonnenstrahlen.

Es handele sich um eine Aufmerksamkeit der Architekturfakultät: Das Denkmalschutzamt habe darum gebeten, um den Effekt dieser Trutzburg auf das Landschaftsbild der Lagune zu lindern, lässt mich die Pressesprecherin des *Consorzio Venezia Nuova* bei meinem Besuch des Flutsperrwerks wissen. Es klingt, als glaubte man, mit einem Blümchenpflaster ein Geschwür zu heilen.

Wenn Mose seinen regulären Betrieb aufnimmt, besteht die Gefahr, dass sich die Lagune in eine Kloake verwandelt, bei jeder Schließung der Fluttore wird der Sauerstoff der Lagune schnell verbraucht.

Schon bei den Tests der Fluttore fühlte es sich in Venedig so an, als würde die Erde einen Moment lang stillstehen. So schilderten es die Gondolieri, die als Erste sahen, wie sich das Wasser in den Kanälen veränderte, als es zum Stehen gebracht wurde, weil der Wechsel von Ebbe und Flut, das Sechs-Stunden-in-die-eine-und-sechs-Stunden-in-die-andere-Richtung-Fließen ausgeschaltet und das Wasser in den Kanälen in kurzer Zeit trüb und fast dickflüssig wurde, so wie in einem Aquarium, in dem die Sauerstoffpumpe nicht mehr funktioniert.

Erst sterben die Fische, dann die Vögel, die Flamingos, die Wanderfalken, schwarzen Schwäne, Seidenreiher und am Ende wir, hat Alberto immer gesagt, und das nicht nur mir, sondern auch den kleinen Venezianern, die alle an seinen Lippen hingen, nachdem eine Lehrerin auf die Idee gekommen war, Alberto in die Schule einzuladen. Damit die Schüler aus dem Munde eines Mannes erfahren konnten, der sein halbes Leben im Boot verbracht hatte, wie die Lagune lebt. Und wie sie zu sterben droht.

In Venedig wusste jeder, dass das *Consorzio* Minister und hohe Beamte bezahlt und in der ganzen Stadt Geschenke verteilt hat, an die Fenice-Oper oder an die Stiftung des venezianischen Bischofs. Oder an Bürgermeister Orsoni, für seinen Wahlkampf. Jeder wusste, dass dieses vom *Consorzio Venezia Nuova* und den beteiligten Politikern entwickelte System mit den falschen Rechnungen dazu diente, Beamte zu bestechen und politische Parteien zu finanzieren – nicht nur auf lokaler, sondern auch auf nationaler Ebene. Kontrolliert wurde das *Consorzio Venezia Nuova* von niemandem. Nicht mal vom *Magistrato delle Acque*, der venezianischen Behörde, die jahrhundertelang für Venedigs Wasserwege verantwortlich war – bis sich herausstellte, dass ihre Funktionäre auch im Sold des *Consorzio* standen. Und dafür sorgten, dass Experten, die das Idyll störten, entlassen wurden.

Die verhafteten Verantwortlichen liefen schon kurz danach wieder frei herum. Der Regionalpräsident klagte über Gesundheitsprobleme, weshalb er seine Strafe als Hausarrest absitzen darf. Der Präsident des *Consorzio Venezia Nuova* entzog sich dem Gefängnisaufenthalt dank der Entschuldigung, unter Alzheimer zu leiden, und entschlief

Jahre später friedlich in seinem Bett in einer Villa in Florida. Ex-Bürgermeister Orsoni erfreut sich wieder großer gesellschaftlicher Anerkennung, seine Vergehen gelten, wie in Italien üblich, am Ende des jahrelangen Prozesses teils als verjährt, teils als erlassen.

Ab und zu werden ein paar Millionen in Dubai oder Panama oder Kroatien beschlagnahmt und Politiker dabei abgehört, wenn sie darüber reden, wie sie am unauffälligsten an ihr Geld kommen könnten. Das kann man dann in den Zeitungen in Venedig nachlesen. Aber keiner regt sich mehr darüber auf.

Ende 2021 soll Mose fertig sein. Sicher, alle Venezianer sind froh über jedes Hochwasser, das verhindert wird. Aber »Es funktioniert!« zu jubeln, wenn Mose nach siebzehn Jahren Bauzeit, acht Milliarden Euro (davon eine für Schmiergelder) endlich bei Hochwasser eingesetzt wird, ist, als würde man bejubeln, dass eine Brücke nicht einstürzt, wenn zum ersten Mal Autos auf ihr fahren. Findet der Venezianer an meiner Seite.

Alle hier bleiben skeptisch: Was wird eine regelmäßige Schließung der Fluttore für die Ökologie der Lagune bedeuten? Was passiert bei einer Sturmflut wie jener vom November 2019? Wie lange wird es gut gehen?

Denn schließlich weiß jeder in Venedig, dass alles, was sich in der Lagune befindet, vereinnahmt wird. Wir haben an unserem Bootssteg eine kleine Metalltreppe angebracht, die nach nur drei Monaten komplett zugewachsen war, mit Algen, Seepocken und Muscheln, mit Austern und Schnecken. Genau das wächst auch auf den Schleusentoren, die sich deshalb zu einem unfassbar ergiebigen Fischgrund entwickelt haben: Nachts fahren viele Venezianer zum Fischen hin, ein Boot liegt neben dem anderen an der Lagunenöffnung, es geht zu wie an *Redentore,* dem größten aller venezianischen Volksfeste, wenn im Markusbecken Boot an

Boot liegt. Alle warten auf die Seebarsche. Alberto hat mir erzählt, wie er hier mal in einer Nacht dreißig Kilo Seebarsche fing.

Weißt du, Petra, mit Antifouling-Anstrichen kann das Problem mit dem Bewachsen der Fluttore auch nicht gelöst werden, wegen der Umweltnormen, und wie soll das überhaupt ablaufen, mit Tauchern oder was? Oder vielleicht mit Penatencreme? Nein, es ist komplett lächerlich, Petra. Wir müssen nur auf die Kraft des Meeres und damit der Natur vertrauen, sagte Alberto.

Und an dieser Prophezeiung halte ich mich bis heute fest. Jedenfalls wenn ich optimistisch gestimmt bin.

Laguna ferita

Ich stehe bei Niedrigwasser im Winter auf einer Salzwiese am Rande der Lagune, einer *barena,* die mit ihren bräunlichen Farben an eine Heidelandschaft erinnert. Im Spätsommer schimmert sie bläulich, wenn der Strandflieder blüht. Vor uns liegt ein verrottetes Fischerboot, das bei Flut hierhin gespült wurde, und am Rand der Salzmarschen hat sich etwas Plastikmüll angesammelt.

Neben mir auf der Salzwiese steht Lorenzo Bonometto, ein weiterer »Krankenpfleger der Lagune«, der sich in dieser Zwischenwelt aus Wasser und Land auskennt wie kein Zweiter. Bonometto ist eine wandelnde Enzyklopädie, Dozent für angewandte Ökologie, ein Mann, der Umweltministerien beraten und Gutachten erstellt hat – und der meine Fragen mit großer Geduld beantwortet.

Die venezianische Lagune ist fünfzig Kilometer lang und elf Kilometer breit, und wenn es die Situation erforderlich macht, kann Bonometto sogar bis zu den antiken Zeiten zurückgehen, als es den Lido von San Nicolò und Punta Sabbioni noch nicht gab, sondern die Inseln Certosa, Vignole, Sant'Andrea und Sant'Erasmo *lidi* waren, also ans Meer angrenzten, weshalb sie anders als andere Laguneninseln einen sandigen Untergrund haben.

Bonometto hat eine Jungsstimme, die ab und zu leicht ins Kieksen gerät, wenn die Begeisterung mit ihm durchgeht über dieses Wunderwerk der Natur, das die Lagune darstellt und für dessen Erhalt die Venezianer über Jahrtausende gekämpft haben: Eine Lagune verschwindet, wenn man nichts für ihren Erhalt tut. Flüsse transportieren Sedimente und führen so mit der Zeit dazu, dass die Lagune verlandet, so wie es bei der einstigen Lagunenstadt Ravenna geschah. In Venedig wurden die Flüsse Brenta, Piave und Sile schon im 14. und 15. Jahrhundert umgeleitet. Schließlich hing Venedigs Schicksal von der Existenz der Lagune ab.

Bonometto zählt nicht nur die Namen der Pflanzen auf, die auf dieser Salzwiese wachsen – Salden, Queller, Salzschwaden, Seegräser und Strand-Wermut –, sondern erklärt mir auch ihre Funktion, etwa dass die robusteren am Rand der Salzwiese wachsen, wo ihre Aufgabe darin besteht, Wind und Stürmen zu widerstehen, um den Rand der *barena* davor zu schützen, weggespült zu werden. Wenn aber dieser Rand vom permanenten Wellenschlag der Motorboote und Ausflugsschiffe zerstört wird, sind auch die Salzpflanzen machtlos.

Er zieht an ihren Stängeln, die sich fleischig und mit knotigen Gelenken an der Salzwiese festklammern – für mich ist das einer dieser Momente, in dem ich meinen Beruf heiß und innig liebe, einfach für dieses Gefühl, dass ich plötzlich etwas verstehe und zu schätzen weiß, was ich zuvor übersehen hätte – so wie diese festgekrallten Salzpflanzen am Rande der *barena.*

Wir stehen unweit vom Flughafen, über unsere Köpfe fliegt alle zwei Minuten ein Flugzeug hinweg, und in der Ferne taucht die Silhouette von Venedig wie ein Scherenschnitt auf.

Als ich die Flugzeuge sehe, erinnere ich mich daran, wie jemand im Sitz neben mir einmal beim Anflug auf Venedig aus dem Fenster schaute und keineswegs über dieses Wunder staunte, das da unter uns im Wasser trieb, diese Stadt, winzig und verletzlich im grünblauen Wasser, wie ein Fisch, den man angebunden hat, sondern rief: Oh, voll cool, guck mal, eine Wasser-Autobahn!

Er meinte den Giudecca-Kanal, über den die Kreuzfahrtschiffe ein- und ausfahren.

Als wir landeten, wurde applaudiert, und der Kapitän wünschte allen Passagieren einen *nice trip on your cruise* – weil er wohl zu Recht davon ausging, dass an Bord niemand Venedig besuchen wollte, sondern vielmehr vom Kreuzfahrtschiff herabblicken und ein Selfie beim Vorbeifahren am Markusplatz machen wollte. Von einem Interesse an der Lagune ganz zu schweigen.

Aber ehrlich gesagt hatte ich, bis ich Alberto traf, auch keine Ahnung von der Lagune, sondern durchquerte sie nur, um zum Flughafen am Rande des Festlands zu gelangen. Weshalb ich von den Eigenschaften einer Salzwiese auch nichts wusste, in die ich in diesem Augenblick in meinen Lederstiefeln versinke, weil ich vergessen habe, mir Gummistiefel mitzunehmen.

Bonometto erklärt mir die Funktionen der Salzwiesen für die Lagune: Sie bremsen die Wassermassen und filtern das Wasser, sie sind Lunge und Niere zugleich – jedenfalls solange man die Lagune wie einen Organismus betrachtet, der gepflegt, geheilt und genährt werden muss. Und nicht wie einen Raum, den es zu unterwerfen, zu benutzen und zu verändern gilt.

Für den 1960 eröffneten Flughafen Venedig wurde eine *barena* betoniert, eine der großen für die venezianische Lagune typischen Salzmarschen. Das hat zur Folge, dass das eindringende Wasser bei Flut weniger Raum zur Ausbreitung findet, sich beschleunigt, an Höhe zunimmt – und das Hochwasser verstärkt. Ungeachtet dessen wird angesichts der steigenden Passagierzahlen bis heute ernsthaft über eine mögliche Vergrößerung des Flughafens diskutiert, zudem wurde der Vertiefung des Kanals Vittorio-Emanuele stattgegeben, der den Kreuzfahrthafen mit Porto Marghera und dem Kanal für die Öltanker verbindet.

Es ist der Weg, den die Kreuzfahrtschiffe in Zukunft nehmen sollen.

Wir laufen über den sumpfigen Boden, der einmal täglich unter Wasser steht. Bonometto zeigt, dass die Salzwiesen so etwas sind wie eine Kinderstube für Fische, eine *nursery*, sagt er. Fische, die in den Mäandern der Salzwiesen, in Windungen und Schleifen vor großen Fressfeinden geschützt heranwachsen können, die in der Lagune unterwegs sind, seitdem sie sich in einen Meeresarm verwandelt hat: Salzwiesen und Sandbänke verschwinden, das Wasser wird salziger, und immer mehr fremde Bewohner machen sich breit, in venezianischen Kanälen treiben Quallen, Blaubarsche machen den Goldbrassen den Garaus, die philippinische Venusmuschel verdrängt die heimische Art, Aale und typisch venezianische Lagunenfische wie *passerini* sind verschwunden.

Mit dem Bau von Mose hat die Zerstörung der Lagune ihren Höhepunkt erreicht. Ergebnis ist die *laguna ferita,* die verletzte Lagune: Das Paradigma eines alten Körpers ist für Venezianer so geläufig wie das Bild der Serenissima, die Durchlauchtigste, für ihre Republik. Ein Körper, der täglich verstümmelt, vergiftet und ausgeweidet wird – durch den Wellenschlag der Motorboote, Tanker und Kreuzfahrtschiffe, durch die Zerstörung des Lagunengrunds durch die Muschelfischer, die ihn mit einem überdimensionalen Quirl aufwühlen, und durch die Schaffung künstlicher Salzwiesen, die im Grunde nichts anderes sind als Abfallhalden für Giftschlamm.

Welch fundamentale Bedeutung die Pflege der Lagune für die Republik hatte, lässt sich auch an einem viereckigen Pfeiler aus istrischem Marmor ablesen: An einer Ecke steht noch einer dieser Grenzsteine, *cippi di conterminazione,* die von der Republik Venedig im Jahr 1791 hier aufgestellt wurden. Weil die Republik Venedig die Lagune als ihren Verteidigungswall betrachtete, sahen ihre Dekrete hohe Strafen für diejenigen vor, die innerhalb der Lagune bauten oder dem Wasser Raum entzogen, weshalb die Grenzsteine die Inschrift *arrecar detrimento all'acque* tragen, die jeden davor warnt, dem Wasser Schaden zuzufügen.

Heute besteht kein Zweifel mehr daran, dass die ausschließlich auf Nutzen ausgerichtete Weltanschauung gewonnen hat, die mit der Schaffung des Hafens von Marghera begann, mit dem Bau von Mose fortgesetzt wurde und deren Ergebnis die *laguna ferita* ist, die verletzte Lagune.

Und selbst die sogenannten Ausgleichsarbeiten für Mose haben mehr Schaden als Nutzen angerichtet: Geschaffen wurden keine Salzwiesen, sondern Erdwälle, begrenzt von mit Steinen gefüllten Polyestersäcken, sagt Bonometto. Mit anderthalb Metern sind diese Wälle zu hoch, um überflutet zu werden, weder in ihrer Form noch in ihrer Lage wurden die Morphologie und die Strömungsverhältnisse der Lagune respektiert: Es ging allein darum, den für die Bauarbeiten ausgegrabenen Lagunengrund billig und umstandslos loszuwerden.

Wir sind an diese Perversionen derart gewöhnt, dass wir sie inzwischen fast als normal betrachten, sagt Lorenzo Bonometto.

Die Frage ist nur: Wie wird das alles enden? Wird eines Nachts, wenn wir uns dank des Wunderwerks sicher wähnen, ein Fluttor nachgeben und ein Tsunami alles wegspülen? Daran denken wir alle hier. Und spreizen wieder den kleinen Finger und den Zeigefinger. Um dieses Schicksal von uns abzuwenden.

Später, im Vaporetto, das mich zurück nach Venedig bringt, denke ich wieder an die Nacht vom zwölften November und an den Moment, als das Wasser meterhoch vor den Schaufenstern der Luxusboutiquen der Calle Larga XXII Marzo stand und klar war: Nicht wir bestimmen das Wasser, sondern das Wasser bestimmt uns. Vielleicht war das eine letzte Mahnung.

Irren ist menschlich, aber darauf zu bestehen, ist teuflisch.

Sabbadino

Als ich aus der Lagune zurückkehre, erzähle ich dem Venezianer begeistert von meinem frisch erworbenen Wissen, von dem Disput zwischen Sabbadino und Cornaro – davon, dass Sabbadino praktisch schon in der Renaissance einen Flächennutzungsplan entworfen und vor all dem gewarnt hat, was später dann tatsächlich eingetreten ist, also das Vertiefen der Kanäle, was die Lagune in einen Meeresarm verwandelt hat.

Das sage ich. Und der Venezianer legt mir stumm ein in Pergament gebundenes Buch vor die Nase, es trägt den Titel *Discorsi di Cristoforo Sabbadino sopra la Laguna di Venetia, Reden von Cristoforo Sabbadino über die Lagune Venedigs*. Es ist so groß wie ein Schulatlas. Und in Pergament gebunden. Lamm oder Ziege, der Venezianer vermutet Lamm, vielleicht sogar ein neugeborenes, was mich schaudern lässt. Als ich mit dem Finger über feine sichtbare Punkte auf dem Pergament fahre, fühle ich noch die Haaransätze.

Das Papier ist sehr fest und knittert beim Umblättern irgendwie bedeutsam, so als würde man die Seiten eines Traktats umblättern, das die Beziehungen zwischen zwei verfeindeten Staaten klären soll – ein Eindruck, der vielleicht nicht ganz falsch ist, angesichts des Widerstreits zwischen der Absicht Cornaros, die Lagune praktisch trockenzulegen, und Sabbadinos Kampf für ihren Erhalt.

Verfasst wurde das Buch mit sepiafarbener Tinte von einem Schreiber des venezianischen Wasseramts im Jahr 1633, da war Sabbadino, dieser wichtige Sohn der Stadt, schon über siebzig Jahre tot.

Ich starre auf den Rhythmus seiner Schrift, auf die Kringel, die Schnörkel und Girlanden. Die Arabesken, Buchstabenformen (allein dieser Schwung beim ersten Buchstaben am Anfang eines neuen Kapitels) und Schleifen unter manchen Wörtern vermitteln den Eindruck, dass sich dieser Schreiber voller Überzeugung hinter die Position Sabbadinos stellt. Er verschreibt sich so gut wie nie.

Am Anfang lese ich etwas über die Lebensgeschichte Sabbadinos, der in Chioggia geboren wurde, arm und von Wissensdurst getrieben gewesen sei, keine Gefahren gescheut und viele Dinge geschrieben habe. Obwohl er ungebildet gewesen sei – heute würde man sagen: Er war Autodidakt –, habe er wissenschaftlich bestens zu argumentieren verstanden, er sei in der Lage gewesen, sich in den Termini der Naturwissenschaften sowohl mündlich als auch schriftlich tadellos auszudrücken, folglich habe es sich bei ihm also um reine Intelligenz gehandelt. Die nicht von allen verstanden worden sei, weshalb er von einigen sogar als Dummkopf betrachtet worden sei. Die Wahrheit aber, die erst nach Sabbadinos Tod erkannt worden sei, verzeichnet der Schreiber mit empörten Schnörkeln, war, dass niemand Sabbadinos Intelligenz das Wasser habe reichen können und seine Kenntnis der Lagune die aller anderen bei Weitem überragt habe.

Im Jahr 1560 starb Sabbadino im Alter von vierundsechzig Jahren: »Arm und kinderlos segnete er das Zeitliche und hinterließ diese seine Schriften, die seinen Namen unsterblich gemacht haben«, lese ich.

Le acque mure della città di Venezia, die Wassermauern der Stadt Venedig, steht in einem der Zwischentitel, die der Schreiber zum besseren Lesen an der Seite eingefügt hat. Und dann gibt es noch ein Inhaltsverzeichnis, in dem die Kapitel mit Überschriften aufgeführt sind wie »Die Lagune darf nicht geschwächt werden« oder »Das Meer als Ruin der Lagune«.

Darüber, dass die Flüsse, das Meer und die Menschen die größten Feinde der Lagune seien, lässt Sabbadino keinen Zweifel. Und was die Menschen betrifft, so sind es speziell die *gli signori et homeni potenti,* also die Herren und mächtigen Männer, wie auch die *inzegneri e i particulari*; die Ingenieure und Grundbesitzer, die zum Ruin der Lagune führen – und da war noch keine Spur von Mose, es reichten schon die Interessen des Großgrundbesitzers Cornaro.

Für Sabbadino hingegen war klar, dass der Mensch der Natur helfen soll, um das Gleichgewicht in der Lagune wiederherzustellen. Wie kann es dann sein, dass in einer Stadt wie Venedig, in der schon in Zeiten der Renaissance weise Männer wie Sabbadino Traktate über den Schutz der Lagune verfassten, die Lagune heute als Müllkippe betrachtet wird? Als eine *Wasser-Autobahn*?

Es ist das erste Mal, dass ich mich in eines der Manuskripte vertiefe, die der Venezianer im Laufe seines Lebens gesammelt hat: Zum ersten Mal kann ich die Geschichte Venedigs beim Umblättern mit den Händen spüren, zum ersten Mal habe ich das Gefühl, als würde auch ich eine Botschaft aus der Vergangenheit empfangen.

Markusdom

Der Venezianer an meiner Seite hat einen besonderen Zugang zur Vergangenheit: Er lässt sie direkt zu sich sprechen. Er will das Papier fühlen und riechen, die Schleifen der Handschriften sehen, sich über eine beschränkte, geschwollene oder blasierte Ausdrucksweise wundern oder sich von einer bescheidenen und anspruchslosen berühren lassen.

Sein Zugang zur venezianischen Geschichte ist kein leichtes Unterfangen: Er lässt Manuskripte aufwendig restaurieren, er pilgert Kilometer auf dem Festland zu dem einen Restaurator, der in Sammlerkreisen als einzig fähig erachtet wird, allein das ein Opfergang. Denn der Venezianer an meiner Seite verlässt Venedig nur, wenn es nicht zu vermeiden ist. Schon wenn er sich ins Auto setzt, fühlt er sich entmündigt. Dieses Leben in Käfighaltung. Diese Welt aus Waschbeton und abgesprungenem Zement. Ampeln und Kreuzungen. Ach.

Wenn er nicht mehr Herr seiner eigenen Schritte ist, wird ihm schlecht, wie Kleinkindern auf dem Rücksitz. Wenn er heute durch Venetien fährt, dann nur, um einen Handwerker zu besuchen. In Venedig gibt es chinesische Handyhüllenläden, Tiramisu-Take-aways und bangladeschische Ein-Euro-Läden mit Wackelgondeln, aber keine Elektriker, Klempner oder Maurer, keine Marmorschleifer, Steinmetze, Stuckateure oder Terrazzobodenleger, geschweige denn fähige Restauratoren für Renaissancemanuskripte, die wissen, wie beschmutztes Pergament gewaschen und beschädigte Einbände ausgebessert werden müssen.

In seinem Universum aus antiken Büchern und frühen Drucken, Inkunabeln und Handschriften verwandelt sich der Venezianer an meiner Seite in Indiana Jones, sein Heiliger Gral sind die Bücher der Renaissance, er jagt nach dem einen, einwandfreien Exemplar, das in seiner Sammlung noch fehlt. Er träumt davon, ein Exemplar der *Hypnerotomachia Poliphili* zu finden, der Titel heißt so viel wie *Poliphilos Traumliebeskampf,* es ist dieser eine Roman, der nicht nur für ihn, sondern für jeden Liebhaber der Buchdruckkunst der Renaissance das schönste Buch der Welt ist, gedruckt von dem legendären venezianischen Verleger Aldo Manuzio: ein Meilenstein des frühen Buchdrucks. Oder *De Divina Proportione,* eigentlich der wahre *Da Vinci Code,* praktisch unauffindbar, aber gibt es nicht immer noch Wunder? Gab es nicht auch Bilder von Picasso, die als Kleinkindmalereien galten? Warum sollte das nicht auch mit *De Divina Proportione* geschehen oder mit der *Hypnerotomachia Poliphili,* die vielleicht von irgendeinem ignoranten Erben für vergilbten Papierkram gehalten wird?

Gemäß seiner Überzeugung, dass Venedig auch aus vielen kleinen, scheinbar unwichtigen Dingen besteht, den Dingen des täglichen Lebens, die uns die Einzigartigkeit Venedigs nahebringen, sammelt der Venezianer venezianische Chroniken, Testamente, Einkaufslisten für adelige Hochzeiten, aber auch Grundlagenwerke über venezianische Schiffstaue, Verzeichnisse von Hausinventar – Zeugnisse des Alltagslebens in Venedig.

Er hat sich das Wissen über seine Stadt aus alten Handschriften angeeignet. Er sammelt venezianische Chroniken, in denen die Bewusstseinsgeschichte der Stadt festgehalten wurde – im Grunde Tagebücher, in die Venezianer ein Protokoll ihrer Gegenwart schrieben und darin all das festhielten, was sie als bemerkenswert und der Erinnerung würdig betrachteten: An der Spitze steht der sagenhafte venezianische Chronist Marino Sanudo der Jüngere. Für den alles gleichermaßen berichtenswert ist, egal ob es der Wurf einer Katze, die zehn Junge kriegt, der Brand eines Geschäfts in Rialto oder die Hochzeit der Tochter eines Adeligen ist.

Der Venezianer lässt sich von Sanudos Detailbesessenheit mitreißen, der von den Kleidern der Hochzeitsgäste bis zum Hochzeitsmenü alles beschreibt – welches Wild, welcher Fisch, welche Süßspeisen. Der penibel vermerkt, wie teuer das Hochzeitsfest war und welche bedeutenden Persönlichkeiten aus dem Ausland angereist sind: Sanudo war ein *Gazzettino* der Renaissance.

Und weil der Venezianer eine Schwäche für alle hat, die sich aus purer Leidenschaft einem idealistischen Unterfangen hingeben und sich der großen Aufgabe verschreiben, Venedigs Alltagsleben zu bewahren, verehrt er auch Emanuele Cicogna, einen einfachen venezianischen Staatsbeamten, der im 19. Jahrhundert unter der österreichischen Besatzung der Einzige war, der die venezianischen Chroniken als Kulturgut betrachtete – und zum größten Sammler dieser venezianischer Handschriften wurde.

Am Ende seines Lebens vermachte Cigogna seine Sammlung aus vierzigtausend Büchern und fünftausend Manuskripten der Stadt Venedig – und wurde dafür mit einer mickrigen Leibrente für seine beiden Schwestern abgefunden. Über dieses Unrecht kann sich der Venezianer an meiner Seite noch heute so empören, als wäre es erst gestern geschehen.

Oder Ongania. Ein Name, der für mich anfangs irgendwie geheimnisvoll klingt. Auch weil der Venezianer an meiner Seite die Eigenschaft hat, Dinge/Worte/Phänomene, die man nicht kennt, nicht zu erklären, sondern einfach nur zu wiederholen. Ongania? Ja, Ongania ist Ongania.

Ich weiß nur, dass der Venezianer irgendwann damit anfing, die Bücher dieses Ongania zu sammeln, aber weil der Venezianer so viel sammelt, tendiere ich dazu, manchmal den Überblick zu verlieren über Inkunabeln, Bronzemörser für Wunderbalsam und antike Seiden, chinesische Opiumbetten und japanische Kimonoständer, Kupferstiche und Druckgrafiken, und wahrscheinlich habe ich noch einiges vergessen, so wie der Venezianer, der manchmal vergisst, in welchem Lager er was eingelagert hat.

Erst wenn ich frage, wer zum Teufel dieser Ongania ist und was seine Besonderheit ausmacht, sagt er erstaunt: Ach, du weißt tatsächlich nicht, wer Ongania ist? Und wenn ich dann zugebe, nichts mit diesem Namen zu verbinden, weil man sich schließlich nicht um alles kümmern kann, um das Hochwasser und bestochene Politiker und die Vertreibung der Venezianer aus ihrer Stadt, erklärt er, wer dieser Ongania war. Es ist dann immer so, als würde er plötzlich aufwachen, weil er so tief in seiner Welt versunken war, dass er manchmal vergisst, dass es noch eine andere gibt.

Für ihn ist Venedigs Vergangenheit ständige Gegenwart, wenn er über den Markusplatz geht, dann sieht er keine Menschen mit Flipflops und in kurzen Hosen auf den Stufen des Markusplatzes hocken und eine Pizza aus dem Pappkarton verspeisen, sondern steife Herren im Gehrock und mit Zylinder, lauter Männer mit imposant hochgezwirbelten Schnäuzern, Spitzbärten, Backenbärten, die sich in Ferdinando Onganias Buchhandlung versammeln, um für Venedigs Kulturschatz zu kämpfen.

Und dann ist da diese Ausstellung im Museum des Markusdoms mit den Werken von Ongania, zu der ich den Venezianer begleite – zugegebenermaßen halbherzig. Weil ich erwarte, mit der zwar ehrenwerten, aber dennoch von beschränktem Interesse bestehenden Geschichte eines venezianischen Verlegers und Buchhändlers des 19. Jahrhunderts konfrontiert zu werden, der vor hundert Jahren starb. Und den vor allem Kunstsammler kennen, weil er mit dem Lichtdruck oder Heliogravüre eine Drucktechnik entwickelt hat, die damals als revolutionär galt, weil auf diese Weise seltene Werke der venezianischen Renaissance nachgedruckt werden konnten. Okay, okay.

Als ich in dem Saal vor den gigantischen Aquarellen des Markusdoms stehe, einhundertzweiundvierzig Quadratmeter Bilder, bin ich überwältigt. Und der Venezianer erzählt so fesselnd von diesem Ongania, der sein Leben der zyklopischen Aufgabe verschrieb, den Markusdom zu retten, dass ich mich frage, warum es noch keine Netflix-Serie über ihn gegeben hat, ich sehe den Titel schon vor mir: »Ongania: Glanz und Elend eines venezianischen Verlegers«, eine Serie mit rasanten Dialogen, ruppigen Wendepunkten, krassen Leidenschaften und starken Gefühlen. Und wie einen Plot, den jeder versteht, dessen Herz je vom Anblick des Markusdoms bewegt wurde, erzählt der Venezianer Ferdinando Onganias Leben. Dass er noch fast ein Kind ist, als er bei den aus Hamburg stammenden Brüdern Münster als Lehrling anfängt, die am Markusplatz eine Buchhandlung mit angeschlossener Druckerei betreiben. Dass Ongania mit dreißig zusammen mit einem ukrainischen Adeligen ihr Geschäft übernimmt, in einer Zeit, als hinter Venedig die Jahrzehnte der österreichischen Besatzung, ein glückloser Freiheitskampf und der Anschluss an Italien liegen. Die Zeit, als die venezianische Buchdruckkunst wieder zu neuer Blüte gekommen ist: Um die Zensur unter der österreichischen Besatzung zu unterlaufen, hat man sich in Venedig auf lokale Themen konzentriert. Oberflächlich betrachtet, finden die Bücher über Venedig aus dem Grunde reißenden Absatz, weil der Tourismus schon

Mitte des 19. Jahrhunderts die Haupteinkommensquelle der Stadt ist, mit wohlhabenden Besuchern aus Europa und Übersee, von denen manche sich ganze Palazzoetagen mieten und über Jahre bleiben. De facto aber spiegelt sich in der Konzentration auf lokale Themen der ungebrochene Wille der Venezianer wider, sich weder von einer Besatzungsmacht noch vom Anschluss an das Königreich Italien ihrer Identität berauben zu lassen.

Onganias Buchhandlung am Markusplatz, unter den Arkaden des Napoleonischen Flügels, wird bald zu einem kulturellen Zentrum in Venedig: Hier verkehren venezianische Intellektuelle wie der Historiker und Schriftsteller Pompeo Gherardo Molmenti, der Maler und Kunsthistoriker John Ruskin, der venezianische Adelige und Kunsthistoriker Alvise Piero Zorzi, der Schriftsteller und Architekt Camillo Boito, Autor des Romans *Senso* (über den Luchino Visconti seinen grandiosen Film gedreht hat). Aber auch der englische Architekt und Designer William Morris, der zum frühen Begründer der sozialistischen Bewegung in Großbritannien wurde und das *Arts and Crafts Movement* anführte, das inmitten eines Jahrhunderts, das an die Industrie wie an eine neue Religion glaubte, die Rückkehr zum Handwerk fordert.

Sie alle verstehen, dass sich hinter Onganias Engagement für den venezianischen Buchdruck der Renaissance und für das *Venezia minore* weitaus mehr verbirgt als eine banale, als *veneziacentrico* disqualifizierte Heimatkunde: Ongania geht es darum, mit seinen Büchern die Einzigartigkeit Venedigs zu dokumentieren und zu erhalten: Jenen Staat, in dem Adel und Volk gleichgestellt waren, was für den sozialen Konsens gesorgt hatte, der die venezianische Republik Jahrhunderte überdauern ließ. Venedig zu verteidigen heißt auch immer, ein Ideal von Demokratie und von Gemeinwesen zu verteidigen.

Und deshalb ist Onganias Salon im Grunde nichts anderes als ein Vorläufer der venezianischen Bürgerinitiativen, in denen wir heute für das Überleben Venedigs kämpfen. So wie wir, die wir gegen die Zerstörung der Lagune, den Ausverkauf der Kulturgüter und die touristische Überfüllung rebellieren, kämpfte die Gruppe um Ferdinando Ongania gegen die Zerstörung von Venedigs Kulturschatz, der schon damals gefährdet war.

Es ist die Zeit, als nicht nur venezianische Kunstwerke, sondern auch Brunnen, Pfeiler und ganze Fassadendekorationen nach Übersee verschifft werden. Das Fass zum Überlaufen bringt eine planlose und stümperhafte Renovierung der Taufkapelle des Markusdoms, die nur der Anfang einer größeren Restaurierung des gesamten Markusdoms sein soll.

Gegen sie protestiert der engagierte Zirkel um Ongania mit zahlreichen Artikeln: William Morris appelliert mit einem flammenden Aufruf in den *Daily News* an die britischen Leser und warnt vor einem nicht zu ersetzenden Verlust – und Ferdinando Ongania stürzt sich in ein Unternehmen, das ihn dreizehn Jahre seines Lebens und sein gesamtes Vermögen kosten wird. Er beauftragt Maler und Zeichner, die besten Aquarellisten seiner Zeit und Fotografen mit der naturgetreuen Darstellung des Markusdoms: Fassaden und Reliefs, Säulen, Statuen und Marmor, dreihunderteinundneunzig Druckvorlagen für dieses eine *opus magnum,* das in hundertfünfzig Exemplaren gedruckt wird. Das Stuckateuren, Steinmetzen, Schreinern, Tischlern, Goldschmieden und Metallgießern bei der Arbeit helfen soll und für das eigens ein Möbelstück konstruiert wird.

Die Kosten übersteigen Onganias Möglichkeiten bei Weitem, seine Freunde kontaktieren Journalisten und Persönlichkeiten des Geisteslebens, appellieren vergeblich an den italienischen Staat, die Originale zu kaufen: Eine Ausstellung der Originale im Dogenpalast soll helfen, Unterstützer für Onganias gigantisches Unterfangen zu finden, aber selbst Mäzene wie der amerikanische Bankier und Sammler antiker Buchdruckkunst John Pierpoint Morgan, der ohne Weiteres alle Originale hätte kaufen können, zeigen sich knickerig, ganz zu schweigen von der katholischen Kirche, die am Ende, als Ongania bereits praktisch bankrott gegangen ist, die Originale für einen Spottpreis erwirbt. Und darüber kann sich der Venezianer an meiner Seite, kirchenkritisch, wie es sich für ihn als Sohn seiner Stadt gehört, noch heute echauffieren: Allein das ein Hohn, findet er. Die Kirche, sagt er, will nie etwas kaufen, sie wartet immer nur darauf, etwas zu kassieren.

Am Ende hat er mir so viel von ihm erzählt, dass dieser Ongania für mich so etwas wie ein entfernter Verwandter geworden ist. Einer, der wie Cicogna auch sein Leben für Venedig gegeben hat, und vielleicht sind es dieser Irrsinn und diese Monomanie, die den Venezianer an meiner Seite so faszinieren: Weil Kunst ohne Unvernunft nicht denkbar ist.

Eigentlich ist der Venezianer sein ganzes Leben lang auf der Suche nach Dingen. Nach Dingen, die verkannt werden. Nach Dingen, die er retten will. Läden, die auf morschen Pfählen stehen, verfallene venezianische Palazzi, Deckenbalken, Haufen verstaubter Hölzer und rostige Metallscheiben, in denen er Harmonie und Erhabenheit und Anmut spürt und die sich vor seinen Augen verwandeln.

Ich kenne keinen anderen Menschen, der Dinge so durchdringt. Egal, ob es ein venezianischer Mauerstein ist oder ein chinesisches Opiumbett, das er aus einem schmutzstarrenden und übelriechenden chinesischen Antiquitätenmarkt rettet. Und dem chinesischen Händler klarmacht, dass er ihm nur einen Gefallen tut, wenn er ihn von diesem alten, verrotteten Bett befreit, das man eigentlich genauso gut verfeuern könnte, weshalb der Chinese am Ende nachgibt und sich wahrscheinlich noch heute darüber wundert, wie es möglich war, dieses kostbare Bett, das ja immerhin aus edlem Huanghuali-Holz gefertigt ist, dieser Langnase zu verkaufen, der ihn am Ende tatsächlich überzeugte, dass es im Grunde mehr eine Belastung als einen Reichtum darstelle.

Es ist aus einem Holz, wie ich heute weiß, das so fett ist, dass es nur verkantet werden kann, weil es keinen Leim annimmt und die Nägel auch nicht halten, was der Venezianer mir erklärt, nachdem er Nachmittage bei einem Restaurator unweit der Scuola Grande di San Rocco verbracht hat. Es sind heilige Nachmittage mit diesem wunderlichen Restaurator, der aussah wie ein verhinderter Jesuit, der Einzige, dem er das Opiumbett anvertrauen oder über den speziellen Charakter dieses venezianischen Rokokosekretärs sprechen konnte, den er in einer Mülltüte zum Restaurator gebracht hat. Der Jesuit hat ihn wieder zum Leben erweckt.

Oder die Bronzemörser, die auch immer seltener werden und in denen *Teriaca* zubereitet wurde (was, du weißt nicht, was Teriaca ist? Teriaca ist Teriaca), ein venezianischer Wunderbalsam, nach dem sich die ganze Welt verzehrte und der im Jahr mehrmals öffentlich zubereitet wurde: das getrocknete Fleisch einer Viper, die zwischen Juli und August in den Euganeischen Hügeln gefangen wurde, vermischt mit getrocknetem Hirschhoden, Zimt und Myrrhe, reichlich Opium und weiteren sechzig (oder waren es vierzig?) Zutaten. Auf dem Campo Santo Stefano zeigt mir der Venezianer die Stelle, wo ein großer bronzener Mörser stand und eine kreisförmige Spur auf dem Pflasterstein hinterließ.

Früher hat der Venezianer sich einmal pro Woche mit Freunden getroffen, die wie er Kenner und Sammler antiker venezianischer Manuskripte waren. Es waren Hotelportiers und Antiquitätenhändler, Rechtsanwälte und Ärzte, der Venezianer war der Jüngste in der Runde, sie saßen unweit des Markusplatzes im Laden des Antiquitätenhändlers zwischen antiken Venedigansichten und besprachen mythische Dinge wie den Venedigplan von de' Barbari, Objekt der Begierde eines jeden Sammlers, ein riesiger Plan aus dem Jahr 1500, der Venedig aus der Vogelperspektive zeigt. Ein Meisterwerk der Renaissancegrafik, von dem weltweit nur elf Exemplare existieren. Und von dem der Venezianer, als er jung und naiv war, zwei Teile besaß, die er verkauft hat, worüber er sich noch heute ärgert.

Heute sind viele seiner alten Freunde gestorben, er trifft sich jetzt mit Jungen, aber es gibt in Venedig nur wenige, die sich für Dinge von gestern interessieren, es gibt kaum jemanden mehr, der den Wert eines antiken Manuskripts oder eines Rokokosekretärs zu schätzen weiß. Heute gelten schon Schutenlampen aus den Fünfzigerjahren als antik. Dinge zu sammeln ist zu einem Anachronismus geworden in einer Zeit, in der nur das von Wert ist, was virtuell ist. Klicks, Terabyte, Follower und gute Besprechungen von Airbnbs.

Corona

Das Jahr 2019 zeigt uns, dass es immer noch schlimmer kommen kann mit Venedig. Erst rammt das dreihundert Meter lange Kreuzfahrtschiff MSC Opera den Uferkai und das dort liegende Flusskreuzfahrtschiff, wobei wie durch ein Wunder nur fünf Menschen verletzt werden, dann fährt die fünfzig Meter hohe Costa Deliziosa beim Verlassen des Markusbeckens ihre neunzigtausend Bruttoregistertonnen bei schlechtem Wetter fast gegen das Ufer der Riva dei Sette Martiri und die dort angelegte Jacht.

Wir fühlen uns hilflos, weil auch diese Unfälle nichts daran ändern, dass jährlich mehr als fünfhundert Kreuzfahrtschiffe in Venedig anlegen. Venedigs Kreuzfahrtterminal gehört einer Aktiengesellschaft, deren Mehrheitseigner die Kreuzfahrtgesellschaften und der venezianische Flughafen sind. Von ihnen nachhaltigen, umweltfreundlichen Tourismus zu erhoffen, ist so, als würde man vom Islamischen Staat einen Friedensmarsch erwarten.

Wir sind mutlos. Wir sind daran gewöhnt, dass Feinstaub auf uns rieselt und Schiffsdiesel die Fassaden auffrisst, wir haben ein weiteres Jahrhunderthochwasser überlebt und gesehen, wie schnell es wieder in Vergessenheit geraten ist, wir haben erfahren, wie unser Wunsch nach Autonomie ignoriert und der Sieg bei unserer Volksabstimmung per Handstreich annulliert werden. Täglich lesen wir von weiteren Palazzi, die verhökert werden, täglich werden mehr Hotels in früheren Privatgebäuden eröffnet. Es ist dieses Mehr, Mehr, Mehr, das uns niederdrückt. Kein Wandel in Sicht. Keine Einsicht am Horizont.

Und dann.

Steht die Welt mit einem Mal still.

Das Virus erwischt den Venezianer und mich in den Ferien in Südafrika. Ein paar Tage lang glauben wir noch, die Sache dort aussitzen zu können. Als wir nach Venedig zurückkehren, ist die Stadt gerade geschlossen worden und sieht aus wie nach einem Anschlag mit einer Neutronenbombe: Kein Mensch, kein Wassertaxi, kein Lastkahn, keine Gondel unterwegs.

Noch nie haben wir Venedig so erlebt. Kein einziges Kreuzfahrtschiff weit und breit. Keine Taxiflottillen, keine Ausflugsschiffe, die durch die Lagune pflügen. Nur Farben und Stille. Venedigs Vergewaltigung ist vorübergehend ausgesetzt.

In den ersten Wochen dürfen wir das Haus praktisch nicht verlassen. Verwundert sehen wir, wie sich das von Thomas Bernhard beschworene Weltenstück hinter unserem Fenster verändert hat.

Unsere Fenster sind bleiverglast, wie in Venedig üblich, Fensterglas aus achteckigen Scheiben, begrenzt durch kleine Rauten. In manchen venezianischen Palazzi sind diese achteckigen Scheiben sogar rosa getönt und die Rauten türkisfarben. Außerdem ist das Glas dieser einzelnen achteckigen Scheiben nicht glatt, sondern unregelmäßig, mit kleinen Beulen und Wellen, sodass der Blick leicht verschwimmt, wenn man rausblickt.

Anfangs haben mich die Fenster an Kirchenfenster erinnert, was ich komisch fand, als ich nach Venedig zog. Ich kam aus einer Welt, in der es als größte Errungenschaft betrachtet wurde, einen freien Blick nach draußen zu haben, am besten durch ein Panoramafenster. Schon Fensterkreuze galten als lästige Beschränkung. Ich erinnere mich noch daran, wie glücklich meine Mutter und ich waren, als die Fenster mit den Fensterkreuzen in unserer Wohnung entfernt und durch große Kippfenster ersetzt wurden, für uns der Gipfel der Modernität. Als Studentin lebte ich in Paris in einem Studentenwohnheim mit Fenstern, die vom Boden bis zur Decke reichten. Hinter ihnen lag der Boulevard périphérique, von dem der Verkehr so laut brüllte, dass ich bei geöffnetem Fenster kein Radio hören konnte.

Ich habe das damals übrigens auch gesagt, das mit den Kirchenfenstern. Der Venezianer an meiner Seite hat es überhört. So wie man eben manche Sätze einfach überhören muss. Ich kam nach Venedig und glaubte, alles verstanden zu haben. Dabei wusste ich nichts. Von der Welt und von Venedig. Aber das Schöne an der Ignoranz ist ja, dass man sie selbst nicht merkt.

Wenn ich aus dem Fenster schaue, blicke ich auf einen Renaissancepalazzo gegenüber und auf einen gotischen Palazzo an der Ecke. Der keine typischen, bleiverglasten venezianischen Fenster hat, sondern glatte Panoramascheiben. In filigranen, spitzbogigen Fenstern. Für den Venezianer an meiner Seite so etwas wie ein Damenbart im Gesicht der Mona Lisa.

Der Renaissancepalazzo gegenüber hat auch keine venezianisch bleiverglasten Fenster, sondern Fenster mit Fensterkreuz, typisch für das neunzehnte Jahrhundert, dieses missratene Jahrhundert, dem auch wir eine Bausünde verdanken: unseren *liago,* ein Glaskasten, der am Ende unseres Balkons angeklebt wurde und den wir als Wintergarten für unsere Bougainvilleen benutzen, weil es zu aufwendig wäre, dem Denkmalschutzamt klarzumachen, dass dieser *liago* nichts mit einem Palazzo des 17. Jahrhunderts zu tun hat.

An dem Renaissancepalazzo gegenüber hat sich das 19. Jahrhundert dadurch versündigt, dass der obere Fensterbogen zugemauert wurde, wodurch einfache, rechteckige Fenster eingesetzt werden konnten. Mit Fensterläden, die meist geschlossen sind.

Lange Jahre wohnte hier ein alter Mann, der früh ins Bett ging, was man daran erkennen konnte, dass er im Schlafanzug mit einer Bettmütze auf dem Kopf die Fensterläden schloss. Dann blieben die Fensterläden monatelang ganz geschlossen. Bis sie an Weihnachten wieder geöffnet wurden und man eine Familie sah, die einen Weihnachtsbaum mit elektrischen Kerzen schmückte. Sie kamen nur an Feiertagen. An Ostern und Weihnachten. Sonst sah man niemanden in dem *Piano Nobile* gegenüber. Und jetzt wohnt da jemand, der ein Boot hat, so wie wir. Als die Fensterläden einmal eine Woche lang geschlossen waren, fürchtete ich, dass auch sie nur vorübergehend dort wohnten.

Ich habe immer Angst, dass die Palazzi um uns herum verlassen und die wenigen noch bewohnten Wohnungen über kurz oder lang ebenfalls in Airbnbs verwandelt werden. Ich wage fast nicht mehr daran zu glauben, dass jemand tatsächlich irgendwo einzieht und ein ganz normales Leben führt.

Wenn der Venezianer aus dem Fenster blickt, sieht er die Menschen, die mal in diesen Palazzi an unserem Kanal gelebt haben. Er kennt alle Besitzverhältnisse: der Teil, der an die Gasse grenzt und der einer Kunsthändlerin gehört hat, die vor Kurzem gestorben ist, der Teil, der einem Antiquitätenhändler gehörte, dessen Sohn nach seinem Tod ein Airbnb daraus gemacht hat. Und hier, dieses Piano Nobile, diese Adelsetage des Palazzos gegenüber, den man nur betreten kann, wenn man diese enge Gasse durchquert, in der früher immer die Prostituierten standen, was den Wert dieser Wohnung mindert, weil sie keinen herrschaftlichen Eingang hat.

Der Venezianer weiß, dass es gegenüber sogar auch einen schönen Innenhof gab, der als Lager vermietet wird, nachdem man ein Dach eingezogen hat, und dass in diesem Innenhof ein Renaissancebrunnen steht, durch den eine

Mauer verläuft: ein geteilter Renaissancebrunnen – das muss man sich mal vorstellen.

Mit seinen Kapitellen und den Bogenfenstern verrät der Palazzo ihm, dass er von Codussi gebaut wurde, dem Architekten der Renaissance, der auch den Uhrenturm und den Palazzo Vendramin-Calergi gebaut hat, in dem Wagner gestorben ist.

Das größte Problem der Palazzi heute ist, sagt der Venezianer, dass sie in viele kleine Wohnungen unterteilt wurden, in denen jeder seinen Scheiß machen konnte, Zementdecken einziehen oder sich nicht darum zu kümmern, wenn das Dach undicht ist und es oben reinregnet, weil das ja nur den betrifft, der oben wohnt. Und so wurde die Statik vieler Palazzi im Laufe der Jahrhunderte zerstört.

An der Ecke dieses Palazzos gegenüber hängt ein Wappenschild aus istrischem Marmor, das im Laufe der Zeit von den Dieselabgasen abgeschmirgelt wurde: Schwefel aus den Abgasen der Boote löst die Kalkkristalle in den Steinen auf. Venedig zerbröselt. So wie die Madonna an der Rialtobrücke, unter der die Touristen immer reglos wie Eidechsen in der Sonne sitzen, eine Madonna, der die Abgase das Profil weggeätzt haben.

Jeder Stein hier legt Zeugnis ab.

Mit den Jahren sind unsere Fenster etwas verwittert, wir halten sie normalerweise geschlossen, weil ständig der Lärm aus unserem Kanal hochschallt: Müllboote manövrieren, Lastkähne bringen Waren und eingeschweißte Bettwäsche für die umliegenden Hotels, Wassertaxis versuchen, in den schmalen Seitenkanal einzubiegen, und aus den Gondelserenaden brandet das ewige *Ciao Venezia* auf, von morgens neun bis abends elf.

Als wir hier eingezogen sind, ahnten wir das nicht. Da haben wir sogar einmal versucht, uns auf den schmalen Balkon zu setzen und zu Abend zu essen. Wir haben es eine halbe Stunde lang ausgehalten. Seitdem haben wir nie wieder auf diesem Balkon gesessen. Bis Corona kam.

Und plötzlich alles anders ist.

Das Licht. Die Stille.

Am Spätnachmittag ist die Sonne ein Scheinwerfer, der unseren Kanal von unten beleuchtet, in einem spitzen Winkel schimmert er salbeigrün. Das Spiegelbild der Brücke fügt sich auf dem Wasser zu einem perfekten Oval.

Ich fotografiere das Wasser wie besessen. Es hat sich in einen gigantischen Malkasten verwandelt, in dem sich die Farben der Palazzi mischen. Puderrosa mit Ockergelb und Ochsenblut auf Lagunengrün.

In unseren Ohren dröhnt die Stille. Keine Wassertaxis, kein *Ciao Venezia,* keine Lastkähne. Nur Amselgezwitscher. Selbst die Möwen sind verstummt. Nach wenigen Wochen bin ich schon so an die Stille gewöhnt, dass ich jedes Mal kurz davor bin, die Polizei zu rufen, wenn ein Boot es wagt, durch unseren Kanal zu fahren.

An Ostern setze ich mich auf unseren Balkon. Zum ersten Mal, nach Jahrzehnten. Ich sitze in der Ostersonne und trinke ein Glas Wein. Und höre, wie in dem gotischen Palazzo gegenüber ein Fenster geöffnet wird und ein Mann zum Palazzo gegenüber ruft: *Buona Pasqua,* Gianni! *Caspita,* seit wann wohnst du denn hier?

Schon seit dreißig Jahren!, ruft Gianni zurück.

Ich fasse es nicht!, sagt der Mann. Genießen wir die Ruhe, solange es geht! *Buona Pasqua!*

Es ist so still, dass ich höre, wie das Wasser lebt. Es keucht, es kaut, es schmatzt. Es nagt röchelnd an den Fundamenten der Häuser und bündelt das Licht zu kleinen, gleißenden Punkten, die auf dem Kanal tanzen, es ist Wasser, das verwandelt.

An die vielen geschlossenen Fensterläden der in Airbnbs verwandelten Straßenzüge bin ich schon so gewöhnt, dass ich gar nicht verstehe, warum viele Freunde, denen ich begeistert meine Videos vom venezianischen Lockdown schicke, dieses Venedig als gespenstisch empfinden.

Mich hingegen stimmt schon jedes Tellerklappern in unserem Kanal hoffnungsfroh, und als ich einmal im Vorbeigehen in der Gasse höre, wie sich ein Ehepaar in seiner Wohnung streitet, bin ich glücklich.

Während dieser zehn dystopischen Wochen, als wir uns nur zweihundert Meter vom Haus entfernen dürfen, unser Kanal aussieht wie von unten beleuchtet und die Amseln nicht mehr von den Motorbooten überstimmt werden, sind in Venedig sogar die Möwen gezwungen, wieder zu ihrem Kerngeschäft zurückzukehren. An unserem Bootssteg erinnert ein riesiger schwarzer Fleck an den Lockdown. Hier verspritzte ein Tintenfisch im Todeskampf seine Tinte, bevor er von einer Möwe erlegt wurde.

Tintenfische und Krebse zu jagen ist natürlich ungleich anstrengender als das bequeme Leben im Massentourismus, wo die Möwen sich damit begnügen können, Touristen das Sandwich aus den Händen zu klauen. So gesehen gehören auch die Möwen zu den Gewinnern der touristischen Monokultur. Und jetzt: keiner mehr da.

Am Zattere-Ufer reiht sich auf den Pflastersteinen ein schwarzer Fleck an den anderen, überall liegen Krebsschalen und die Schulpen der Tintenfische. Kormorane landen auf dem Bauch in unserem Kanal, das Wasser ist so klar, dass man die Fundamente sehen kann. Möwen liegen zum Sonnenbaden mitten auf dem Markusplatz, und im Canal Grande schwimmen Enten. Ich habe hier noch nie eine einzige Ente gesehen, ich weiß nur, dass es sie irgendwo in der Lagune gibt, weil Hemingway sie gejagt hat. Und jetzt watscheln ganze Entenfamilien da am Ufer entlang, wo sich sonst die Reisegruppen hinter ihrem Führer drängeln.

Wie verzaubert laufen wir durch unsere Stadt, anfangs nur die zweihundert Meter, die wir uns vom Haus bewegen dürfen. Für alles andere muss man sich eine *autocertificazione* ausstellen, eine Selbstbescheinigung, die rechtfertigt, dass man die zweihundert Meter überschreitet. Etwa, weil man zum Supermarkt geht.

Eine der vielen ironischen Volten des Corona-Lockdowns besteht darin, dass wir vor unserem Supermarkt nie Schlange stehen müssen, weil die Airbnb-Kunden verschwunden sind, für die Venedigs Supermärkte eigentlich gedacht sind. Und wir werden an der Käsetheke nicht mehr auf Englisch oder Französisch angesprochen.

Der Venezianer rechtfertigt seine Spaziergänge damit, dass er auf der Baustelle nach dem Rechten sehen muss. Allerdings macht er das auch am Ostersonntag. Der Polizist, der ihn auf dem Campo Santa Maria del Giglio kontrolliert, findet das komisch.

Es ist Ostersonntag, sagt der Polizist, und Sie wollen zu einer Baustelle – mit einer alten Bestätigung, deren Datum Sie geändert haben. Bitte ersparen Sie mir den Ärger und gehen Sie einfach lieber wieder nach Hause.

Und auch ich werde zur Ordnung gerufen, als ich die zweihundert Meter Auslauf etwas elastisch interpretiere und mich auf dem Markusplatz an eine Möwe heranrobbe – weshalb ich sofort von einem Polizisten gestellt werde. Streng fragt er mich, was ich mache.

Ich fotografiere eine Möwe, sage ich wahrheitsgemäß. Und füge hinzu: Ich bin Journalistin. Was den Polizisten aber nicht sonderlich beeindruckt und worauf er mir mit einer Strafe von achthundert Euro droht.

Also lasse ich mir von einer Redaktion bestätigen, dass ich in höherem, weil journalistischem Auftrag unterwegs bin. Sofort vergrößert sich mein Radius beträchtlich. Ich bewundere den Dogenpalast, als sähe ich ihn zum ersten

Mal. Es ist, als würde sich eine Kamera an ein Detail heranzoomen, an die Kapitelle der Säulen, die Verästelungen des Steins. Ich stehe allein auf dem Ponte della Paglia vor der Seufzerbrücke, über die sich sonst stets ein Menschenstrom quält, und sehe, dass die italienische und die europäische Fahne am Dogenpalast auf Halbmast wehen, mit einem Trauerflor.

Als ich vor dem Markusdom stehe, werde ich von den goldenen Mosaiken geblendet. So nah wie jetzt konnte ich dem Markusdom sonst höchstens nachts kommen, weil sich immer eine lindwurmartige Schlange um ihn gewunden hat. Ich staune über fein ziselierte Blattkränze, geflügelte Herolde und die Farben des Marmors – und denke an Dostojewskis Satz: »Die Schönheit wird die Welt erretten.«

In der Stille haben Dostojewskis Worte eine ganz besondere Bedeutung. Sie drücken unsere Hoffnung aus, dass dieses Venedig des Nach-Corona nicht übergangslos an das des Vor-Corona anschließen möge.

Venedig hat die napoleonische Eroberung, die österreichische Besetzung, apokalyptische Hochwasser, die jährlich dreißig Millionen Touristen in Gondelserenaden und ein Landei von Bürgermeister überlebt, der Ebbe nicht von Flut unterscheiden kann. Da werden wir mit dem Virus auch noch fertig, meint der Venezianer.

Im Lockdown üben sich die Venezianer in Solidarität: Weil es in manchen Stadtvierteln kaum noch Lebensmittelgeschäfte gibt, erledigt die Rennruderin Elena Almansi die Einkäufe für alte Leute im Ruderboot, zusammen mit den Frauen ihrer Gruppe *Row Venice,* die Venedigliebhabern das Rudern auf venezianische Art beibringt. Junge Aktivisten der Bürgerinitiative *Venice Calls* verteilen Schutzmasken, kaufen ein und sammeln Geld für bedürftige Familien, denen der Virus die Lebensgrundlage raubt. In Zoom-Konferenzen bereden wir, wie es mit Venedig weitergehen soll:

Nie zuvor gab es so viele Smart Worker, weshalb der Anwalt und Bürgeraktivist Andrea Zorzi die Idee eines internationalen »Anwerbeprogramms für Venedig-Einwanderer« vorstellt: Smart Worker sollen überzeugt werden, mit ihren Familien nach Venedig zu ziehen. In Wohnungen, deren Besitzer sich – aus Liebe zu Venedig – dem Airbnb-Delirium verweigern und ihre Wohnungen an diese Neu-Venezianer vermieten wollen. Venedig soll seiner Rolle als Hauptstadt einer reichen Region gerecht werden – und als stolzes Vorbild dienen für einen alternativen, nachhaltigen Lebensstil, für ein Leben ohne Autos.

Das Virus hat in wenigen Monaten den allein selig machenden Glauben an die touristische Monokultur ins Wanken gebracht, wie es keine Exit-Management-Kampagne fertiggebracht hätte. Endlich wird das Undenkbare gedacht. Vaporetti mit Elektro- oder Hybridmotoren. Handwerksbetriebe und Schiffbau im Arsenale. Den Schiffsverkehr an die Lagune anpassen, nicht die Lagune an den Schiffsverkehr. Keine neue Müllverbrennungsanlage in Marghera, sondern Strukturwandel. Warum soll nicht das, was im Ruhrgebiet möglich war, auch in Marghera möglich sein? Die Immobilien der Stadt nicht verhökern, sondern für die Öffentlichkeit nutzen. Das Kulturleben Venedigs nicht auf die Höhepunkte der Biennale und des Filmfests beschränken, sondern es wiederbeleben mit Theater, Tanz und Musik.

Der Einzige, der wie vom Erdboden verschluckt bleibt, ist Bürgermeister Luigi Brugnaro. Bis auf ein Video, bei dem er in angeheitertem Zustand mit seiner Frau den Schlachtruf seiner Basketballmannschaft singt, hört man von ihm: nichts. Keine Vorschläge, keinen Plan, keinen Anstoß, keine Ermunterung.

All die kämpferischen Venezianer sind auf der Höhe der Zeit, allein der Bürgermeister hinkt ihr hinterher – und weil er weiß, dass er sein ewiges Mantra vom »Ohne

Tourismus ist Venedig tot« jetzt nicht einfach wiederholen kann, schweigt er.

Die Gotteskrieger des touristischen Fundamentalismus, die Marketingexperten, Funktionäre, Spekulanten und Bürgermeisterfreunde versuchen verzweifelt, weiter Zuversicht zu predigen. Hat Venedig nicht schon etliche andere internationale Krisen überlebt? Den Golfkrieg 1990/91, die Terroranschläge vom 11. September 2001, die Lehman-Pleite 2008? Ist es nicht so, dass der Tourist ein kurzes Gedächtnis hat? Konnte sich Venedig nicht jedes Mal schnell wieder erholen und die Show weitergehen?

Außerdem: Hatte es der Bürgermeister nicht auch fast geschafft, die Stornierungswelle nach dem großen Hochwasser mit der Kommunikationsoffensive »Venezia Oltre« nahezu in den Griff zu kriegen? Als nach dem schleppenden Weihnachtsgeschäft kurz vor dem Karneval Journalisten aus aller Welt eingeflogen wurden, die, mit Sicherheitshelmen ausgestattet, den Markusplatz und die wenigen verbliebenen tapferen Venezianer besichtigen konnten? Journalisten, denen man bei Galaessen klarmachte, dass das Hochwasser komme und gehe: Eine lästige, der Insellage geschuldete Begleiterscheinung, aber im Grunde nichts, was einem Venedigbesuch abträglich wäre?

Desinformationskampagnen haben in Venedig eine lange Tradition. Im *Tod in Venedig* beschreibt Thomas Mann, wie man versuchte, den Ausbruch der Cholera im Jahr 1911 zu verschweigen. Und Karl Kraus berichtete in der *Fackel,* wie die Hoteliers und die Stadt in dem Sommer, in dem es in Venedig viele Cholerafälle gab, ganzseitige Anzeigen finanzierten, in denen mitgeteilt wurde, dass Venedig, die Schönheitskönigin der Adria, zu ihren vielen Reizen einen neuen hinzugewonnen habe: den Lido. Alles andere seien erlogene Alarmgerüchte, der Gesundheitszustand sei der glänzendste: Auf nach Venedig!

Ähnlich versuchte es der Bürgermeister mit Corona: Als das Virus schon in Sichtweite lauerte, mit Infektionsherden in Vo' Euganeo unweit von Padua und im lombardischen Codogno, und im Krankenhaus von Venedig, Luftlinie fünfhundert Meter vom Markusplatz entfernt, die ersten Infizierten eingeliefert wurden, strömten zwanzigtausend Menschen nach Venedig. Verzweifelte Appelle, den Karneval abzusagen, um Infektionen zu vermeiden, verhallten ungehört. Erst als alles vorbei war, die Feste in den Palazzi, der Kostümball *Ballo Del Doge* in der Scuola Grande della Misericordia des Bürgermeisters – Eintritt fast zweitausend Euro, Mitglieder des Arbeitgeberverbands der Industrie konnten mit einer kleinen Ermäßigung rechnen –, wurde der Karneval abgesagt. Am Sonntag um Mitternacht. Was ungefähr so ist, wie Weihnachten am zweiten Weihnachtstag abzusagen, meinte ein Gondoliere. Seine letzten Kunden: eine chinesische Familie.

Das Virus ist der Super-GAU, der in dem lukrativen venezianischen Tourismuskonzept nicht vorgesehen war. Venedigs Kartoffelkäfer. Die touristische Monokultur, der in Venedig seit dreißig Jahren wie einer Staatsreligion gehuldigt wird, wird zum ersten Mal infrage gestellt.

Heute gibt es in Venedig mehr Touristenbetten als Einwohner. Venedig ist auch die Stadt mit den meisten Airbnbs in Italien. Gastgeber, denen Hunderte Wohnungen gehören, stellen nur fünf Prozent der Vermieter, machen aber dreißig Prozent des Umsatzes. Als wir noch über Zoom die Airbnb-Pest diskutieren und uns über die zynische Ausrede von dem einen Zimmer aufregen, das man angeblich nur vermietet, um das knappe Gehalt aufzubessern, taucht der Bürgermeister wieder auf. Um sich als Marktschreier zu betätigen: »Amerikaner, Österreicher, Ausländer, kommt alle hier nach Venedig, dies ist ein guter Moment, um Wohnungen in Venedig zu kaufen.«

Rio Rossini

Als die strengen Regeln des Lockdowns langsam gelockert werden und auf dem Festland bereits wieder Autos unterwegs sind, dürfen wir immer noch nicht mit dem Boot fahren. Offenbar hat es sich noch nicht bis auf das Festland, von dem wir ja leider regiert werden, herumgesprochen, dass es in Venedig keine Straßen, sondern Kanäle gibt. Ein Freund, der seiner Mutter die Einkäufe im Kanu gebracht hat, wird von einer dienstbeflissenen Polizeipatrouille im Canal Grande gestellt und mit einer Geldstrafe von fünfhundert Euro belegt.

Erst nachdem die Venezianer gegen die von der Regionalregierung verhängte Regelung protestieren, dürfen auch wir uns mit dem Boot bewegen.

Weil zurzeit weder Müllboote noch Lastkähne durch unseren Kanal rauschen, wagen wir es, das Boot nicht wie üblich an seinem Liegeplatz im Canal Grande anzulegen, sondern an unserem Bootssteg vor der Tür. Das, was für den Rest der Welt der Normalzustand ist (das Parken des Autos vor der Tür), kommt in Venedig einem Triumph gleich.

Es sind Momente purer Magie, wenn wir über den Canal Grande gleiten und sehen, wie Rennruderer über das Wasser schweben.

Wir nehmen die Stadt wieder in Besitz und trauen uns in Kanäle, die keine zwei Meter breit sind, in das von Ongania beschworene »Venezia minore«, das der Venezianer an meiner Seite so liebt. Wir sehen, wie Unkraut aus den Ritzen der bröckelnden Brücken wächst, wir schrappen an Booten vorbei, die schon so lange nicht mehr bewegt wurden, dass auf ihren Planen Moos wächst, andere sind voll

Wasser gelaufen, wir sehen die Schleifspuren der Lastkähne an den Fundamenten der Palazzi, den Gummiabrieb vom Bug der Müllschiffe, das von Abgasen geschwärzte und vom Salzwasser zerfressene Mauerwerk, das bröckelnde Ocker, das verstaubte Rosa, die weggebrochenen Treppen. In einst herrschaftlichen Eingängen sammeln sich kaputte Regenschirme, Wellpappe und alte Bretter, während sich gotische Fensterbögen im pechschwarzen Wasser spiegeln.

Unweit des Rio della Sensa passieren wir eine alte Gondelwerft. Hier im Kanal, mit Blick auf die schwarzen Holzstapel, über die sonst die Gondeln ins Wasser gelassen werden, wirkt die Stadt, als hätte jemand bei dem in Endlosschleife laufenden Venedigfilm auf die Stopptaste gedrückt. Im *sestiere* San Polo blicken wir in den winzigen, säulengestützten Innenhof, in dem ein Feigenbaum inmitten von Gotik zwischen Farn und violetten Ranken wächst, ein Kleinod, das mir der Venezianer schon vor Jahrzehnten gezeigt hat und wie ein Geheimnis hütet. Gegenüber liegt eine Gasse, die so eng ist, dass man mit den Schultern die Wände berührt, wenn man sie durchquert. Wenn wir von unseren Ausflügen zurückkehren, bin ich wie berauscht von Schönheit.

An einem Nachmittag putze ich das Boot hingebungsvoll zwei Stunden lang. Als ich an einem besonders hartnäckigen Tintenfischtintenfleck schrubbe, ruft ein Mann vom Palazzo schräg gegenüber etwas, was ich nicht verstehe.

Ist das Ihr Boot?, fragt er.

Ja, sage ich.

Haben Sie gesehen, dass es sich letzte Nacht fast erhängt hat?

(Erhängt, *impiccato,* so nennt man das in Venedig, wenn ein Boot bei Ebbe zu eng vertäut ist und an den Bootspfählen festhängt, wenn das Wasser bei Flut wieder ansteigt.)

Ich wusste nicht, an wen ich mich wenden konnte, sagt

der Mann. Aber glücklicherweise war der Höhenunterschied zwischen Ebbe und Flut nicht so groß, dass Wasser in Ihr Boot laufen konnte.

Überschwänglich bedanke ich mich bei ihm dafür, mich auf diese Gefahr aufmerksam gemacht zu haben – auch weil ich es gar nicht fassen kann, dass ich zum ersten Mal in all diesen Jahrzehnten mit einem anderen Anwohner dieses Kanals gesprochen habe. Und wahrscheinlich wohnt der Mann schon sein ganzes Leben hier, genau wie wir hinter verrammelten Fenstern. Der Wahnsinn.

Von diesem Tag an reißen wir morgens nach dem Aufstehen immer gleich die Fenster auf und sehen nach, ob unser Boot die Nacht gut verbracht hat. *Tutto a posto?,* fragt der Venezianer dann, und ich vermelde nach einem Blick aus dem Fenster: Ja, alles in Ordnung.

Wobei die Ordnung gar nicht so naheliegend ist. In Venedig wird in den Kanälen so ziemlich alles geklaut, was nicht niet- und nagelfest ist: Motoren, Benzintanks, sogar ganze Boote. Deshalb vertäuen wir unser Boot immer ganz besonders sorgfältig, nicht nur mit den Tauen, sondern auch mit einem Metallseil samt Schloss.

Jeden Morgen also blicke ich kurz nach dem Aufwachen runter auf das Boot. Nur an dem einen Morgen nicht. Da habe ich mich gerade in der Bauch-Beine-Po-Gymnastik auf der Yogamatte verloren, als das Telefon klingelt und ein Freund fragt: Hast du schon mal nach eurem Boot geschaut? Mich hat jemand angerufen und mir gesagt, dass damit irgendwas nicht stimmt.

Ach, wahrscheinlich meinte der das von neulich, da hatte sich das Boot fast …

Erhängt, will ich eigentlich sagen, als ich am Fenster stehe – und mir der Satz im Halse stecken bleibt.

Es ist nicht einfach so, dass etwas mit meinem Boot nicht stimmen würde. Das Boot ist untergegangen. Es liegt einen

Meter unter Wasser. Nur die Bugspitze ragt noch heraus. Es sieht aus wie eine Wasserleiche. Als hätten wir es vor langer, langer Zeit vergessen.

Ich weine, als ob jemand gestorben wäre.

Der Venezianer wird bleich und ruft die Feuerwehr.

Die Taue haben sich bei Ebbe an den Seepocken und Austern an den Bootspfählen verhakt, wodurch das Boot bei Flut nicht aufschwimmen konnte und unterging, erklärt er, während ich weine, als sei mit dem Boot auch unsere Hoffnung untergegangen. Als sei die Magie dieser Tage nur ein bizarres Zwischenspiel gewesen, eine historische Episode, die Hoffnung aufglimmen ließ, die jetzt schon wieder auf dem Grund unseres Kanals ruht.

Schon bald höre ich Sprechfunk im Kanal, und kurz darauf legt ein rotes Feuerwehrboot neben unserer Wasserleiche an. Sechs Männer arbeiten drei Stunden lang daran, das Boot wieder zu heben. Nicht nur die Taue haben sich verhakt, sondern auch das Metallseil samt Schloss. Am Ende steigt einer der Feuerwehrmänner in einer Anglerhose in den Kanal und schneidet das Metallseil durch. Als das Wasser aus dem Boot gepumpt wird, stellen wir fest, dass jemand die Gelegenheit genutzt hat, um die Sitzbank aus unserem Boot zu klauen.

Das Boot wird zur Werft auf Burano abgeschleppt, und ich blicke ihm nach, wie jemandem, der im Krankenwagen abtransportiert wird.

Als ich meinen venezianischen Freunden von meinem Unglück erzähle, versuchen sie, mich damit zu trösten, indem sie mir Geschichten davon erzählen, wie es war, als ihr Boot untergegangen ist, im Canal Grande, in der Lagune, an der eigentlich sicheren Anlegestelle in dem kleinen, ruhigen Kanal.

Und dann sagen sie: Jetzt bist du noch venezianischer geworden, Petra.

Parco Savorgnan

Das ganze Unglück der Menschen rührt allein daher, dass sie nicht ruhig in einem Zimmer zu bleiben vermögen«, sagte der französische Philosoph Blaise Pascal. Wie wahr. Wenn es nach mir ginge, also wenn ich Bürgermeisterin von Venedig wäre, würde ich mich nicht damit lächerlich machen, ein paar Gemeindepolizisten hinter Absperrungen zu stellen, was als Maßnahme gegen den Massenandrang so wirkungsvoll ist wie der Versuch, Wasser bergauf zu drücken.

Ich würde auch keine Sekunde daran glauben, dass ein Eintrittsgeld jemanden davon abbringen würde, Venedig zu besuchen. Meine erste Amtshandlung wäre, eine Psychotherapiestunde für Leute einzurichten, die sich in Venedig auf den Boden fallen lassen, um mitgebrachte Brote zu verspeisen. Klar, dass es dann auch wieder ein paar Schlaumeier geben würde, die Campingtische und -stühle mitbringen würden, aber mit denen würde ich auch noch fertig.

Vor allem aber würde ich eine weltweite Werbekampagne entwerfen lassen, die zum Ziel hat, in den Menschen eine moralische Schranke zu etablieren, die sie davon abhält, anderen Menschen den Lebensraum zu zerstören. Eine Werbekampagne, die den Tourismus, so wie er heute praktiziert wird, zu einem Tabu erklärt. Nicht so schlimm wie Pädophilie, aber fast. Anderen Menschen Wohnungen wegzunehmen oder mit Kreuzfahrtschiffen die Luft zu verpesten, muss mindestens so peinlich sein, wie Elefanten zu jagen oder Pelzmäntel zu tragen. Wer sich traut, zuzugeben, für 29,99 Euro nach Venedig geflogen zu sein, nur um ein

Selfie am Markusplatz zu machen, sollte so verstörend auf seine Mitmenschen wirken wie jemand, der gerade zugegeben hat, dass er gerne kleine Hunde grillt. Wer von einem Kreuzfahrtschiff auf Venedig herabgeblickt hat, das beim Verlassen der Stadt eine Schneise der Zerstörung hinterlässt – aus Feinstaub und Wasserdruck, der die Fundamente der Stadt ruiniert –, sollte befürchten, für jemanden gehalten zu werden, der nach zwei Bier zugibt, gerne auch mal Kinderpornos zu gucken.

Ja, ich wäre dafür, endlich wieder mehr Tabus einzuführen. Demokratie wird ja so was von überschätzt. Um zu diesem Schluss zu gelangen, musste ich übrigens nicht erst »House of Cards« sehen. Der Venezianer an meiner Seite betrachtet mich als Schreckensherrscherin, seit ich mich mal versprochen und als einer blutrünstigen Gruppe zugehörig bezeichnet habe: gruppo sanguinario *fand er für eine Deutsche viel passender als eine banale Blutgruppe. Und da man hier in Italien wie selbstverständlich davon ausgeht, dass dieses Despotische aufgrund meines Ursprungs in meinem Blut angelegt sei, so wie bei den* Sturmtruppen, *einer Comicreihe über eine ebenso tatkräftige wie glücklose deutsche Militäreinheit, die in Italien legendär erfolgreich ist, gehe ich von einem klaren Wahlsieg aus.*

Das habe ich mal auf meinem Blog geschrieben, was umgehend viral ging. Und sogar Platz im *Gazzettino* fand.

Ein Jahr später befinde ich mich tatsächlich im Wahlkampf. Okay, zwar nicht als Bürgermeisterkandidatin, aber immerhin als Kandidatin für den Stadtrat. Das italienische Innenministerium hat es auch nach drei Jahren nicht geschafft, meinem Antrag auf italienische Staatsbürgerschaft stattzugeben. Und ohne die kein höheres Amt. Sonst hätte meiner Wahlkampagne mit dem Slogan: »Sturmtruppen greifen Venedig an« natürlich nichts mehr im Weg gestanden.

Weil ich dem venezianischen Drama nicht weiter einfach nur zuschauen will, habe ich mich den Rebellen angeschlossen, genauer gesagt der Bürgerliste *Terra e Acqua 2020*. Es ist die einzige Bürgerliste in Venedig, die diesen Namen verdient, weil sie aus Personen besteht, die keine Parteizugehörigkeit haben.

Wir sind normale Leute, denen Venedig am Herzen liegt. Arbeiterinnen, Professoren, Tangotänzerinnen, Regattaruderinnen, Schauspieler, Handwerker, Ingenieure und Rechtsanwälte. Wir sind nicht Besitzer von vierzig Hektar Gelände am Rande der Lagune, das es zu sanieren gilt, wir haben keine venezianischen Inseln gekauft – wir haben keine Interessenkonflikte, sondern das Ziel, Venedig wieder zu einer lebenswerten Stadt zu machen: *Free Venice!*

Weil das Virus überall lauert und wir uns nur im Freien treffen können, wird ein leicht verlotterter Park zu unserem Hauptquartier. Der Parco Savorgnan ist einer der wenigen Parks in Venedig, er liegt versteckt in Cannaregio zwischen dem Ghetto und der Kirche San Geremia und wird im Wesentlichen von Hundebesitzern und Kleinkindern frequentiert. Auf dem porösen Rand eines leeren Springbrunnens sitzend, bereiten wir unseren Wahlkampf vor: Vorstöße, Überraschungsangriffe, Kampagnen. Mit etwas gutem Willen fühlen wir uns wie im antiken Athen, wo sich die freien Bürger auf der Agora versammelten, um über die Angelegenheiten ihrer Gemeinschaft zu diskutieren, in Venedig ist es der Parco Savorgnan.

Unser Bürgermeisterkandidat ist Marco Gasparinetti: ein schmächtig anmutender Jurist, der die Bürgerinitiative Gruppo 25 aprile ins Leben gerufen hat. Er arbeitet in der Europäischen Kommission und hat sich, ähnlich hartnäckig wie Greta Thunberg, der Rettung Venedigs verschrieben – was bedeutet, dass er extrem fokussiert ist, ohne sich von der venezianischen Untergangsstimmung ablenken zu lassen, der zufolge ohnehin alles sinnlos ist.

In zweieinhalb Monaten wollen wir uns einem Milliardär und einer steinreichen Partei entgegenwerfen. Wir haben kein Geld und auch keine Chance. Aber wir ergreifen sie. Wir konzentrieren uns auf den Mann-zu-Mann-Wahlkampf: Flugblätter verteilen und mit Leuten reden. Was in Venedig auch nicht einfach ist.

Mit den Flugblättern in der Hand fühle ich mich auf den venezianischen Plätzen wie ein Schäferhund auf der Suche nach verirrten Schafen. Denn die größte Herausforderung besteht darin, in dem vorbeiziehenden Menschenstrom die letzten Venezianer ausfindig zu machen. Meistens sind es die mit dem entschiedenen, energischen Schritt. Oder die mit Hunden. Oder mit Einkaufswägelchen. Die Alten sind fast immer Venezianer. Gut gekleidete, wohlfrisierte Damen mit Ansteckblumen in der gleichen Farbe wie ihr Schal. Oder Herren mit sorgfältig polierten Lederschuhen.

Nun gilt es, sich an die Fersen dieser letzten Venezianer zu heften und ihnen im Laufschritt unsere Botschaft so mitzuteilen, dass sie mich erstens nicht abschütteln, zweitens das Flugblatt in die Hand nehmen und drittens, das ist der Idealfall, stehen bleiben und mit mir reden. Und das passiert öfter, als ich es erwarte. Häufig ist das Wort »Bürgerliste« das Zauberwort. Und dass wir mit keiner Partei verbandelt sind.

Manchmal sind die Leute erstaunt, wenn ich sie mit »Sie sind doch sicher Venezianer« anspreche, und fühlen sich geschmeichelt, wenn ich sage, dass ich sie an ihrem *passo spedito* erkannt habe, an ihrem zügigen Schritt. Endlich ist da jemand, der sich für sie interessiert, die ihr Leben eingeklemmt führen zwischen Airbnbs, bangladeschischen Wackelgondelläden und neu eröffneten Hotels. Eine gut gekleidete alte Dame empört sich mit zitternder Stimme darüber, dass einer wie Brugnaro, der nie in Venedig gelebt hat, die Venezianer auffordert, ihre Stadt zu verlassen, falls ihnen die Menschenmassen nicht passten. So tief sind wir hier gesunken!, ruft sie.

Natürlich eignet sich nicht jedes Viertel in Venedig zum Verteilen von Flugblättern. San Marco ist unergiebig, weil hier praktisch niemand mehr wohnt. Also stehen wir auf dem Campo San Polo, aber auch hier ziehen Massen von Touristen vorbei. Gut eignet sich das Viertel rund um San Rocco, weil hier viele Venezianer vorbeikommen, die in der Stadtverwaltung von Venedig arbeiten, aber auf dem Festland wohnen und nicht mit dem Vaporetto fahren, sondern zu Fuß zum Piazzale Roma gehen. Ihnen lauern wir auf.

Sonntags hat sich der Strom erheblich verdünnt und besteht auch hier fast ausschließlich aus Tagestouristen. Also beziehen wir vor der Frarikirche Position und schleichen uns – unter dem misstrauischen Blick des an der Kirchentür stehenden Küsters – an die letzten Venezianer heran, die aus der Sonntagsmesse kommen. Wir hinterlegen unsere Flugblätter sogar in Apotheken, wo wir angesichts des hohen Durchschnittsalters der Stadt die letzten Venezianer vermuten.

Und am letzten Tag unseres Wahlkampfs entdecke ich, dass sich mitten in San Marco ein ganz exzellenter Fischgrund befindet: Auf dem Campo San Luca wimmelt es vormittags von Venezianern, weil in der Bar Marchini praktisch nicht nur alle Angestellten der Stadt Venedig ihren Espresso trinken, sondern auch alle, die in den umliegenden Ämtern irgendwelche Anträge stellen müssen. Im Nu haben wir alle Flugblätter verteilt und sind euphorisch.

Der Venezianer an meiner Seite findet es beunruhigend, dass mir ausgerechnet dieses Flugblätterverteilen Spaß macht.

Vielleicht wäre ich in einem anderen Leben auch eine gute Staubsaugervertreterin geworden, sage ich. Aber nur, wenn ich von der Qualität des Staubsaugers restlos überzeugt gewesen wäre.

Kurz vor den Wahlen erscheint mir im Traum die Markuskirche. Sie hatte sich in ein Einkaufszentrum verwandelt. Der Bürgermeister und der Patriarch von Venedig saßen auf dem Boden und spielten das Hütchenspiel. Man kann also nicht behaupten, dass ich, was unsere Chancen betraf, außergewöhnlich optimistisch gewesen wäre. Brugnaro hat auf Luftballons, *Spritz* für alle und die seit Jahrzehnten erprobte Fabel von den reichen, privilegierten Venezianern und den benachteiligten Festlandsbewohnern gesetzt. Folglich hat mich sein Sieg nicht überrascht. Er erlangte sechzig Prozent der Stimmen des Festlands und fast vierunddreißig Prozent der Stimmen Venedigs, das ergibt vierundfünfzig Prozent der Stimmen der gesamten Kommune. Schließlich wurde er von Salvinis Lega unterstützt. Wir leben in Zeiten von Trump, Orbán, Johnson, Erdoğan, Bolsonaro und Kaczyński und können in Italien auf zwanzig Jahre Berlusconi zurückblicken, der ungeachtet aller Enthüllungen über seine Mafiaverbindungen nicht ein Mal, nicht zwei Mal, sondern vier Mal zum Ministerpräsidenten gewählt wurde.

Mit Terra e Acqua 2020 können wir einen Achtungserfolg erreichen: zehn Prozent in Venedig, zwei Prozent auf dem Festland, macht vier Prozent der Stimmen der gesamten Kommune. Unser Bürgermeisterkandidat zieht in den Stadtrat ein.

Brugnaro hat fast überall gewonnen, nur nicht in Venedig. Hier stimmten etwas mehr als dreiundsechzig Prozent der Venezianer gegen ihn. Das Festland ist Brugnaroland, Venedig selbst ein kleines Anti-Brugnaro-Bollwerk. Bevölkert von unbeugsamen Venezianern, die Widerstand leisten. Er rächt sich dafür, indem er keinen einzigen Venezianer in den Stadtrat beruft, nur Festlandsbewohner.

Bösen Stimmen zufolge ist der Wahlerfolg des Bürgermeisters vor allem denjenigen seiner Berater zu verdanken, denen es gelungen ist, ihn während des Wahlkampfs davon abzuhalten, in der Öffentlichkeit zu sprechen – weil er jedes Mal mehr Unheil anrichtet als ein Hagelschauer im Sommer. Wie Troubadix bei Asterix und Obelix (er will immer singen, obwohl niemand seinen Gesang erträgt – ein Gesang, der sogar Wolkenbrüche innerhalb geschlossener Räume hervorruft, weshalb Troubadix am Ende stets gefesselt und geknebelt wird) –, wurde auch unser Mini-Trump vermutlich während des Wahlkampfs überzeugt, öffentliche Auftritte zu meiden, bei denen die Gefahr bestand, sich mit den Argumenten seiner politischen Gegner auseinandersetzen zu müssen.

Deshalb wunderte es uns nicht, dass der Bürgermeister, kaum dass er im Amt bestätigt war und endlich wieder frei reden konnte, die Venezianer bedrohte – die sich ja schließlich des Vergehens schuldig gemacht haben, ihn nicht gewählt zu haben: Nein, er werde die Probleme des Tourismus in der *Altstadt* nicht mehr lösen: »Ich mache die Mülltonnen Venedigs nicht mehr sauber. Was den Tourismus betrifft: Jetzt ist Schluss mit dem Mampfen und dem Geld-in-die-Taschen-Stopfen. Die sollen sich mal die Ärmel hochkrempeln.«

Die Venezianer nahmen ihn beim Wort. Gleich am nächsten Tag stellten sie Mülltüten mit seinen Wahlkampfprospekten vor das Rathaus.

Ponte della Libertà

Den kleinen Venezianern, die nach uns bleiben werden, ist dieser Bürgermeister ziemlich egal. Außer, wenn es sich um das Tretrollerfahren handelt: Unter seiner Ägide erging der »Tretroller-Erlass«, der die Benutzung von Tretrollern in den Stadtvierteln San Marco, San Luca oder Rialto unter Strafe stellte, bei Zuwiderhandlung drohen Geldstrafen. Über den Vater eines Vierjährigen wurde eine Strafe von siebzig Euro verhängt, nachdem sein Sohn mit dem Roller über den Markusplatz gefahren war.

Es folgten ein Sturm der Entrüstung und eine Novellierung der Verordnung »Tretrollerfahren in Venedig«: In Venedig ansässige Kinder bis zu acht Jahren (im Stadtviertel San Polo und Sant'Elena bis zu zehn Jahren) dürfen mit dem Tretroller zur Schule oder zum Kindergarten fahren, oder besser: gezogen werden. Jedenfalls zwischen neun Uhr morgens und ein Uhr mittags und zwischen drei Uhr nachmittags und acht Uhr abends.

Also sieht man dann die kleinen Venezianer resigniert auf ihren Tretrollern stehen, während sie von den Erwachsenen durch das Gewühl gezogen werden, damit sie den vollverkabelten Reisegruppen, die nur auf ihren Guide hören, und den Touristen, die mit ihren Koffern groß wie Gefriertruhen die Gassen versperren, nicht ins Gehege kommen. Umso befreiter wirken die Kinder, wenn sie endlich über einen Campo rollen dürfen. Was aber auf dem Markusplatz und auf dem Campo San Rocco nach wie vor bei Strafe verboten ist.

Vor einiger Zeit bin ich mit einem unserer Enkel nach München gefahren. Es war sein erster Besuch in Deutschland. Es wunderte ihn, dass das Rollerfahren in München keinerlei Einschränkungen unterlag, weder für Kinder noch für Erwachsene – die ihre Elektroroller überdies einfach überall stehen ließen, um sich an anderer Stelle dann einfach einen anderen zu nehmen. Was ihn als regelbewusstes Kind einerseits empörte, andererseits auch etwas mit Neid erfüllte.

Okay, freies Rollerfahren schön und gut. Aber was ist mit dem Meer? Haben die hier keins? Nur einen Fluss und einen künstlichen See? Und warum liegen da Nackte an diesem Fluss herum?

Am Ende von fünf Tagen hat der kleine Venezianer sechs Mal Wiener Schnitzel gegessen und fand München, also den Zoo und das Deutsche Museum, den Viktualienmarkt und den Englischen Garten, so ziemlich okay.

Aber als wir im Zug wieder zurückkehrten und über den Ponte della Libertà nach Venedig fuhren, blickte er aus dem Fenster und sagte: Endlich wieder Wasser.

Quellen

S. 127: Marcello Brusegan: I Palazzi di Venezia, Newton Compton, Rom 2007, S. 319ff

S. 127: John Ruskin. Die Steine von Venedig. Neu komponiert von Catharina Berents und Wolfgang Kemp. Corso Verlag, Wiesbaden 2016, S. 65

S. 158: Adriano Celentano: Ti fai del male, siehe: https://www.youtube.com/watch?v=X8UE8uWhOmQ

S. 159: Beppe Grillo, zitiert nach: https://www.beppegrillo.it/per-lautonomia-di-venezia/

S. 165: Rede von Adriano Celentano, zitiert nach: https://www.facebook.com/occhiosucampalto/videos/2669440326616626

Weiterführende Links

We Are Here Venice: Die von der Umweltberaterin Jane Da Mosto gegründete NGO will Bewusstsein für die Bedrohungen der Zukunft Venedigs und seiner Lagune schaffen und Lösungen aufzeigen. https://www.weareherevenice.org

Comitato No Grandi Navi: Bürgerbewegung, die sich für die Erhaltung der Lagune und gegen Kreuzfahrtschiffe einsetzt: http://www.nograndinavi.it/

Ocio: Venezianische NGO, die sich der Wohnungsfrage widmet – die für Venedig, wo Multis wie Airbnb ungehindert ihr Unwesen treiben, eine Frage des Überlebens ist. https://ocio-venezia.it/

Gruppo 25 aprile: Die unter den zahlreichen NGOs in Venedig größte und erfolgreichste Bürgerinitiative zur Verteidigung der Rechte der Venezianer. https://gruppo25aprile.org/

Italia Nostra Venezia: Die venezianische Niederlassung des italienischen Kulturschutzbundes ist eine gemeinnützige Non-Profit-Organisation, die sich dem Schutz der Kulturgüter und der Umwelt verschrieben hat.
https://www.italianostravenezia.org

Barbara Demick

BUDDHAS VERGESSENE KINDER

Geschichten aus einer tibetischen Stadt

Ngaba, Osttibet: Als sich ein junger Mönch mitten auf der Hauptstraße mit Kerosin übergießt und anzündet, deutet noch nichts darauf hin, dass dies eine ganze Bewegung auslösen wird. Bald darauf wird die kleine tibetische Stadt in der chinesischen Provinz Sichuan zur Welthauptstadt der Selbstverbrennungen – aus Protest gegen die Unterdrückung durch die chinesische Regierung.

Die preisgekrönte Journalistin Barbara Demick gewährt anhand berührender Schicksale tiefe Einblicke in den tibetischen Alltag abseits der touristischen Sehnsuchtsorte. Sie erzählt vom Ringen um politische Selbstbestimmung, von großen Verlusten und verborgenem Leid, aber auch von der Hoffnung auf eine bessere Zukunft. Eine eindrückliche Hommage an die Menschen in Tibet.

»Demick schreibt so glänzend, dass man bisweilen glaubt, kein Sachbuch, sondern einen Roman zu lesen.«
Süddeutsche Zeitung

DROEMER

Albert Kitzler

VOM GLÜCK DES WANDERNS

Eine philosophische Wegbegleitung

Eine Liebeserklärung an das Wandern, die Natur und das Leben

Wandern heißt aus dem Alltag heraustreten, Natur erleben, Seele und Körper stärken und damit die Gesundheit fördern. Doch das ist nicht alles, sagt der Philosophie-Coach Albert Kitzler: Wandern ist ein Spiegelbild des Lebens – es geht ums Aufbrechen und Loslassen, um Anstiege und Abstiege, um Durststrecken und das erhebende Gefühl, ein Ziel zu erreichen. Vom Glück des Wanderns lädt ein zum Nachdenken über das Wandern und das Leben und erschließt dabei die stille und wohltuende Kraft, die beidem innewohnt.

»Albert Kitzler trifft die Essenz des menschlichen Daseins.«
WDR 5

DROEMER

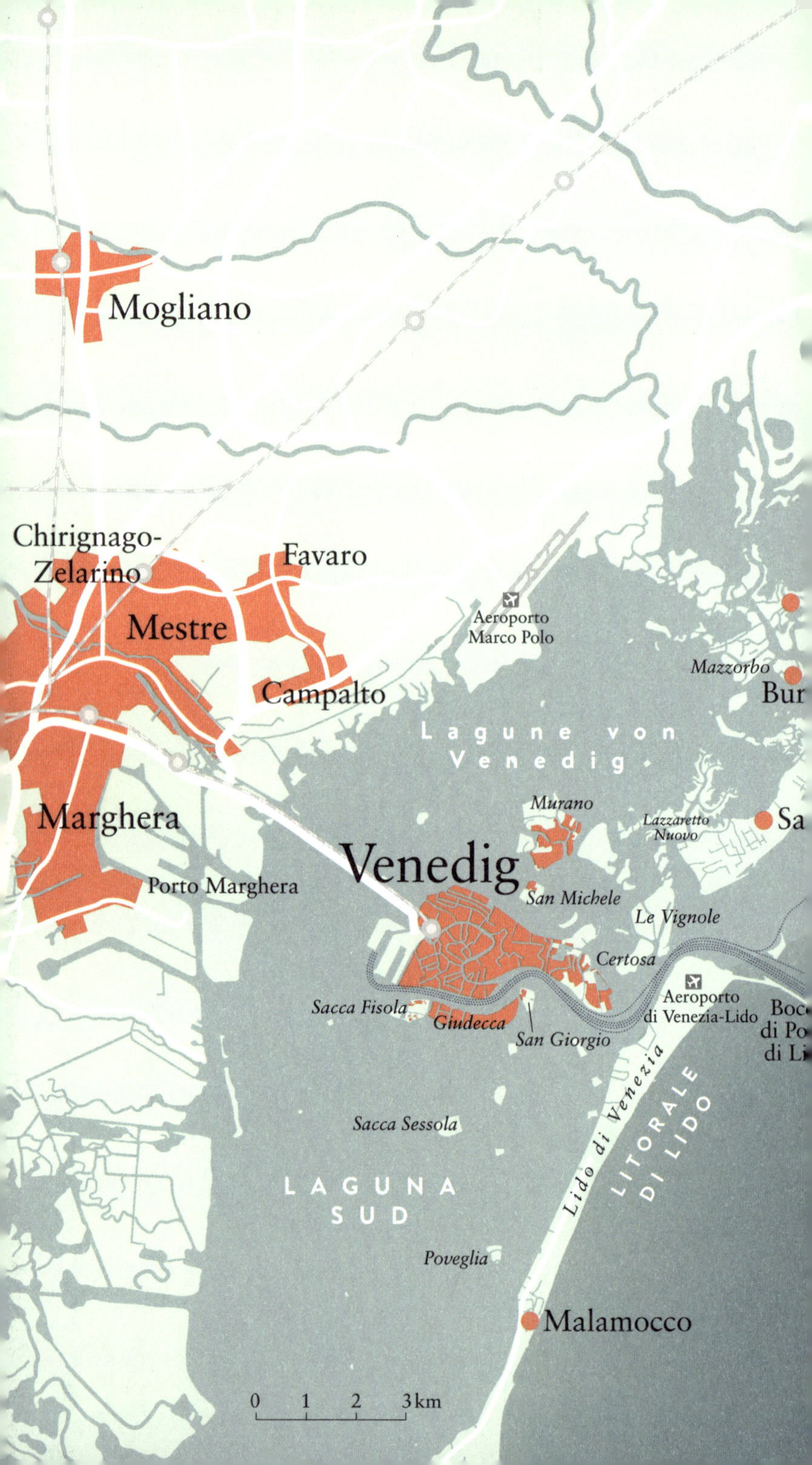

Mogliano
Chirignago-
Zelarino
Favaro
Mestre
Aeroporto
Marco Polo
Mazzorbo
Bur
Campalto
Lagune von
Venedig
Marghera
Murano
Lazzaretto
Nuovo
Sa
Venedig
Porto Marghera
San Michele
Le Vignole
Certosa
Aeroporto
di Venezia-Lido
Sacca Fisola
Giudecca
San Giorgio
Boc
di Po
di Li
Lido di Venezia
LITORALE
DI LIDO
Sacca Sessola
LAGUNA
SUD
Poveglia
Malamocco
0 1 2 3km